Max Jansen

Die Anfänge der Fugger

Max Jansen

Die Anfänge der Fugger

ISBN/EAN: 9783955642310

Auflage: 1

Erscheinungsjahr: 2013

Erscheinungsort: Bremen, Deutschland

EHV
HISTORY

STUDIEN

ZUR

FUGGER-GESCHICHTE.

HERAUSGEGEBEN

VON

DR. MAX JANSEN,

PRIVATDOZENT AN DER UNIVERSITÄT MÜNCHEN.

ERSTES HEFT.

DIE ANFÄNGE DER FUGGER

(BIS 1494)

VON

MAX JANSEN.

LEIPZIG,

VERLAG VON DUNCKER & HUMBLOT.

1907.

DIE

ANFÄNGE DER FUGGER

(BIS 1494)

VON

MAX JANSEN.

LEIPZIG,
VERLAG VON DUNCKER & HUMBLOT.
1907.

SR. ERLAUCHT

HERRN

KARL ERNST GRAFEN FUGGER ZU GLÖTT

AUF KIRCHHEIM

EHRFURCHTSVOLL DARGEBRACHT.

Vorwort.

Wie mir im Frühjahr 1903 mein hochverehrter Lehrer Herr Professor Dr. Hermann Grauert mitteilte, hegte die fürstliche und gräfliche Familie Fugger, die in dieser Angelegenheit namentlich den Anregungen Sr. Erlaucht des Grafen Karl Ernst Fugger zu Glött auf Kirchheim folgte, den Wunsch, daß auf breiter Grundlage der Neubau einer Geschichte des Hauses Fugger erstehen möchte. Es sollten zu dem Zwecke nicht nur im Familienarchiv sondern auch in auswärtigen Archiven und Bibliotheken Forschungen veranstaltet werden. In hochherzigster Weise habe das Seniorat des Gesamthauses seine Bereitwilligkeit erklärt, die Forschungen in jeder Weise, auch finanziell, zu unterstützen. Auf eine Anfrage, die Herr Professor Dr. Grauert im Einvernehmen mit Sr. Erlaucht dem Herrn Grafen Karl Ernst Fugger dann an mich richtete, ob ich zur Übernahme der Arbeit bereit sei, erklärte ich gern meine Zustimmung.

So benutzte ich denn die Ferien der letzten Jahre dazu, um n denjenigen Archiven, wo sich Material für die Fugger-Geschichte erwarten ließ, Umschau zu halten. Über den einzuschlagenden Weg konnten Zweifel herrschen. Sollten erst einmal sämtliche Archive völlig ausgeschöpft und daraufhin dann die Geschichte in einem Zuge geschrieben werden? Oder empfahl es sich, zuerst einzelne Zeitabschnitte oder stofflich abgerundete Gebiete in den Archiven zu bearbeiten, um dann Veröffentlichungen über einzelne Teile der Fugger-Geschichte folgen zu lassen? Nach einigem Schwanken habe ich mich für den letzteren Weg entschieden, da sonst Publikationen in absehbarer Zeit nicht möglich gewesen wären.

Eine zweite Frage war die, ob es möglich sein werde, gleich eine abgerundete Geschichte des Hauses, wenn auch in einzelnen Abschnitten, zu schreiben. Es stand nämlich zu befürchten, daß die ganz unvermeidlichen Einzelerörterungen, seien sie nun quellenkritischer, politischer, kirchenpolitischer und handelspolitischer Natur, das Werk zu stark belasten und selbst dem Kundigen es schwer machen würden, gleich den Kern der Dinge aus der Darstellung herauszuschälen.

Aus dieser Erwägung heraus entstand der Plan, Einzeluntersuchungen zur Fugger-Geschichte in zwangloser Folge der Gesamtdarstellung vorauszuschicken.

Die „Studien zur Fugger-Geschichte" sollen sich aufbauen auf ein möglichst vollständiges Material, soweit es erhalten ist. Aber ich verhehle mir nicht, daß vielleicht gerade durch sie angeregt, der Forscher noch einzelne Steine zu dem Bau wird nachtragen können. Für jede Ergänzung bin ich dankbar.

An erster Stelle biete ich auf den folgenden Blättern eine Studie über die Anfänge der Fugger (bis 1494)[1]. Der Einschnitt, den ich beim Jahre 1494 mache, rechtfertigt sich durch den Abschluß des ersten Gesellschaftsvertrages der Familie Fugger, der damals erfolgte. Dieser Vertrag enthält Gedanken, welche die Fugger bewußt aus den Anfängen in glänzender Entwickelung emporführen mußten. Die auf ihn folgende Zeit soll daher für sich gesondert betrachtet werden. Wenn ich in der ersten Arbeit die Entwickelung der Fugger nicht von vornherein unter dem Gesichtswinkel irgend einer fertigen Theorie über die Vermögensbildung im Mittelalter darstelle, so hoffe ich den Beifall der Historiker zu finden. Auch das wird, glaube ich, gebilligt werden, daß ich nicht, um die Lücken in der Fugger-Geschichte zu verstopfen, aus der allgemeinen Handels- und Verkehrsgeschichte öfter Gesagtes und wohl allgemein Bekanntes hinzufüge. Lücken werden meines Erachtens in der früheren Fugger-Geschichte stets bleiben. Immerhin werden die folgenden Erörterungen über eine Anzahl dunkler Punkte helleres Licht verbreiten.

Als zweite Veröffentlichung ist geplant „Die Fugger in Ungarn" von mir selbst. Eine dritte Studie wird Hans Fugger, einer in der Kunstgeschichte des endenden 16. Jahrhunderts bedeutenden Persönlichkeit, gewidmet sein. Auf Grund eines großen, bisher gar nicht benutzten Materials wird ein junger Kunsthistoriker, Herr Georg Lill, dieses reiche Leben schildern.

Die große Teilnahme, welcher alle Veröffentlichungen zur Fugger-Geschichte in letzter Zeit begegnet sind, läßt mich hoffen, daß auch diese Studien die Beachtung der gelehrten und gebildeten Kreise finden werden.

---

[1] Nur für die Geschichte des Lukas Fugger und seiner Brüder gehe ich, um dieselbe abzuschließen, über das Jahr 1494 hinaus.

Zum Schluß obliegt mir die Pflicht, dem fürstlichen und gräflichen Hause Fugger, welches mich stets in huldvollster Weise unterstützte und dabei mir vollständige Bewegungsfreiheit nach jeder Richtung hin ermöglichte, den ergebensten Dank auszusprechen. Auch des freundlichen Entgegenkommens des ersten Fuggerschen Stiftungsbeamten und stellvertretenden Archivars, des Herrn Stiftungsrats Karl Lohmüller, bin ich mir dankbar bewußt. Von allen Archiven wurde ich gern unterstützt, in besonders liberaler Weise von den Archiv- und Bibliotheksverwaltungen der Stadt Augsburg. Auch ihnen mein verbindlichster Dank.

München, den 1. Mai 1907.

Max Jansen.

Inhaltsverzeichnis.

Druckfehler-Verzeichnis.

S. 5 Z. 9 von unten statt Leipzig vielmehr Tübingen.

S. 21 in der Salzburger Sache sind die Daten nach den Urkunden im Anhang 30—32 zu verbessern.

S. 22 Z. 10 des Textes von unten ist sassen zu streichen.

S. 27 Z. 8 ist statt 139½ richtig 134½.

S. 54 Z. 7 des Textes von unten ist statt Mark richtig fl. zu lesen.

S. 59 Z. 5 Rottenmann statt Totenmann.

Die Anfänge der Fugger.

Wichtigste Literatur zur Fugger-Geschichte.

Die ersten zusammenfassenden Darstellungen der Fugger-Geschichte gehen in die Zeit zurück, da Hans Jakob Fugger, dem der Handel weniger Teilnahme abgewann als die Beschäftigung mit der Wissenschaft und den schönen Künsten, die Muße fand, auch der Vergangenheit seines eigenen Hauses liebevolle Aufmerksamkeit zuzuwenden. Er trat 1544 als Einnehmer in die Verwaltung der Stadt Augsburg ein und hatte als solcher leicht Gelegenheit, die alten Steuer-, Baumeister- und Leibgedingbücher einer Durchsicht zu unterziehen. Was er bei diesem Herumstöbern über seine Familie fand, ließ er getreulich aufzeichnen und beauftragte dann, wie es seiner Doppelnatur als Künstler und Gelehrten entsprach, einen Meister mit der Aufgabe, in Bild und Wort die Genealogie seines Hauses der Nachwelt zu überliefern. Der Entwurf zu diesem „Geheimen Ehrenbuch des Fuggerischen Geschlechts aufgerichtet anno 1546" ist im Germanischen Museum zu Nürnberg erhalten. Er ist mit Federzeichnungen, die als Wappen oder Porträts ganze Seiten schmücken oder sich als Randleisten um den Text herumziehen, reich geschmückt. Hans Fugger hat an dem Werk vielfach gebessert, und in so verbesserter Gestalt liegt es denn vor in der Bibliothek des Fürsten Fugger-Babenhausen zu Augsburg. Hier ist ein reicher Farbenschmuck an die Stelle der Federzeichnung getreten. Leider ist der Text in diesem Werke nur unvollständig; ein unglücklicher Zufall muß die Vollendung gestört haben.

In diesem Buche ist neben der archivalischen Forschung auch die Erinnerung, die Tradition, niedergelegt worden. Bei dem feudalen Charakter, welchen die Fugger und besonders Hans Jakob gegen die Mitte des 16. Jahrhunderts bereits angenommen hatten, darf es uns nicht wunder nehmen, wenn der Nachdruck auf die Genealogie, auf die Stammbaumforschung gelegt und darüber ganz vergessen wurde, durch welche Kräfte das Haus bisher groß geworden war[1].

---

[1] S. Beilage 1.

Auf dem Grunde, welchen Hans Jakob mit seinem Ehrenbuche gelegt hatte, sind nun die in unendlich vielen Handschriften erhaltenen „Chroniken des ganzen Fuggerischen Geschlechts" aufgebaut. In Etappen von beinahe 25 zu 25 Jahren sind die Chroniken jeweils wieder vervollständigt worden. Jeder der Schreiber hat dann zu dem allen gemeinsamen Gute aus seinem Wissen etwas hinzugetan und besonders gern verzeichnet, was zu seiner Zeit mit diesem oder jenem Hause geschehen sei. Auch hat gelegentlich ein gelehrter Fälscher alle die Daten, welche die ältesten Texte möglichst vermeiden, auf Jahr und Tag genau nachgetragen. Je nachdem nun diese Chroniken auf Anregung der Raymundus- oder der Antoniuslinie vervollständigt sind, enthalten sie auch genauere Angaben über die Söhne und Enkel des Raymund oder des Anton. Eine Ausgabe dieser Fugger-Chronik würde aus all den angeführten Gründen ein recht schwieriges Unternehmen sein, das lange Textvergleichungen voraussetzt. Spielend aber hat Christian Meyer in seiner „Chronik der Familie Fugger vom Jahre 1599" diese Aufgabe gelöst. Eine ganze Handschrift der Münchener Hof- und Staatsbibliothek legt er seinem Druck zugrunde, und wo ihm dann gelegentlich einmal ein Schreibfehler zum Bewußtsein kommt, was allerdings nur selten geschieht, so hilft er wohl mit einer ebenso tief- wie unsinnigen Anmerkung nach[1].

Die Geschichte des Hauses Fugger ist nach den löblichen Ansätzen des 16. Jahrhundert nicht weiter gepflegt worden[2]. Die Folge war, daß die Fugger allmählich vergessen wurden. „Ein armer Webergeselle" und dann „ein fabelhaft reicher Kaufmann", der Schuldscheine ruhig ins Feuer werfen darf, das waren für die große Menge der Gebildeten die beiden Pole, die man kannte. Daß der Kontrast zu fesselnd war, um ganz richtig zu sein, störte nicht weiter. Um eine wissenschaftliche Fugger-Geschichte anzuregen, dazu mußte eine neue Zeit kommen. Als seit dem Jahre 1870 Deutschland wirtschaftlich erstarkte, erwachte auch stärker das Verlangen, die Entwickelung unseres Volkes unter wirtschaftsgeschichtlichen Gesichtspunkten zu betrachten. Fast gleichzeitig entschloß sich der Fürst Leopold Fugger-Babenhausen die Archivalien seines Hauses sammeln und durch einen eigenen Archivar sichten zu lassen. Dr. Dobel, welcher dieses Amt als reifer Mann antrat, hat nicht nur seine Aufgabe glänzend gelöst, sondern offenbarte auch der

---

[1] S. Beilage 2.

[2] Arbeiten wie die von Brucker und Veith aus dem 18. Jahrhundert über die literarischen Verdienste der Fugger scheide ich hier aus.

gelehrten Welt, was an wirklich wissenschaftlichem Gewinn aus dem Fuggerarchive zu ziehen sei[1]. Seine Untersuchungen „Über den Bergbau und Handel des Jakob und Anton Fugger in Kärnten und Tirol“[2], sowie „Der Fugger Bergbau und Handel in Ungarn“[3] erschöpfen zwar den Stoff nicht im entferntesten, aber es sollten ja auch nur gedrängte Hinweise auf eine große Zeit des Hauses sein. Treffliche Einzelarbeiten lieferten dann noch K. Häbler[4] und letzthin Jakob Strieder[5]. Eine auf streng wissenschaftlicher Grundlage beruhende umfassende Geschichte der größten Zeit des Hauses Fugger schrieb erstmals Richard Ehrenberg, der 1896 in zwei starken Bänden das Geldkapital und den Kreditverkehr des 16. Jahrhunderts mit besonderer Rücksicht auf die Fugger behandelte. Jakob Fugger (gest. 30. Dez. 1525) und sein Neffe Anton (gest. 14. Sept. 1560) treten im 16. Jahrhundert auf dem Welt- und Geldmarkte so sehr in den Vordergrund, daß Ehrenberg sein Werk mit dem Titel „Das Zeitalter der Fugger“ hinausgehen ließ.

Gelegentlich des 70. Geburtsfestes des 1906 verstorbenen Fürsten Karl Fugger-Babenhausen versuchte sich A. Stauber an einer Gesamtgeschichte des Hauses Fugger. Einzelne Abschnitte sind in der gehobenen Sprache der Festschrift abgefaßt, andere bieten bequeme Zusammenstellungen[6]. Im großen und ganzen aber ist der Band nur eine schnelle, oft ungenügende Verarbeitung bekannten Stoffes. Bei der Benutzung der Augsburger Archive ist Stauber ganz an der Oberfläche geblieben.

---

[1] S. Beilage 3.

[2] Zeitschr. des Hist. Vereins für Schwaben und Neuburg, IX (1882), S. 193.

[3] Zeitschr. des Hist. Vereins für Schwaben und Neuburg, VI (1879), S. 33 ff.

[4] Die Fugger und der spanische Gewürzhandel, in der Zeitschr. des Hist. Vereins für Schwaben und Neuburg, XIX (1892), S. 25; ferner Kolonial-Unternehmungen der Fugger, Ehinger und Welser im 16. Jahrhundert, in der Zeitschrift der Gesellschaft für Erdkunde zu Berlin 1892 Bd. XXVII; und Die Geschichte der Fuggerschen Handlung in Spanien, Weimar 1897 (Zeitschr. für Soz. und Wirtschaftsgesch. I Ergbd).

[5] Zur Genesis des modernen Kapitalismus, Leipzig 1904. Die Inventur der Firma Fugger, Leipzig 1905 (Zeitschr. für die gesamte Staatswissenschaft, herausgegeben von Bücher, Ergänzungsheft XVII). Weiter nenne ich Er. Fink, Die Bergwerksunternehmungen der Fugger in Schlesien (Sep.-Ausg. aus der Zeitschr. für Gesch. und Altert. Schlesiens Bd. XXVIII, 1894); Mitteilungen über Beziehungen der Fugger zum Humanismus. Zeitschr. des Hist. Vereins für Schwaben und Neuburg XXI (1894) S. 54. Ferner Al. Geiger, Jakob Fugger (1459—1525), Regensburg 1895.

[6] Das Haus Fugger von seinen Anfängen bis zur Gegenwart. Augsburg 1900.

A. Schulte, der dieses Buch im Historischen Jahrbuch der Görres-Gesellschaft XXI (1900) S. 802, einer sachgemäßen Besprechung unterstellte, hatte inzwischen, veranlaßt wohl durch seine tiefen und umfassenden Studien über den Handelsverkehr [1], auch den Fuggern sein Augenmerk zugewandt und bot mit einem Aufsatze, den er den „Anfängen der Fugger" widmete, sogleich eine Fülle interessanter Beobachtungen und Anregungen [2]. Dann war Schulte durch eindringende Studien, die er im Vatikanischen Archiv zu Rom machte, in der Lage, uns von der Stellung der Fugger zur Kurie ein im wesentlichen erschöpfendes Bild zu bieten. Die beiden Bände „Die Fugger in Rom" sind in der ersten Hälfte 1904 bei Duncker & Humblot in Leipzig erschienen und enthalten, der erste Band eine eingehende Darstellung und der zweite Band sehr wichtige, zum Teil unbekannte Aktenstücke [3]. Es mag hier gleich vorweg bemerkt werden, daß niemand, der sich ernstlich mit der Geschichte unseres Vaterlandes und der Kirche in jener inhaltsreichen Zeit von 1514 bis 1520 beschäftigen will, an dieser Publikation achtlos vorüber gehen darf. Der Herd, von dem aus Luther die Brandfackel in die katholische Kirche warf, war ja das unwürdige Ablaßgeschäft, mit dem der Erzbischof Albrecht von Mainz für die Kosten seiner Ernennung entschädigt werden sollte. Und die finanzielle Leitung dieses Geschäftes war von seiten der Kurie in die Hände der Fugger gelegt. So konnte es leicht den Anschein gewinnen, als ob die Fugger auch hier Epoche gemacht und schließlich das treibende Element gewesen wären. Vielleicht wäre es deshalb angezeigt gewesen, wenn Schulte mit etwas schärferen Strichen und namentlich mit einigen ausführlichen Beispielen dargetan hätte, wie etwa ein Jahrhundert vorher sich der Geldverkehr an der Kurie abgewickelt hatte. Das instruktivste Material habe wohl ich selbst in meinem „Bonifatius IX. und seine Beziehungen zur deutschen Kirche" (Herder 1904) vorgelegt [4]; doch Schultes Buch war bereits

---

[1] Geschichte des mittelalterlichen Handels und Verkehrs zwischen Westdeutschland und Italien mit Ausschluß von Venedig. 2 Bde., Leipzig 1900. Für die Fugger I, 648—656.

[2] Neues über die Anfänge der Fugger. Beilage zur Allg. Zeitung, 1900, Nr. 118.

[3] Die Fugger in Rom, 1495—1523. Mit Studien zur Geschichte des kirchlichen Finanzwesens jener Zeit. Leipzig 1904. Als Ergänzung dazu vergl. A. Schulte, Kaiser Maximilian I. als Kandidat für den päpstlichen Stuhl 1511. Leipzig 1906.

[4] Korrigiert wird dadurch wohl auch der Exkurs II des ersten Bandes S. 257 über das päpstliche Drittel bei Ablässen.

abgeschlossen, als das meinige erschien. Für Rom bedeuten die Fugger kein System; aber auch für das Emporsteigen der Fugger bedeutet nicht gerade Rom eine der wichtigsten Etappen. Ihren Reichtum haben sie doch zum größten Teil in anderen Geschäften erworben. Wer die Kammerbücher der Kurie in Rom durchsieht, wird zwar eine gewaltige Zahl von Geldzahlungen durch die Fugger finden, aber monopolartig tritt ihre Stellung nicht hervor. Auch ist die Mitwirkung der Fugger bei der Mehrzahl der Geschäfte eine rein mechanische. Von dem Geiste, der sie sonst auszeichnet, von dem Geiste, der aus der Rolle des Maklers heraus zu einer leitenden Stellung empordrängt, wie wir es z. B. in der Politik beobachten, sehen wir hier gar nichts. Deshalb sagt der Titel „Die Fugger in Rom 1495—1523" auf der einen Seite vielleicht zu viel, auf der anderen Seite aber bringt das Buch etwas zu wenig; denn die Zeitbegrenzung ist wohl zu beanstanden.

Gewünscht hätte ich wenigstens eine Ausdehnung der Forschung auch über das Jahr 1523 hinaus. Anton Fugger schreibt einmal an den Herzog von Preußen, daß er seit dem Sacco (1527) keine geschäftliche Vertretung in Rom mehr habe; aber er übernehme durch seinen Vertrauensmann auch jetzt noch Geschäfte. Tatsächlich werde ich in den Beiträgen zur Fugger-Geschichte noch hochinteressante Dinge für die dreißiger Jahre zu berichten haben. Doch mindestens bis 1527 hätte Schultes Studie reichen sollen. Das sind die Ausstellungen, die ich im großen an Schultes Buch zu machen hätte, auf Einzelheiten des bedeutenden Werkes werde ich an anderer Stelle zurückkommen.

Die gewaltige Rolle, welche die Fugger in den kirchlichen, politischen und wirtschaftlichen Fragen des 16. Jahrhunderts spielten, hat vornehmlich die Augen der Forscher auf sich gezogen. Man streifte jedesmal nur die bescheidenen Anfänge der Familie gegen Ende des 14. Jahrhunderts, indem im allgemeinen jeder, mit Ausnahme Schultes, niederschrieb, was er von seinen Vorgängern übernahm. Und doch! Wie reizvoll ist es die Entwickelung eines Geschlechtes zu verfolgen aus der Werkstatt eines Webers durch das weltumfassende Kontor zweier Kaufleute bis zum Palaste des Fürsten. Diese Erwägung leitet mich auch, wenn ich bei dem Leser einiges Interesse für die allerersten Anfänge der Fugger voraussetze. Auch für den Wirtschaftshistoriker wird sich bei dieser Gelegenheit manch interessanter Ausblick auf die Einkommen- und Steuerverhältnisse in Augsburg eröffnen.

I.
Hans und Ulrich Fugger.

Fucker advenit, heißt es 1367 im Augsburger Steuerbuche[1], dedit XLIIII den. dignus. Der Fugger kam an und gab 44 Pfennig; er ist würdig. Hier stoßen wir zum ersten Male auf den Namen Fugger. Fucker advenit, bemerkt noch einmal das Steuerbuch von 1368. Als Mieter wohnt er in einem Hause an der Heiligkreuzstraße[2]. Dies Haus erwirbt er und wird zwar nicht in jedem Jahre aber doch wiederholt als Hans bezeichnet. 1368 erscheint auch ein Ulin (Ulrich) Fugger des Langen des Webers Knecht in dem Achtbuche der Stadt Augsburg. Er wurde wegen Teilnahme an einem Totschlag verfolgt, muß sich aber bald von der Anklage gereinigt haben; denn sein Name ist durchstrichen worden[3]. Als Knecht ohne eigenes Vermögen erscheint er auch vorerst nicht als steuernde Partei im Steuerbuche. Erst seit 1382 läßt er sich in dem Register nachweisen; er wohnt am Kitzenmarkt nicht weit von St. Ulrich und Afra. Dieser Ulrich Fugger wird 1394 erschlagen. Gegen den Mörder erheben Anklage des Erschlagenen Söhne Hans, Ulrich und Konrad, seine Tochter Agnes, seine Brüder Hans und Klaus und seine Frau Agnes, eine geborene Staiger. Hans und Ulrich Fugger also waren Brüder[4]. Verweilen wir einen Augenblick bei dieser Generation der Fugger.

Woher die Fugger gekommen sind, sagt uns keine Urkunde. Wohl greift man erwartungsvoll zu dem Bande des Augsburger Stadtarchivs[5], in dem alle Aufnahmen zu Bürgerrecht seit 1288 verzeichnet sind. Man durchblättert ihn aufmerksam, am aufmerksamsten die Jahre von 1367 bis 1370. Eine stattliche Anzahl von Namen mit den Heimatsorten sind angegeben. Jeder Hinweis auf die Fugger fehlt. Schon dem Forscher aus der Mitte des 16. Jahrhunderts ist das aufgefallen; er erklärt es damit, daß der Fugger das Bürgerrecht nicht erkauft sondern erheiratet habe. Wollte

---

[1] Über die Reihe der Augsburger Steuerbücher, welche die Namen der Steuerpflichtigen nach Straßen enthalten, vergl. die Angaben bei Jakob Strieder, Zur Genesis des modernen Kapitalismus S. 1. Weiteres in Beilage 4.

[2] Die Topographie des mittelalterlichen Augsburg liegt noch im Argen. Vielleicht wendet einmal ein Mann, wie Rechtsrat Werner, der in den alten Steuerbüchern ebenso zu Hause ist wie in der modernen Stadt, dieser Frage seine Aufmerksamkeit zu. S. Beilage 5.

[3] S. im Anhang Urkunde Nr. 1.

[4] S. im Anhang Urkunde Nr. 4.

[5] In der Abteilung der Schätze.

nämlich jemand das Bürgerrecht in Augsburg erwerben, so mußte er sich verpflichten, mindestens ein Pfund jährlich fünf Jahre lang an Steuer zu zahlen. Offenbar sollte dadurch ein besitzloses Proletariat ferngehalten werden. Das Register scheint also hauptsächlich deshalb geführt zu sein, um zu wissen, wie lange der neue Bürger noch die Sondergebühr zu entrichten hatte. Wiederholt steht nun im Aufnahmebuche, daß jemand die Abgabe nicht zu bezahlen brauche, weil er sich durch Heirat als Bürger ansäßig gemacht habe oder weil er schon lange als Gast dagewesen sei. In solchen Fällen hat es der Schreiber wohl mit dem Verzeichnen der Neubürger nicht so sehr genau genommen. Also ist das Fehlen des Fugger erklärlich, aber nichts destoweniger sehr bedauerlich.

Die Familienchronik füllt jedoch diese Lücke aus, wenn sie berichtet, aus dem Dorfe Graben auf dem Lechfelde seien die Fugger eingewandert. Ein sicherer Beweis auf Grund authentischer Nachrichten läßt sich nicht führen[1]. Anderseits soll man eine gute Tradition nicht verwerfen. Als die Fugger gegen das Ende des 15. Jahrhunderts auch weiteren Kreisen ihrer neuen Heimat interessant wurden, da wußten die Nachbarn doch sicher noch, woher die Fugger gekommen waren und aus wie viel kleineren Verhältnissen sie sich emporgearbeitet hatten. Und dann waren auch die 28 Tagwerk Wiesmat in Graben wirklich da, und während wir sonst über die Käufe, welche die Fugger seit dem Ende des 14. Jahrhunderts vollzogen haben, ganz gut unterrichtet sind; hier haben wir es mit Besitz zu tun, von dem wir nicht wissen, wie er an die Familie gekommen ist. Er war also wohl ursprüngliches Vermögen. Das ist eine wesentliche Stütze für die Nachricht, daß die Fugger aus Graben stammen[2].

---

[1] Eine Durchsicht der auf Graben bezüglichen, allerdings recht dürftigen Archivalien im Königl. Allg. Reichsarchiv zu München ergab nichts.

[2] Am 7. Dez. 1512 verkauft Lukas Fugger der Ältere u. a. 14 Tagwerk Wiesmat zu Graben an seinen Vetter Jakob Fugger. F.-A. 6, 1, 3 Fol. 54a ff. Dazu hat der Verfasser des Kopialbuches, in das der Vertrag eingetragen ist (Mitte des 16. Jahrh.), angemerkt: Item wie hievornen im kauffbrieff gemelt worden XIIII tagwerck wissmads, die Lucas Fugger herrn Jacoben Fugger mit den höffen verkaufft hat, das ist sein halbtail gewest, und hat her Jacob Fugger davor auch XIIII tagwerck wissmads erblich gehapt, derhalben jetzo gemellter wissmaden zu Graben gelegen XXVIII tagwerck sein; welche alle herrn Jacoben Fugger und seinen erben erblich zugehören, und nemlich ligen XXI tagwerck zu Graben uff dem Lechfeld, stosst vornen uff die wegrain und hinden uff die herstrass unden an der frowen vom Stern wissmad, und die VII tagwerck vornen uff der vom Graben vichwaid, hinden auf den wegrain. Ebda fol. 58.

Über die Eltern der eingewanderten Fugger ist nichts bekannt. Doch weilt im Hause Ulrichs, der seit 1389 an der Klebsattelstraße wohnt, eine domina, und da diese domina nach dem Tode des Ulrich in der Klebsattelstraße verschwindet, während eine domina Fuggerin am Bartzhofe auftaucht, so wird es wohl die Mutter gewesen sein. Denn die Witwe Ulrichs bleibt noch in dem Hause des Verstorbenen. 1395 ist die Mutter tot. Denn sie scheidet aus der Steuerliste aus, und im Vermögen des Hans Fugger zeigt sich sofort eine Zunahme[1].

Hans Fugger ist ebenso wie sein Bruder Weber. Als Gast kam er in die Stadt und als Gast blieb er hier, wenn die Angabe, daß er 1370 geheiratet habe, richtig ist, drei Jahre. Auf ihn fand also die Bestimmung des Augsburger Stadtrechtes von 1276 Anwendung: daz ein jeglich man, der hie ze Auspurch sitzet unde kaufet, der sol dienen als ein ander burger mit stiure unde mit allem dienste hinder swem er sitzet[2]. Wenn der Fugger nun 44 den. gleich als Ankömmling zahlte, so entsprach das bei einem Steuersatze von 2 den. für das Pfund Besitz einer Habe von 22 Pfund. Wohlgemerkt, alles was zu des Leibes Notdurft und Nahrung gehörte, war steuerfrei. Die 22 Pfund gingen also über das Notwendige hinaus. Ich bemerke zum Vergleich, daß der Augsburger Stadtschreiber, eine damals angesehene Persönlichkeit, 25 bis 30 Pfund Einnahme jährlich hatte; also war 22 Pfund Vermögen keine verächtliche Habe. Weshalb führte Hans soviel Gut mit sich? Um als Webergeselle zu hantieren? Ich nehme vielmehr an, daß er als Vertreter seines Vaters, der einen kleinen Betrieb auf dem Dorfe hatte, zuerst sich in die Stadt wagte, um hier die Erzeugnisse der Weberei zu vertreiben. Die Familienchronik berichtet, daß Hans einige Jahre das Weberhandwerk neben dem Handel mit Garn und Webstoffen getrieben habe, dann aber sich ganz auf den Handel geworfen habe. Das ist ein Vorgang, den wir in Augsburg mehrfach verfolgen können. Für die Fugger glaube ich ihn schon deshalb als wahrscheinlich annehmen zu sollen, weil Hans nach dem Steuerbuche von 1378 ein Haus besitzt, welches von mehreren Parteien bewohnt wurde, und in welchem er seit dem Jahre 1380 ganz allein sein Wesen treibt. Also brauchte er wohl größere Räume für seinen Geschäftsbetrieb, neben der Werkstätte auch schon ein Lager.

---

[1] Alle diese Bemerkungen auf Grund der Steuerbücher zu den bezüglichen Jahren. Klebsattelstraße = Armenhausgasse heute.

[2] Chr. Meyer, Das Stadtbuch von Augsburg, Augsburg 1872, 65, Art. XXIV.

Es ist eine reizvolle Aufgabe, die Geschichte der Fugger im Zusammenhange mit der wirtschaftlichen Entwickelung zu schreiben.

Die Fugger offenbaren von frühe her eine starke Zielstrebigkeit; den Zeitgeist haben sie wie nur wenig andere rechtzeitig erkannt, und weil sich diese glänzende Eigenschaft eine Reihe von Generationen hindurch erhielt, konnten sie so gewaltig emporsteigen Wie eigenartig, daß ihr Eintritt in Augsburg zeitlich zusammenfällt mit einer der stärksten revolutionären Bewegungen, die Augsburg im Innern durchgemacht hat, mit dem Übergange der Stadtregierung von den sogenannten Bürgern auf die Gemeinde, d. h. neben den wohlhabenden Bürgern auch auf die Zünfte, in denen sich damals die Handwerktreibenden zusammenschlossen [1]. Die alte Augsburger Chronik, welche die Reihe der Augsburger Aufzeichnungen in den deutschen Städtechroniken eröffnet [2], berichtet zum Jahre 1368: In der jarzal unsers herren in dem 1368 jar am nechsten mentag nach Simonis et Jude do kom ein groz folk gewappent uff den Pernlaich und sprachen, si wölten ain zunft haben und wölten die haben mit gutem frid und im solt niemant fürchten weder libes noch guotes, si wölten nun recht tun; und sprachen, si wölten nach gutem frid stellen mit gottes hilf und sprachen, sie wölten der stat puch ein nemen und prieff und der stat insigel und die schlüzzel zu der sturmgloggen. Daz beschach allez mit gutem frid, und namen auch alle die schlüzzel, die zu den toren an der stat gehorten, und giengen all, rich und arm, uff den Pernlaich und schwuorn da, ain zunft ze haben hundert jar und ainen tag, und namen uz des hailigen römischen riches recht und des bischofs recht. Und der sach aller was redner und vormund Haintz Weyss, der weber kellermaister etc. So wird der Vorgang selbst erzählt. Weshalb aber die Bewegung ausbrach, davon erfahren wir kein Wort. Hier tritt ergänzend eine Chronik ein, die bisher wenig gewürdigt worden ist, ich meine die in der Augsburger Stadtbibliothek aufbewahrte Weberchronik [3]. Sie ist um 1545 aufgezeichnet worden und be-

[1] Vergl. Pius Dirr, Aus Augsburgs Vergangenheit, 1906, 50. Für die Augsburger Geschichte bedürfen wir noch einer Reihe von Einzeluntersuchungen über die Verfassungs-, Wirtschafts- und Steuergeschichte. Hoffentlich wird der jetzige Archivar Dr. Dirr in seinen Absichten von den maßgebenden Faktoren kräftig unterstützt werden. Seine vieljährigen Studien über die Augsburger Steuerbücher wird auch Rechtsrat Werner-Augsburg hoffentlich bald der Öffentlichkeit zugänglich machen.

[2] Der ganzen Serie Band IV. Leipzig 1865, 21.

[3] Über ihre Entstehung und ihr Verhältnis zum Zunftehrenbuche wird sich demnächst der Augsburger Stadtarchivar Dr. Dirr verbreiten.

richtet, indem sie jedem Jahr eine Seite zuweist, von den Meistern, den Räten und Zwölfern der Weberzunft, sodann von denkwürdigen Ereignissen des Jahres und von Ratsbeschlüssen, welche Zunftverhältnisse, Steuern und Ungelt betreffen. Der Verfasser ist von einem starken Hasse gegen die katholische Hierarchie beseelt. Besonders „Sr. Heiloskeit“ dem Papste widmet er wiederholt bissige Kernsprüche. Wie nahe lag es für den Verfasser, der von der Bedeutung des Weberhandwerks durchdrungen war, der damals 1545 bedeutendsten Augsburger Familie zu gedenken, der Fugger. Aber die Fugger hielten zum Papsttum! Wohl darum von ihnen kein Wort. Um so auffallender, daß dieses Werk nicht auch der Zerstörungslust Kaiser Karls V. anheim fiel, der nach der siegreichen Beendigung des Schmalkaldischen Krieges 1548 alles das, worauf die Zünfte stolz waren, vernichten ließ, um dem zünftischen Regimente den Todesstoß zu versetzen. Wir freuen uns, daß diesem Schicksal die Weberchronik entgangen ist. Denn sie ist auf sicherem historischen Material aufgebaut und gibt über manche Vorfälle in der Geschichte Augsburgs Auskunft, über die wir sonst nur wenig oder gar nichts wissen würden. Die Weberchronik bietet nun auch den ausführlichsten Bericht über die Gründe, welche die Handwerker zum Sturz des Bürgerregiments veranlaßten. Wohl deshalb hat auch Langenmantel diesen Teil in seine Regimentschronik aufgenommen [1]. Die leidige Geldfrage, was für Steuern die Stadt erheben solle, spielte auch hier die Hauptrolle. Die regierenden Bürger wollten die kommunalen Ausgaben hauptsächlich aus indirekten Steuern, aus den Auflagen auf Verbrauchsgegenstände bestritten wissen, oder, wie man es damals nannte, aus dem Ungeld; dagegen wünschten die Handwerker, wohl auch die Armen im Gegensatze zu den reichen Bürgern genannt, eine allgemeine direkte Vermögens- und Einkommensteuer. Besonders die Weber, die Bäcker, die Schuster, die Schäffler und Schmiede, welche viel Material kaufen und zu Verkauf stellen mußten, sträubten sich gegen derartige indirekte Abgaben. Dazu kam noch, daß die Bürger für den Freihandel zwischen Stadt und umliegendem Lande waren, weil dadurch ein starker Materialumsatz auf dem städtischen Markte erzielt wurde, was wiederum eine Steigerung der Ungeldeinahmen bedeutete. Die Handwerker aber glaubten dadurch ihre „Nahrung“ bedroht. Oft noch sind, auch nachdem die Zünfte zur Regierung

[1] David Langenmantel, Historie des Regiments in der Heil. Röm. Reichsstadt Augsburg. Frankfurt und Leipzig 1725, 21.

gelangt waren, diese Prinzipien aufeinandergestoßen. Das Jahr 1377 brachte für die Gemeinde schweres Ungeld, 1385 mußte der Rat das Reden wider das Ungeld bei Strafe verbieten; 1387 macht der Schreiber der Weberchronik die Bemerkung, das Ungeld sei den Reichen viel lieber gewesen als eine allgemeine Steuer. ‚1397 kament etlich zunften als die weber, becker, schuster, schäfler und schmidt zu den barfussen zusamen, die nicht in die hohen und schweren ungelt consentieren und bewilligen wolten, also das sys erhielten, und wurden desmals brief under der statt grossen insigel aufgericht, die in sich halten, das man die zunften mit dem ungelt nicht beschweren soll; wölicher brief hinder den bürgermeister von der gemaind gelegt worden sein, derhalben ich nicht weyter davon schreyben wil‘, sagt der Chronist. Noch einmal beschließt 1399 der Rat, alles Ungeld abzuschaffen, weil er mit der direkten Steuer auszukommen hofft; aber er irrt sich, und das Ungeld wird dann nur noch höher und drückender. So geht der Kampf um das Ungeld weiter; aber auch der Freihandel war durch das Emporkommen der Zünfte noch nicht ertötet. Zum Jahre 1411 berichtet die Weberchronik: Item in diesem jar am samstag nächst vor dem sonentag misericordia (25. April) hat cleiner und alter rath erkennet als uff des handtwercks der weber clage . . , doch bis an ains raths widerrufen, das hinfuro kain burger hie ze Augspurg, weder reich noch arm kaufleut noch ander, mit keinem weber, die auf dem land innerhalb dreyer meyl wegs all umb und umbe die statt gesessen sind, kainerlay hanttierung noch geschäffte haben noch in ichtes weder von woll noch von garn noch sunst von allem, das ze den parchanten gehört, zu kaufen geben noch kain untzaichnet barchanttuch, das durch dieselben uswendigen weber gewurket wirt, weder ganz noch stuckweise wenig noch vil von in kaufen sollen etc. Wieder eingeschärft wurde diese Bestimmung im Jahre 1425.

Halten wir uns diesen Gegensatz zwischen den Bürgern und den Handwerkern, der in den Jahren vor 1368 sicher stark zum Ausdruck gekommen war, vor, so wird es für uns verständlich, daß Männer, welche die Verhältnisse überschauten, ihre Vorkehrungen trafen. Der Vater Fugger, welcher in Graben saß und dort mit Knechten und Mägden Wolle und Flachs bearbeitete, sandte 1367 seinen Sohn in die Stadt, damit er hier die Entwickelung eines Kampfes beobachte, von dem Sein oder Nichtsein seines Gewerbes abhing, und damit er auch zugleich für den Absatz der ländlichen Erzeugnisse tätig sei. Hans Fugger sah, daß er auch als Gast sich gegen den Ansturm der Zünfte nicht werde halten können, und weiter mußte er sich sagen, daß ein Lechfeldler nur dann emporkommen könne, wenn er den Augsburger Markt habe. So heiratete er denn eine Widolf, wohl die Tochter des Oswald Widolf, der 1371 Zunftmeister der Weber, der angesehensten Handwerkerzunft, war [1]. Ein solches Amt wurde nicht dem ersten besten Handwerker übertragen, sondern nur den wohlhabendsten Meistern, da es direkt am Stadtregimente beteiligt war. Aus der erwähnten Ehe soll Hans Fugger zwei Töchter, Anna und Kunigunde, gehabt haben. Doch sind wir für diese Nachricht ganz auf die Fugger-Chronik angewiesen [2]. Im Jahre 1380 erscheint Hans verheiratet mit Elisabeth, der Tochter des Webers Gefattermann [3], der 1386 auch das Amt eines ersten Zunftmeisters verwaltet, also gleichfalls zu den wohlhabenden Einwohnern gehörte. In diesem Jahre wurde Hans Fugger selbst auch unter den Verwaltungsrat der Zunft, die Zwölfer, aufgenommen. Bei den ehrenhaften Grundsätzen des Mittelalters, namentlich in bezug auf Mein und Dein, dürfte durch jene Tatsachen wohl sichergestellt sein, daß Hans Fugger bereits einer habhaften Familie angehörte, und daß die Familie, aus der zwei Söhne Weber waren, sich auch schon vorher zu diesem Handwerk bekannte.

---

[1] Weberchronik. Die Familie Widolf kommt auch in den Augsburger Steuerbüchern vor.

[2] Die Chronik schreibt weiter: dissen beeden töchtern hat vorgemelter Hans Fugger in Augspurg zu pflegern gesetzet Hansen Schmucker und Georgen Preyschuch; die haben die Anna Fuggerin Conradten Maitting vermehlet, so die Konigunda Fuggerin ledig standts verschieden. Es haben auch lauth des raths leibgedingbuch die vorernanndten pfleger Hans Schmucker und Georg Preyschuch auf beeden Jungfrauen 30 fl. ewigs leibsgeding erkhaufft. Das Leibgedingbuch, welches im Augsburger Stadtarchiv (unter den Schätzen) aufbewahrt wird, enthält eine solche Angabe nicht. Doch hat den Anlaß wohl folgende Notiz gegeben, die sich im Augsburger Leibgedingbuch zum Jahre 1389 findet: Item Hainrich Schmucker, Herman Bryschuch, Hans Fucker weber hand kaufft in pflegweise XXX guldin lipding geltes, der hand si gelegt X guldin uff Annen libe (und X guldin uff Catherina libe, leicht durchstrichen) und X guldin uff Cunraten libe Cunrat des Mutings sailigen kind und si haben in brieffe. Hiernach liegt kein Zwang vor, etwa die drei Kinder als Enkel Hans Fuggers anzunehmen. Man muß sich vielmehr fragen: ist es wahrscheinlich, daß Hans Fugger, wenn er 1370 heiratete, 1389 von seiner Tochter und seinem verstorbenen Schwiegersohne bereits drei Enkel hatte? Oder waren die Leibdingbriefe Ende des 16. Jahrhunderts noch vorhanden und besagten deutlich, daß Konrad Meuting der Schwiegersohn des Hans Fugger war?

[3] München, Reichsarchiv Chorstift St. Moriz, Augsb. Nr. 8, S. 279. Das Haus des Gefattermann am Bartshof ist jetzt (B 245) Eigentum des Charkutiers Rott (Grundbuch D 193b). S. Beilage 5.

Daß die Familie aus dem Augsburg benachbarten Graben stammte, haben wir oben bereits ziemlich sichergestellt. Die veränderten wirtschaftlichen Verhältnisse trieben die Söhne in die Stadt. Als Zünftige durften sie hoffen, auch mit der Geburtsstätte in geschäftlicher Verbindung zu bleiben. Und daß tatsächlich die Bestimmungen über den Verkehr zwischen Stadt und Land nicht dauernd durchgeführt wurden, beweist schon der Umstand, daß der Rat sich nicht die Hände binden ließ und wahrscheinlich auch gar nicht so genau die Ausführung überwachte, bis dann die Erneuerung des Verbotes wieder auf einige Zeit die Nahrung der Stadtweber sicherstellte.

Ich weiß mich frei von aller romantischen Kombinationssucht; aber Geschick hatte dieser Hans Fugger. Als er am 24. Januar 1397 das Haus „vom Ror", an der bestgelegenen Geschäftsstraße in Augsburg, zwischen Judenberg und Perlach erwarb[1], da wußte er wohl, daß alle die kleinen Holzbaracken und Verkaufsstände, welche sich an den Häusern entlang, vom Schmiedberg bis zum Judenberg zogen[2] und die dahinter liegenden Häuser entwerteten, dem Untergang geweiht waren. Tatsächlich fielen sie im Jahre 1398[3]. Jetzt konnte er in einem stattlichen Hause seine Erzeugnisse zum Verkaufe stellen. Zwar ist es nicht das Haus C1 am Judenberg, wo nach dem Wortlaut der Ehrentafel die Fugger ihren Reichtum sammelten, sondern Haus C2[4], und auch hier haben die Fugger

---

[1] Ich Heinrich Grau burger zu Augspurg und ich Elspethe sein eeliche wurtin veriehen und thun kunt offenlichen mit dem briefe, das wir . . . unser haus und hofsache, das gelegen ist hie zu Augspurg under den Cramern in sant Morizien pfarr zwischen Josen dem Artzat stainhaus und Conrat dem Grasslins gesasse und das unser rechtes aigen was . . . verkouft und ze koufen geben haben dem erbern man Hansen dem Fugger burger zu Augspurg und Elisabethen seiner eelichen wurtin und allen iren erben und nachkommen . . . umb 500 guld ungr. und beh. gut an gold und schwär an rechtin gewicht, die wir berait von in darumb eingenommen und empfangen haben . . . Das beschach nach Christi gepurt 1397 an sant Pauls abent als er bekert ward. F. Arch. 6, 1, 3 fol. 141b ff.

Dieses Haus war durch Heinrich Grau 1375 von Hans demPrioll um 250 fl. erkauft worden, dieser hatte es 1372 um 200 fl. erkauft. F. A. 6, 1, 3 fol

[2] Solche Buden vor den Häusern findet man heute noch in Innsbruck am Burggraben.

[3] Weberchronik zu 1398.

[4] Es wird mir mitgeteilt, daß schon Herr Rechtsrat Werner durch seine Studien in den Steuerbüchern zu diesem Ergebnis gekommen sei. Es gibt eine ganze Reihe von Beweisen. Nach dem oben angegebenen Kaufbrief ist es kein Eckhaus. Von Burkard Zinks Haus, das nach Chroniken der deutschen Städte Augsburg II 141 Z. 19, Eckhaus am Judenberg war, war es in der Richtung auf das Rathaus zu noch durch ein Haus getrennt (Steuerbuch 1452),

nur die Grundlage, allerdings eine feste Grundlage zu ihrem Reichtum gelegt. Die Bedingungen dazu waren selten günstig. Die Reichsstraße ging vorüber, mehrere kleine Straßen mündeten dort. Der Weinmarkt, der Tummelplatz der vornehmen Welt, lag dicht daran. Und fast gegenüber erhob sich seit 1389 das Weberhaus. Der Strom des großen Lebens flutete an dem Fuggerhause vorbei, aber es hatte auch teil an den kleinen und in ihrer Summe so gewichtigen Fragen des Handwerks.

Eine hervorstechende Eigenschaft des spätmittelalterlichen Kaufmannes ist es, seinen Verdienst durch Erwerb von Grund und Boden sicher anzulegen[1]. Auch den Fuggern ist dieser Zug in auffallender Weise eigen. Schon bei diesem ersten Hans zeigte er sich. Im Jahre 1403 (März 13) erwarb er von Andreas Eberlin zu Zusmarshausen für 200 fl. einen Hof und eine halbe Hufe in Scheppach an der Mindel[2]. Weiter kaufte er 1405 (Juni 18) von den Kindern des Hans Hofmair für 240 fl. einen Hof, vier Sölden und ein Gütlein in Burtenbach[3]. Auch scheint Hans die Besitzung seines Bruders Ulrich an der Klebsattelstrasse nach dessen Tode übernommen zu haben. Denn dieses Grundstück (das Haus selbst brannnte 1402 ab[4]) erscheint später im Besitze der Fugger von der Lilie, während Ulrichs Nachkommen ausstarben oder verkamen.

Vermutlich war das Geld der Mutter von Hans und Ulrich im Geschäfte des Ulrich, bei dem sie wohnte, angelegt. Als es nun nach deren Tode zum Teilen kam, übernahm wohl Hans Fugger für seinen Teil statt des baren Geldes das Haus des verstorbenen Bruders.

Als Hans Fugger 1367 nach Augsburg kam, wurde er bei einem Steuersatze von 2 ₰ auf das Pfund (in Augsburg = 60 ₰) zu 44 ₰

---

konnte also nicht Eckhaus sein. Dann erwähnt die Fuggerchronik, daß das Haus beim Neubau mit Köpfen geziert sei. Man schaue C2 an. Hoffentlich wird man nach allem diesen nicht länger mit dem Versetzen der Tafel warten.

[1] Vergl. A. Schulte, Gesch. des mittelalterl. Handels und Verkehrs I, 616.

[2] F. A. 6, 1, 3 fol. 35a. S. Beilage 5.

[3] F. A. 6, 1, 3 fol. 52a. S. Beilage 5.

[4] Augsburg. Stadtarchiv, Baumeisterbuch z. J. 1402 fol. 70: Item XII lb den padern, badknechten, kovern, plaicherknechten, tragern und den, die gearbeit hant tze der prunst, do des Ffuckers hus verbrun ins Clebsattels gassen. Die Weberchronik 1402 nennt den Hans Fugger als Eigentümer; das konnte freilich auch Ulrichs Sohn sein. Doch wäre es auffallend, daß dieser wenig begüterte junge Mann das Haus nicht über das Jahr 1396 hinaus bewohnt, sondern in die Gegend von St. Stephan zieht.

Steuern veranlagt. Im allgemeinen war der Steuersatz 1 ₰ von 60 ₰ üblich und wurde deshalb meist im Steuerbuche nicht besonders vermerkt. Nur zu Zeiten großer Not, wenn der Krieg mit den benachbarten Herren schwere Opfer auferlegte, mußte auch zu sehr starker Steuererhöhung Zuflucht genommen werden. So wurde im Jahre 1389 Hans Fugger damals mit 200 Pfund Pfennigen zur Steuer herangezogen. Doch heißt es Hans Fucker dedit de domo II^c lb den. Er gab sie also von seinem Hause. Im allgemeinen steuerte damals der Hausherr für seine Mitbewohner. Aber Hans wohnte allein. Die Steuer ist also von seinem Vermögen. Der nächste Steuereintrag für Hans ist 1390: dedit VI ung guld, jedoch durchstrichen, sodann 1392 dedit II fl., weiter 1395 bei einem Steuersatze von 1 ₰ Regensp. auf das Pfund: dedit V flor de domo, jur. Von 1396 an wird der Steuersatz auf einen, anderthalb und einhalb Pfennig von 60 Augsburger Pfennigen bemessen. Hans Fugger zahlt nun 1396=28 fl. 4 sh., 1397=14 fl. 2 sh, 1398=38 ½ fl., 1399—1402=26 fl., 1403=13 fl. 11 sh. 1 d., 1404=13 fl., 1405 und 1406=14 fl., 1407=14 fl. 2 ℔, 1408=16 fl. 2 ℔. Seine Witwe zahlte 1409=13 fl. 2 ℔.

Die Augsburger Steuerverhältnisse sind sehr verzwickt. Man suchte die Höhe eines Vermögens durch Feststellung der prompta pecunia und anderer „Kleinote“, sodann durch Berechnen aus Einnahmen zu ermitteln, wobei man aber für liegende und fahrende Habe einen Unterschied machte[1]. Es ist deshalb nicht möglich, genau die Höhe des Vermögens der Augsburger festzustellen, wenn verschiedenartige Habe in Betracht kommt. Das trifft natürlich auch auf Hans Fugger zu, da er ja, wie oben gezeigt, Grundbesitzer war.

Die Steuer, welche er 1389 zahlte, dünkt uns enorm, selbst wenn wir erwägen, daß das Jahr 1389 in der Geschichte der Augsburger Stadtfinanzen vielleicht das unheilvollste war. Der Krieg mit dem Herzog von Bayern, dem Bischof von Augsburg, die Teilnahme am Kriege gegen Eberhard von Württemberg hatte der Stadt ungeheuere Verluste gebracht. Nach dem einen Berichte hätte sie eine Schuldenlast von 200 000 fl. zu tilgen gehabt. Die Weberchronik erzählt einfach: (1389) „Dis jars wird der krieg verricht und zu bezalung der schulden, so aus dem uncosten des kriegs entstanden sein, hat ein rath ein ganz schwere steur auf etliche jar aufgesetzt und darauf durch einen klainen und grossen rat erkannt

[1] S. Beilage 4.

und beschlossen, das kain burger, er sey reich oder arm jud oder crist, von diser stat ziehen und sich anders wo setzen sol on erlaupnis der herren burgermaister und des rathes bey verlierung leyb und guts on alle gnadt, und dis gepot soll zehen jar wöhren." Im Steuerbuche steht nun zu diesem Jahre als Steuerfuß vermerkt de libra V^{III} ratign (!). Es sollten also 8 Regensburger Pfennig von dem Pfund, das in Augsburg zu 60 Pfennig genommen wurde, gezahlt werden, also der 7,5 te Teil des Vermögens oder 13⅓ %. Hans Fugger steuerte also mit 200 Pfund für 1500 ℔ Vermögen.

Wir müssen jetzt in Erwägung ziehen, daß auch das Regensburger Pfund der allgemeinen Münzverschlechterung anheimgefallen war. Die Ausburger Chronik berichtet zum Jahre 1396: „do giengen phenning, die hiessen Regenspurger, die waren als pös worden, daz man 5 ℔, 60 Regensburger für 1 ℔, umb 1 ungrischen gulden gab." Mag sein, daß 1389 die Verschlechterung noch nicht so weit gediehen war, daß man also einen ungarischen Gulden schon mit etwa 4 ℔ Regensburger aufwog[1]. Dann hätte das Vermögen des Hans Fugger in ungarischen Gulden etwa 375 fl. gegolten. Nun ist wiederum zu bedenken, daß die Schätzung der Habe, namentlich des Grundbesitzes, wohl noch zu der Zeit erfolgt war, als das Regensburger Pfund den reichsgetzlichen Bestimmungen entsprach, daß nämlich 120 ₰ einem ungarischen Gulden gleich galten. Ein Regensburger Pfund, zu 60 ₰ das Pfund gerechnet, mußte also einen halben Gulden ausmachen. Die 1500 Pfund, von denen Hans Fugger 1389 steuerte, entsprachen normaler Weise also etwa 750 ungarischen Gulden. Statt dessen steuerte er mit den schlechten Stücken nur für 350 Gulden! Aber andererseits ist nur unter Berücksichtigung dieser Verhältnisse die Höhe der Steuer begreiflich. Wie hätte man sonst über 13 Prozent des Vermögens als Steuer rechtfertigen können? Setzen wir erst gar den Fall, was durch die Entwickelung im Jahre 1396 wahrscheinlich wird, daß die taxierten 1500 Pfund Vermögen volle alte Regensburger Pfunde im Werte von je einem Gulden waren, also 1500 fl. in Wirklichkeit entsprachen, so verliert die Steuer von 200 entwerteten Pfunden ihre Schrecken.

Im Jahre 1395 zahlte er bei einem Satze von 1:60 5 ungarische Gulden; doch mißtraute man dieser Leistung und ließ ihn schwören. Das Mißtrauen war gerechtfertigt, aber nicht allein gegenüber Hans Fugger. Indem nämlich die Einschätzung des Vermögens nach den

[1] Zu beachten ist, daß es sich hier immer nur um kleine Pfunde zu 60 ₰ handelt. Von diesen mußten ursprünglich 2 Pfund auf den Gulden gehen. Die Normalpfunde waren also um mehr als die Hälfte im Wert zurückgegangen.

Regensburger Pfunden vorgenommen wurde, die in alter Höhe gesetzt wurden, und die Steuerzahlung in Gulden, die nun nach dem jeweiligen Kurse berechnet wurden, ergab sich eine ungeheuere Steuerhinterziehung zu ungunsten der Stadtkasse. Denn wer das Steuerregister von 1489 durchsieht, wird bemerken, daß fast allenthalben nur in Pfunden bezahlt wurde.

Im Jahre 1396 fand nun in Augsburg eine Umrechnung der Werte statt. Man rechnete von den alten Pfennigen, die so „bös" geworden waren, von jetzt an 240 auf das Pfund; es war der Zahl nach also groß; dieses große Pfund konnte aber auch durch neue Augsburger Pfennige aufgewogen werden, die so gehaltvoll waren als die *alten* Regensburger. Ihrer 60 machten schon ein Pfund, an Zahl also ein kleines Pfund zu 60 ₰. Ungefähr den wahren Wert traf man, wenn man 240 der alten und 60 der neuen Pfennige einem Gulden gleichsetzte[1]. Aber Zahlungen an die Stadtkasse wurden nur in der neuen Münze angenommen, und die Zahl der zu entrichtenden Pfennige blieb die gleiche wie vorher. So gelangte man wieder zu einer einigermaßen entsprechenden Schätzung aller der Gegenstände, die ursprünglich richtig eingeschätzt sein mochten, in der letzten Zeit aber durch die Münzentwertung bedeutend, wenigstens an der Stadtkasse, unterschätzt worden waren. Übertragen wir diese Bemerkungen ins praktische. Die 1500 ℔ zu 60 ₰ des Hans Fugger von 1389 wurden im Jahre 1396 neuen Pfunden zu 60 ₰, die einen Gulden galten, gleichgesetzt. Von diesen 1500 Gulden hätte er bei einem Steuersatz von 1 : 60 einen Steuerbetrag von 25 Gulden entrichten müssen. In Wirklichkeit waren es sogar 28 Gulden 4 sh., was sich neben einer Vermögensmehrung wohl auch daraus erklärt, daß er 1495 noch von seiner Mutter erbte[2].

Die mittelalterlichen Steuern Augsburgs zeigen nicht von Jahr zu Jahr das Schwanken des Vermögensstandes an. Erst wenn eine „geschworene" Steuer erhoben wird, ändern sich im allgemeinen die Sätze. Freilich konnte auch, ohne daß eine allgemeine Eidesabnahme stattfand, für einen einzelnen in einem Jahre der Eid festgesetzt werden. So fand ich einmal in einem Augsburger Steuer-

---

[1] Augsburger Stadtarchiv, Ratsprotokoll I, fol. 16. Beschluß des Rats, daß ein Pfund Augsburger gleich 1 fl. sein soll.

[2] Daß man, wenn man in Gulden bezahlte, diese erst nach dem Kurse der Pfunde vor 1396 berechnete, geht daraus hervor, daß Hans Fugger 1395 nur 5 fl. bezahlte. Er gab diese anstatt etwa 25 ℔ zu 60 ₰. Nur durch die neue Währungsgesetzgebung ist es zu erklären, daß er im folgenden Jahr auf über 28 Gulden Steuer steigen konnte.

buche die Bemerkung der Steuermeister, der Pflichtige solle einen Gulden mehr zahlen oder schwören. Auch konnte bei unsicheren Verhältnissen ein Steuerbetrag auf Rechnung „gelegt" werden. Das war öfter bei den Hinterbliebenen eines Verstorbenen der Fall. Auch bei den Fuggern wird uns das noch begegnen.

Für Hans Fugger können wir nun auch bei den Steuerfestsetzungen „mit Eid" eine Steigerung des Vermögens feststellen. Am Schlusse seines Lebens steuert er bei einem Verhältnis von 1:120 16 fl. 2 ß, also von 1920 fl. und 240 ß. Nehmen wir an, daß die Schätzungen nach Pfunden wieder hinter dem Werte zurückblieben, weil schon wieder eine Münzverschlechterung eingetreten war, und bedenken wir weiter, daß Hans Fugger bereits einen stattlichen Grundbesitz in- und außerhalb der Stadt sein eigen nannte, den er nur zur Hälfte versteuerte, so dürfte die Angabe der Chronik uns nicht mehr übertrieben erscheinen, die dem Hans ein Vermögen von 3000 fl. zumißt.

Der Bruder Hans Fuggers, Ulrich, zahlt im Jahre 1389 100 fl. Steuer, stand also an Vermögen vor seinem Bruder. Doch dürfte dieses günstige Verhältnis darauf beruhen, daß er auch für seine Mutter steuerte. Denn die Lage seiner Frau und Kinder war später, nach den Steuerbeiträgen zu urteilen, nicht so übermäßig glänzend. Auch die Fugger-Chronik schätzt ihn nur halb so hoch ein wie Hans, nämlich mit 1500 fl. Vermögen. Das war immerhin für die damalige Zeit nicht wenig. Der Todesfall im Jahr 1394 zerriß die Familie. Während die Witwe Fuggerin 1394 und 1395 noch in dem bisher bewohnten Hause in der Klebsattelgasse nachzuweisen ist, zieht die domina Fuggerin 1394 neben die Gefattermanns am Bartshof.

In der Folgezeit nun machte Hans Fugger, der älteste Sohn Ulrichs, sich selbständig; 1498 erscheint er zwischen Wintbrunnen und St. Stephan, ebenso 1499, und da wohnt auch die domina Agnes bei ihm, also wohl seine Mutter, die ja Agnes hieß. Bis 1408 verschwindet er dann aus unsern Augen. War er in die weite Welt gegangen? Die andern Söhne nahm Hans Fugger als Oheim zu sich, wahrscheinlich bildete er sie auch für das Handwerk und Geschäft aus. 1398 zahlte er 7 fl. 30 sh. als Steuer für sie. Eine Berechnung des Vermögens hiernach ist nicht möglich. Jedenfalls waren sie keine Habenichtse.

Was über Ulrich Fugger, seine Ehefrau, seine Kinder und seinen Tod in der Familienchronik gesagt ist, stimmt nicht. Nur soviel ist sicher, daß seit 1408 Hans Fugger, Ulrichs Sohn, wieder selbständig in Augsburg wirkt. Er zahlt 1 fl. und 33 sh. als Steuer. Während nun die pueri Fucker seit 1411 aus dem Hause der Tante verschwinden, taucht bei Hans ein Frater C., also Chunrad auf, 1415 steuert Hans 2 fl. und Konrad 1 fl. Bis 1437 ist Hans in des Nathansgarten nachzuweisen, er zahlt schließlich 3 fl. Steuer von einem Vermögen von etwa 720 fl. Dieser Hans Fugger ist zuerst als Handelsmann auch urkundlich nachzuweisen. Er hatte 1430 einen Wollhandel mit Konrad Ebner von Salzburg abgeschlossen, der ihm die Wolle nach München lieferte. Nun traf eine Klage vom Erzbischof von Salzburg beim Rate in Augsburg ein, daß Hans Fugger dem Mautner zu Salzburg mit dem Zolle durchgegangen sei. Der Rat erwiderte darauf am 4. Mai 1430, daß Hans Fugger von der Sache nichts wisse, da er den Transport ganz dem Ebner überlassen habe. Am 2. Januar 1432 schrieb dann der Rat weiter in dieser Sache, daß Hans Fugger bereit sei, die Angelegenheit in Salzburg selbst zu regeln, wenn der Rat der Stadt Salzburg ihm bis Ostern sicheres Geleit verbürge. Am 13. März 1432 empfahl ferner der Rat seinen Bürger, der demnächst nach Salzburg komme, noch der Gunst und dem Schutze des Erzbischofs[1].

Seit 1417 hatte Konrad Fugger sich von seinem Bruder Hans getrennt und war mehr und mehr zurückgegangen. Bald wohnt er hier bald da. Als Habenichts hatte er keine Steuern mehr entrichtet. 1444 verschwindet mit ihm die ganze Nachkommenschaft des älteren Ulrich wieder im Dunkel. Nur eine interessante Erinnerung an ihn birgt das Fugger-Museum in Augsburg, ein Stück Tuch, halb Wolle, halb Baumwolle mit der Inschrift: Daz tuch ist des Conrat Fugers gewesen und er hat 75 feden mynder zelet (?) und gewurcht dan rechte zale 1461. Lebte er damals noch? Hat das Steuerbuch ihn als Habenichts vergessen?

Als Hans Fugger d. Ä. 1408 starb, hinterließ er eine noch rüstige Witwe. Über die Kinder dieser Ehe sind wir nicht genauer unterrichtet. Für das Jahr 1398 sind bezeugt Andreas, Michael und Peter Fugger[2]. Nachher wurde noch Jacob Fugger ein Sprößling dieser Verbindung.

Die Witwe des Hans Fugger, Elisabeth, muß eine tüchtige Frau gewesen sein. Bis zu ihrem Tode 1436 hatte sie die Oberleitung über das Geschäft, repräsentierte auch als Steuerzahlerin

[1] S. Anhang, Urkunden Nr. 7—9.

[2] Vergl. Beilage 5.

die Familie, obschon ihre beiden Söhne, über deren Alter wir allerdings nichts sicheres wissen, damals schon lange die für die Führung des Geschäfts nötige Reife erlangt haben mußten; denn Andreas war am 28. Jan. 1409 bereits fähig, von dem Ritter Heinrich von Ellerbach als Vertreter des Herzogs von Österreich die von seinem Vater erkauften Güter zu Burtenbach zu Lehen zu nehmen[1].

Vom Jahre 1411 an hatte Elisabeth ihre Mutter, die Witwe Gefattermann bei sich wohnen, welche 3 fl. an die Stadt steuerte[2]. Ihr Tod ließ die Steuer der Fuggerin von 24 auf 26 fl. hinaufgehen. Jetzt kam auch das Haus am Bartshof in den Besitz der Familie Fugger. Im Jahre 1427, als von 240 fl. ein Gulden Steuer gezahlt wurde, gab Elisabeth 16½ fl. Sie versteuerte demnach ein Vermögen von 3960 fl., wobei aber wiederum zu bedenken ist, daß das Vermögen erst durch Umrechnen aus verschiedenen Posten erhalten wurde, daß also tatsächlich das Vermögen bedeutend höher war; denn zwei Häuser zu Augsburg und Besitzungen zu Graben und Burtenbach waren damals schon in Händen der Fugger. Am Schlusse ihres Lebens steuerte Elisabeth bei gleichem Steuersatze 20 fl. und 15 gr. Ihr Vermögen belief sich damals also auf mehr als 5000 fl.

Von Elisabeth Fugger und ihrem Wirken ist sonst wenig bekannt. Nur ein Brief in den Missivbüchern der Stadt Augsburg erwähnt sie zum Jahre 1423[3]. Da verwendet sich der Rat auf Ersuchen seiner Bürgerin der Fuggerin für einen ihrer Hintersassen sassen zu Burtenbach bei dem Ritter Hans von Knörringen. Aber noch zu ihren Lebzeiten 1435 ist auch schon ihr Sohn Andreas als Lehnsträger der Güter zu Burtenbach tätig, indem er den Rat der Vaterstadt um eine Fürschrift für einen Hintersassen zu Burtenbach an den Ulmer Rat bittet[4]. Im Jahre 1428 sind anläßlich der Erhebung der Hussitensteuer die Hausgenossen der Elisabeth angegeben: Fukerin, Jacob filius, Endre filius, Bartolome Fuker, Katharina ancilla. Wessen Sohn der Bartholomäus Fugger ist, vermag ich nicht zu sagen. Die Fugger-Chronik erwähnt eines Bartholomäus als Sohn des Ulrich Fugger; doch kennt die Chronik das

[1] S. Beilage 5.

[2] Aus dem Hause am Bartzhof, verschwindet die Gefattermann 1411, gleichzeitig taucht die Gevattermanin bei der Fuckerin auf. Das nächste und die folgenden Jahre heißt es dann nur mater eius. Alles auf Grund der Steuerbücher.

[3] S. im Anhang, Urkunde Nr. 6.

[4] S. im Anhang, Urkunde Nr. 10.

Achtbuch der Stadt Augsburg nicht, das uns zufällig die Namen der Söhne Ulrichs bald nach seinem Tode angibt. Ein Bartholomäus ist nicht darunter. Ein Sohn der Elisabeth selbst ist er wohl deshalb nicht, weil er nicht als filius, sondern von neuem als Fuker bezeichnet ist. Vielleicht ein Sohn des in dem Achtbuche gleichfalls genannten dritten Bruders von Ulrich, Klaus. Wir stehen eben bei einzelnen Fuggern, die sporadisch in den Steuerbüchern von Augsburg auftauchen, vor einem nicht mehr lösbaren Rätsel[1]. In dem erwähnten Verzeichnis aus Anlaß der Hussitensteuer steht Jakob Fugger vor Andreas. Trotzdem ist Andreas als der ältere Bruder anzusehen. Denn er wird 1398 als Sohn des Hans bereits genannt, Jacob dagegen nicht. Auch ist er 1409 der Lehnsträger für die Güter in Burtenbach.

II.

Andreas und Jakob I Fugger.

Die beiden Brüder Andreas und Jakob setzten die Handels- und Hausgemeinschaft, wie sie bei Lebzeiten der Mutter bestanden hatte, auch nach deren Tode fort[2]. Bis zum Jahre 1454 treten sie auch in den Augsburger Steuerbüchern als eine einzige steuernde Partei auf. Von da an steuern sie jeder für sich. Das scheint mir mit der Rückkehr Jakobs aus der Ferne zusammenzuhängen. Gerade Jakob wird in den Steuerbüchern wiederholt als abwesend nicht erwähnt. Aber von 1454 an läßt sich nach den Augsburger Ratsdekretbüchern ein auffallend starkes Hervortreten Jakobs feststellen; ein Zeichen, daß er nunmehr die Ruhe gewonnen hatte, für das Wohl der Stadt mitzuwirken. 1454 ist er Mitglied des großen Rats; dann wird er als Ungelderheber von Leinwand, als Leinwandschauer und als Mitglied des Richterkollegiums genannt. Über die Tätigkeit des Andreas und Jakob wissen wir urkundlich nur soviel, daß sie zu den Bürgern gehörten, welche mit Fuhrwerk Handel nach außen trieben[3]. Denn im Jahre 1442 waren beide unter den Kaufleuten und Wagenleuten, mit denen der Augsburger Rat ein ernstes Wort sprach, weil sie nach einer Beschwerde des

[1] So 1462 von Sträffingertor gen Lauterbach Seitz Fucker, 1402 Unter den Weschen Fugger, 1422 Uf dem Pühel H. Fugger (dedit 10 sh sol in zunft).

[2] Von den übrigen oben S. 21 genannten Geschwistern erfahren wir nichts mehr.

[3] Alles nach den im Augsburger Stadtarchiv erhaltenen Ratsprotokollen zu den betreffenden Jahren.

Herzogs Otto von Bayern die Straße über den Hüchelberg im Gebiet des Herzogs umgingen[1]. Jakob Fugger nahm aber nicht nur am Handel, sondern auch an den Sorgen der Weberzunft redlichen Anteil. Denn eben wegen seiner Stellung in der Weberzunft wurden ihm die städtischen Ehrenämter übertragen.

Das Verhältnis Jakobs Fugger zu seinem Bruder scheint nicht das beste gewesen zu sein. Schon das Geheime Ehrenbuch des Hans Jakob Fugger singt von dem Hochmut des Rehs, obschon Andreas die Verleihung dieses Wappens an seine Familie nicht mehr erlebte. Vielleicht stützt sich darauf die Erzählung der Fuggerchronik: „Es hat sich aber obgemelter herr Andreas Fugger aus hoffart gegen seinen brudern Jacoben Fuggern nicht nach dem gebürlichsten gehalten. Denn nachdem es im in seinem handel so glücklich und wol ergangen und auch disser zeit der reiche Fugger genandt ward, hat er etwas mehr dan gegen gott verantwortlich seinen bruder Jacoben Fuggern verachtet. Der hat solche schmach und verachtung ime von seinem bruder bewisen in seinem gemüth verdruckht und sich gar nichts merckhen lassen und alles der göttlichen benedeyung mit der zeyt erwarten wollen[2].“

Diese Nachricht ist auffallend, da Jakob Fugger von dem Augenblick an, da sie ihr zu versteuerndes Vermögen trennen, als der reichere erscheint. Aber trotzdem braucht der Chronist seine

---

[1] S. Anhang, Urkunde Nr. 12.

[2] Das Geheime Ehrenbuch singt:

So merckts ir herren meine wort,
Inn dizem buch am letzten ort
Da seind die Fugger von dem rech
Verleibet schon mit irem geschlecht,
Welch auch der Lilgen sein verwandt
Mit ehrn und freundschaft wolbekant.
Ich wais nicht was ich sagen soll:
Im anfang stand ir sach ganz wol,
Hantierten vast im gantzen reich,
Die Lilg dem rech was ungeleich;
Die reichen Fugger warens gnant.
Aber got in ir glick umbwandt,
Das in im handel ist misslungen,
Des traurt ir stamm durch alt und jungen.
Dargegen den von der Lilgen werdt
Ir glück an ehrn und gut gemert,
Des preis ich ir freymiltigkeit,
Die allzeit durch barmhertzigkait
Mit hilf den meinen ist bereit.

Erzählung nicht aus der Luft gegriffen zu haben. Denn nach allem, was die gleichzeitigen Nachrichten in den Steuerbüchern und in den Augsburger Chroniken ergeben, ging ein glänzender Zug durch diese Linie der Fugger. Ihr wurde auch 1462 der erste Wappenbrief, ein goldenes Reh in blauem Felde, verliehen. Vielleicht hat Jakob seine Arbeit mehr in geräuschloser Weise und in engem Kreise darangesetzt, seine Habe zu mehren, während Andreas den Handel größer betrieb, größere Einnahmen hatte und größere Ausgaben sich leistete, und doch am Ende weniger steuerte, weil sein Reichtum weniger solide war.

Andreas Fugger war nach der Chronik mit Barbara Stamler, aus einer in Augsburg nachweisbaren angesehenen und wohlhabenden Familie, verheiratet. Als er 1458 starb, verließ seine Frau das Haus „vom Ror" und zog in die Gegend „von Jörig Onsorg". Sie bezog im Jahre 1463 aus der Augsburger Stadtkasse ein Ewiggeld von 10 fl. Wer es gestiftet, ist nicht festzustellen, da die Augsburger Baumeister- und Leibgedingbücher nur lückenhaft erhalten sind. Es ist aber wahrscheinlich, daß die Stiftung Ende der fünfziger Jahre erfolgte. Auch der Sohn der Barbara Jakob Fugger genoß ein Ewiggeld von 14 fl. jährlich. Ich möchte annehmen, daß es sich um Stiftungen handelt, welche Jakob Fugger, der Bruder des Andreas, machte, um die Rechte der Frau und des ältesten Neffen auf die Häuser in Augsburg zu lösen. Beide Ewiggelder kaufte die Stadt im Jahre 1466 durch 200 bzw. 280 fl. zurück. Die Beträge nahm Lukas Fugger als Sohn und Bruder entgegen [1].

Als Kinder des Andreas Fugger und seiner Ehewirtin werden genannt Lukas, Jakob, Matthäus und Hans Fugger sowie Anna, Barbara, Ursula, Walpurg und Felicitas als Töchter [2].

---

[1] Für die vorhergehenden Angaben wurden die Baumeisterbücher zu den betreffenden Jahren und das Leibding- und Ewiggeldbuch im Stadtarchiv zu Augsburg benutzt.

[2] Nach der Fugger-Chronik war Anna Fugger Klosterfrau im Kloster Holzen bei Wertingen; Barbara, verheiratet mil dem Kaufmann Thomas Grander (1484 sind nach dem Steuerbuch im Hause Lukas Fuggers des Älteren Thoman Granders Kind und steuern 54 ff.); Ursula Fugger, verheiratet mit Gastel Haug (Gastel Haug steht urkundlich in enger geschäftlicher Verbindung mit Lukas Fugger); Walpurg Fugger, verheiratet mit Konrad Schneider, einem Schreiber in den Welser Schreibstuben (im Steuerbuche 1470 ist Cunrat Schneider als Schwiegersohn der Andreas Fuggerin genannt); Felicitas Fugger, verheiratet mit dem Kaufmann Roggenburger zu Ulm (der Name Roggenburger kommt später öfter in Verbindung mit dem Namen der Fugger von der Lilie vor).

Jakob Fugger I überlebte seinen Bruder um 11 Jahre. Er starb am 23. März 1469. Er war vermählt mit Barbara, einer Tochter des Münzmeisters Bäsinger. Die Fugger-Chronik nennt diesen Ulrich. Doch hat es damals einen Ulrich Bäsinger nicht gegeben, nur zwei Goldarbeiter, die Brüder Franz und Konrad, und sonst noch Simon Bäsinger als dritten Bruder [1]. Konrads Kinder kennen wir aus den Augsburger Leibgedingsbüchern. Eine Barbara ist nicht darunter. Also bleibt nur Franz, den die neueren Historiker alle stillschweigend angenommen haben. Es pflanzte sich ja auch viel leichter der Zuname und die Stellung des Urgroßvaters bis auf Hans Jakob Fugger fort als der Vorname. Und 1542, als Hans Jakob Fugger für sein Ehrenwerk sammelte, lebte ja auch noch Anton Fugger als direkter Enkel. Auch haftete eine Katastrophe wie die des Münzmeisters Bäsinger zu tief im Gedächtnis, als daß man so leicht die Person und seine Beziehungen zur Familie vergaß. Der Goldschmied und Münzmeister Bäsinger gehörte zu den reichsten Einwohnern der Stadt. Die Zeitgenossen schätzten seine Habe auf 20 000 fl. [2]. Der Erwerb war ihm dadurch leicht gemacht, daß er für die Stadt eine Art Monopol im Silberhandel besaß. Er münzte mit seinen Hausgenossen und hatte auf alles Silber, dessen er sonst für seine Arbeiten bedurfte, ein Vorkaufsrecht. Neben seiner gewerblichen Tätigkeit betrieb Franz Bäsinger auch ausgedehnten Handel. Als zur Frankfurter Messe fahrender Kaufmann wurde er einmal aufgehoben. Daß er sich aus der Haft wider sein gegebenes Wort entfernte, macht ihm Burkard Zink zum Vorwurf. Im Jahre 1444 brach Bäsinger, der zu starke Verbindlichkeiten eingegangen war, zusammen; ein Haftbefehl wurde vom Rate gegen ihn erlassen, und er wurde auch, obwohl er vom Kaiser einen Zahlungsaufschub erhalten hatte, bei seiner Rückkehr nach Augsburg ins Gefängnis gelegt. Ein Vergleich endete schließlich den peinlichen Vorfall. Dem Bäsinger wurde nach der einen Quelle ein Viertel nach der anderen ein Drittel seiner Schulden

[1] Gegen Ende des 15. Jahrhunderts wird in Augsburg ein Ulrich Bäsinger erwähnt. Vielleicht kam dadurch der Irrtum auf. Nur in dem in der Augsburger Stadtbibliothek (Aug. Hs. fol. 180) liegenden Hochzeitsregister der Herren von der Bürgerstuben S. 14 wird der Vater Hans Bäsinger genannt.

[2] Nach der Chronik des Burkard Zink. In Chroniken der deutschen Städte: Augsburg II, 153. Burkard Zink ist dem Bäsinger offenbar feindlich gesinnt; ein anderer Bericht, der in die anonyme Chronik (981—1483) übergegangen ist, sucht den Vorfall milder darzustellen. Chroniken der deutschen Städte, Augsburg III, 491. Vergl. Anhang, Urkunden Nr. 11, 13, 14.

nachgelassen. Für die Zahlung des Restes verbürgten sich Cunrat Bäsinger, Symon sin bruder, der Fugger und der Hug, der Reinman, Gabriel Sydenschwancz und Jörg Bäsinger. Der Bäsinger hat dann in Schwaz sein Leben beschlossen; dort mochte er hoffen, ein neues ertragsreiches Feld für seine Tätigkeit zu finden[1]. Wer der Fugger war, der für Franz Bäsinger bürgte, ist nicht angegeben. Wahrscheinlich war es Jakob, auf den eine spätere Urkunde weist (Nr. 13). Im Hause der Witwe Jakobs Fugger finden wir von 1476 bis 1481 einen Georg und Jakob Bäsinger; es sind wohl die Kinder des verstorbenen Oheims Konrad, die bei der Muhme Unterkunft und Ausbildung suchten. Durch die Beziehungen zur Familie Bäsinger sind möglicherweise die Fugger auf die Bedeutung des Metallhandels aufmerksam geworden; doch läßt sich ein Zusammenhang zwischen dem Geschäfte Franz Bäsingers und den Wegen, welche die Fugger seit den achtziger Jahren des 15. Jahrhunderts einschlugen, nicht nachweisen[2].

Jedenfalls hat Barbara viel Sinn für das Geschäft ererbt. In den 30 Jahren, um die sie ihren Gatten überlebte, hat sie ihr Vermögen bedeutend vermehrt. Daß die Fugger-Chronik diese Frau ihren Gatten nur wenige Jahre überleben läßt, ist schier unbegreiflich.

Über die Kinder Jakob Fuggers des Alten sind wir verhältnismäßig am besten durch einen Zettel im Augsburger Stadtarchiv

---

[1] Vergl. Ladurner, Über die Münze und das Münzwesen in Tirol vom 11. Jahrh. bis zum Ableben Kaiser Maximilians 1519. Archiv für Gesch. und Altertumskunde Tirols V (1869), 50.

[2] Aloys Schulte hat sowohl in seiner Geschichte des mittelalterlichen Handels und Verkehrs I 650, und dann auch in Die Fugger in Rom I, 3, aus dem zeitlichen Zusammentreffen der Katastrophe des Franz Bäsinger sowie seiner Übersiedelung nach Schwaz und dem angeblichen Auftreten der Fugger in Schwaz 1448 die Vermutung aufgestellt. Er stützt sich dabei auf einen Aufsatz von Max von Isser-Gaudententhurm, Beitrag zur Schwazer Bergwerksgeschichte in der Ztschr. des Ferdinandeums für Tirol und Vorarlberg, 3. Folge XXXVII (1893), 143. Die auch sonst unzuverlässigen Angaben v. Issers, der keine Quellen nannte, machten mir die Notiz verdächtig. Auf eine Anfrage bestätigte mir Herr von Isser, daß er selbst nicht mehr an die von ihm gebrachte Nachricht glaube. Berichtigen möchte ich hier gleich eine Angabe von Issers, daß Adam Kolar, Bergrichter in Schwaz, die Zusammenstellungen über die Silberausbeute in Schwaz (1470—1535), welche die k. k. Hofbibliothek zu Wien bewahrt, gemacht habe. Sie rühren von Jörg und Sebastian Andorfer her und sind im Auszuge bei A. Jäger, Beitrag zur Tirolisch-Salzburgischen Bergwerksgeschichte, gedruckt. Vergl. Archiv für Österr. Geschichte LXII, 431 ff.

unterrichtet, der auf gleichzeitige Aufzeichnungen wohl des Vaters und der Mutter zurückgeht, wie wir sie öfters in alten Postillen finden. Er lautet:

Ulrich Fugger ist geborn an sant Dionisustag[1] am morgens, daz was im october 1441, und hub in aus der teffin Counrat Rütenzwey[2] und die gret die unser magt wass, und strickt im die furmbindi umb herr Jorg der Huffnagl, und wischt ims ab die Onsorgin von sant Niclas (ist gestorben adi 19 Aprill 1510ten und alt worden 68 jar 6 monat und 10 tag)[3].

Item das Endlin wart geborn am freytag zu nacht um 9 ur vor Simon und Jude[4] im 1443ten Jar.

Item Hanns Fugger wardt geborn an der 11000 marterer tag zu nacht zwischen 10 und 11 ur. Es wardt an ainem dornstag im 1445ten[5]. Der starb an sant Narcissen tag[6] ze nacht zwischen 11 und 12 ur, das ward auch an ainem dornstag im 1461 jar. (Ist alt gewessen jar monat tag.)

Marx Fugger wardt geborn am mitwochen in Osterfeiern[7] umb 11 ur zu mittag unser Frauentag wass am montag darvor[8] im 1448ten.

Petter Fugger ist geborn an der rechten fassnacht[9] zu nacht zwischen 11 und 12 ur, sant Peterstag[10] was am weissen sunentag darnach im 1450ten, starb zu Nurnberg in des Martin Baumgartners hauss am markt im 1473 auch suntag umb mitnacht vor sanct Gilgentag (adi 30 augusti)[11]. (Ist alt worden jar monat tag.)

Jorg Fugger wardt geborn an ainem aftermontag zu nacht zwischen 1 und 2 ur, wass sant Johannes ante portam tag am sunentag darvor, (ist st Johannestag auf 6 may. Also wardt die gepurt auf 10 may) 1453[12]. Hub in aus der teffin Rudolf Rotschmid[13] und die Rütenzweyin (starb im 1506ten adi 14 marzo, ist alt worden 52 jar 10 monat 4 tag).

---

[1] 9. Oktober.

[2] Die Rütenzweis sind nach den Steuerbüchern Nachbaren der Fugger.

[3] Das Eingeklammerte ist Zusatz des Abschreibers.

[4] 25. Oktober.

[5] 21. Oktober.

[6] 29. Oktober.

[7] 27. März.

[8] Mariä Verkündigung am 25. März.

[9] 17. Februar.

[10] Petri cathedra am 22. Februar.

[11] Das Eingeklammerte ist Zusatz. Richtig wäre 29. August.

[12] Da der Aftermontag gleich Dienstag ist, so ist 8. Mai zu setzen. Die eingeklammerte Umrechnung ist Zusatz des Abschreibers.

[13] Wohnte lange Zeit im Hause der Fugger.

Barbl wardt geborn an der mitwochin in pfingstfeiern zwischen 2 und 3 ur[1], und st Urbanstag was am hailigen Tag 1455 ten jar[2].

Waldtburg wardt geborn am schmaltzigen sambstag am morgen zwischen 5 und 6 ur und sant Mattheistag was am dornstag darvor[3] im 1457 ten jar.

Jacob Fugger wardt geborn am aftermontag zu nacht zwischen 9 und 10 ur nach mitfasten[4], sant Gregoriustag wass am montag darnach im 1459 ten[5] (daz ist auf 6 martzo)[6], hub in aus der teffin Konrat Rüttenzwei und unser magt daz Gretlin, strickt in die furmbindi umb herr Simon schulmaister zu unser Frauen, wischt ims ab die Ogni zu sant Martin (in pfingstfeiern in 1466 ten. Starb adi 25 decembris 1525, ist alt worden 66 jar 8 monat und 24 Tag)[7].

Ursl wardt geborn am dornstag zu morgens zwischen 5 ur und 6 ur nach sant Michlstag[8], und sant Mich lstag was am aftermontag darvor im 1461 ten, starb am samstag am abent zwischen 4 und 5 ur in der ersten fastwochen im 1462 ten[9].

Jacob Fugger ein vatter hievor gemelter kinder starb an einem dornstag zu nacht umb 7 ur vor dem Palmtag, und unser frauentag was an dem Palmtag abent. der starb am 23 tag im mertzen im 1469 ten jar.

Auffallend ist, daß in diesem Verzeichnis Anna Fugger, die älteste Tochter, deren Geburt gewöhnlich zum Jahre 1444 gesetzt wird, vergessen wurde. Das Versehen kann dem Abschreiber zur Last fallen, dem wohl überhaupt die kleinen Fehler, welche sich bezüglich der Sterbetage Peters und Jakobs Fugger finden, zuzuschreiben sind. Schon die Übertragungen in die moderne Datierungsweise kennzeichnen die spätere Hand. Alles andere ist echt. Ein Fälscher hätte die Übereinstimmung von Wochentag und Heiligentag wohl kaum so geschickt machen können. Außerdem standen ihm schwerlich die Hilfsmittel zu Gebote, um wissen zu können, daß die in dem Verzeichnis erwähnten Rütenzweis und Rotschmids Nachbarn bzw. Hausgenossen der Fugger während der angegebenen Zeit waren, woraus sich gerade ihre Mitwirkung bei der Taufhandlung erklärt. Ein Fälscher hätte sich nicht bei dem Todestage Jakob Fuggers geirrt, wahrscheinlich aber in den alten

[1] 28. Mai. [2] Pfingsten 25. Mai.

[3] 26. Februar. Der Matthiastag am 24. Eebruar.

[4] 6. März. [5] 12. März.

[6] Späterer Zusatz.

[7] Das letzte nicht verständlich. Das Todesdatum späterer Zusatz und falsch. Jakob starb am 30. Dezember.

[9] 4. März. [8] 1. Oktober.

Angaben. Wo er selbst rechnete, griff er daneben; seine Abschriften aber dürfen wir als gute Quelle verwenden[1].

Bevor wir von den Brüdern Andreas und Jakob Abschied nehmen, werden wir ihre Vermögensentwicklung an der Hand der Augsburger Steuerbücher zu besprechen haben.

Der Tod ihrer Mutter Elisabeth bringt in der Steuerzahlung vorerst keinen Wechsel. 1437 gab der Fugger wie die Mutter 20 fl. 15 gr., sodann 1438 Andreas Fugger dedit XX guld XV gr. Jakob Fugger ist jetzt auch eingetragen, doch ohne Steuerangabe. Im nächsten Jahr ist der Steuerbetrag derselbe, doch ist das zu Endris Fugger angemerkte frater eius durchstrichen: ein Zeichen, daß Jakob Fugger nicht mehr anwesend ist. Dann wieder Endres Fugger et frater dederunt XXX guld 1 ort, 1441 Andres Fugger (et frater leicht durchstrichen) XXX guld 1 ort; 1442 Andreas Fugger XXX guld 1 ort, pfleg[2] dedit 1 sh. 1 den., frater eius, res commissae[3] 5 libr. etc. Das bleibt so bis 1447.

Weiter heißt es bei einem Steuersatz de una magna libra (= 240 den.) unus denarius:

Andres Fugker / dederunt 45 fl 8 1/2 gr.
frater suus /

Das zur Steuer veranlagte Vermögen betrug also damals etwa 11000 fl.

Dieser Steuerbetrag bleibt bis zum Jahre 1454 auf der gleichen Höhe. Zum Jahre 1455 enthält das Augsburger Steuerbuch den Eintrag, daß von fahrender Habe je ein Denar auf das große Pfund gegeben werde, von der liegenden je ein halber Denar. Die Chroniken, auch die Protokolle des Augsburger Rates enthalten nichts von dieser Bestimmung. Also ist die einschneidende Änderung, von der gesprochen worden ist, kaum jemanden zum Bewußtsein gekommen[4]. Oben ist ja auch gezeigt worden, daß von Grundbesitz oder Renten aus Grundbesitz nur die Hälfte des Vermögens,

---

[1] Über ähnliche Aufzeichnungen des Lukas Rem vergl. den von B. Greiff im 26. Jahresbericht des histor. Vereins im Rg.-Bez. Schwaben und Neuburg (Augsburg) besorgten Abdruck des Tagebuches S. 64.

[2] Pfleg ist Gut, welches aus der Habe eines Unmündigen einer zuverlässigen Person zur wirtschaftlichen Verwendung anvertraut wurde.

[3] Empfohlenes Gut, hauptsächlich das Gut, welches von außerhalb des Bürgerrechts Stehenden den Bürgern anvertraut wurde. S. Christian Meyer, Das Stadtbuch von Augsburg, 167 f.

[4] Jakob Strieder, Zur Genesis des modernen Kapitalismus, 80.

welches durch einen Rechenprozeß gefunden wurde, zu versteuern war. Möglich ist und es scheint mir als das Wahrscheinlichste, daß von 1455 ab an die Stelle der durch Rechnen aus dem Zins- und Mietbetrag zu gewinnenden Höhe des Kapitals die Schätzung des Grundeigentums trat und daß von dem geschätzten Kapitale dann die Hälfte versteuert wurde. Aber eine grundsätzliche Änderung in den Anschauungen über liegende und fahrende Habe hat nicht Platz gegriffen.

Für Andreas und Jakob Fugger hat neben dem oben angeführten Grunde wohl auch der neue Schätzungsmodus die, wenn man auf die Chronik hören darf, erwünschte Gelegenheit geboten, ihre Vermögensgemeinschaft aufzulösen. Der Leiter des Geschäfts hatte 1454 noch 45 guld. 8 1/2 gros. bezahlt; nunmehr zahlte Andreas 18 1/2 guld. und Jakob 23 guld. 17 gr. 6 den. Die Einzelbeträge machen zusammen nicht ganz den vorhergehenden Steuerbetrag aus. Vielleicht schied ein stiller Teilhaber bei der Zerlegung aus; man braucht nur an den Bartholomaeus Fugger zu denken, der 1428 gelegentlich der Hussitensteuer erwähnt wird. Keineswegs ist daraus zu schließen, daß die Minderung etwa den Betrag ausmache, um den der Grundbesitz der Fugger beim Steuern herabgesetzt sei. Dazu war der Unterschied zu gering.

Das Jahr 1458 brachte eine Erhöhung des Steuersatzes auf 2 Denare für das Pfund, doch fällt in dem Register die Scheidung zwischen liegender und fahrender Habe fort; Jakob Fugger steigt einfach von 24 fl. auf 48 fl.[1]. 1460 geht seine Steuer (bei 1 ₰ für 240 ₰) auf 24 fl. 5 1/2 gr. 10 sh. zurück, 1461 zahlt er 48 fl. 11 gr., 1462 (bei 4 d. für 240 ₰) 110 fl. Das bedeutete eine wesentliche Zunahme der Steuerkraft. 1463 entrichtete er wieder (bei 2 d. für 240 ₰) 55 fl., ebenso 1464 und 1465. Im Jahre 1466 ist wieder angemerkt 4 de mobilibus, 2 de immobilibus. Jakob Fugger zahlt nunmehr 122 1/2 guld. Auffallend ist, wie wenig die Einträge im Steuerbuche zu bedeuten haben, daß nämlich von liegender Habe halb so viel zu steuern sei wie von fahrender Habe. Entscheidend ist nur der Steuerfuß und das Schwören. Wenn man auf mobil und immobil auf Grund der Einträge im Steuerbuch Wert legen wollte, so würde ganz rätselhaft die Anmerkung zu 1467: 2 den. de libra et de rebus mobilibus 1 den. Man möchte an ein einmaliges Versehen des Schreibers glauben, aber der Eintrag

[1] Das beweist doch wohl sehr kräftig gegen die Bedeutung der Einträge vorn im Steuerbuch.

wiederholt sich volle fünf Jahre bis 1471. Eine solche Revolution in den Augsburger Steuerverhältnissen müßte doch die allerbedeutendsten Spuren in den Steuerbüchern hinterlassen haben. Doch davon bemerkt man nichts. Wie bei Jakob Fugger ermäßigt sich die Steuer 1467 für fast alle Bürger einfach auf die Hälfte. Jakob Fugger zahlt 61 guld. 1 ort. Auch in den Augsburger Ratsprotokollen ist, wie eine Anfrage auf der Wiener k. k. Hofbibliothek in Wien ergab, nichts von dieser Umwälzung des Steuerwesens aufgezeichnet. Noch im Jahre 1469, seinem Todesjahre, war Jakob Fugger mit 61 Gulden 1 ort. besteuert; doch scheinen Zweifel über die wirkliche Höhe seines Vermögens schon aufgetaucht zu sein. 1469 steht nämlich im Steuerbuch statt der 61 fl. 1 ort., welche Jakob bezahlte: Jacob Fuckerin glegt 76 guld. 1 ort. uf reichnung, und ebenso 1470: Fuckerin gelegt 76 fl. 1 ort. auf rechnung; hat abgerait montag nach Petri et Pauli a°71 und bezahlt 53½ guld., tut 2 Jar 107 guld. iuravit. Man ermittelte wohl das Vermögen der Fuggerin nach Abzug der an die Söhne sofort auszuzahlenden Legate und stellte demnach ein geringeres Vermögen fest als zu Jakobs des Alten Zeiten. 1472 wird der Steuerfuß und Steuermodus wieder geändert: „es soll steuern jede Person im voraus 60 ₰ und dazu von aller Hab und Gut nemlich an Barschaft und fahrendem Gute je von 100 fl. 1 fl., von 100 kleinen Pfunden (60 ₰ für ein kleines Pfund gerechnet) ein Pfund und desgleichen von liegendem Gute gleich halb so viel," und niemand soll ausnehmen, was jemand das Jahr über zu seiner Notdurft im Hause gebraucht. Die Fuggerin zahlte jetzt etwas mehr als früher, nämlich 64 fl. 2½ ℔, und außerdem soll die alte Fugkerin, wie sie 1472 genannt wird, dis jar schweren. Von 1475 an gibt die Witwe sodann 80 fl. auf ain austrag, d. h. man hatte sich über eine vorläufige Abfindungssumme geeinigt. Von 1480 an steigt die Steuer. Obschon der Steuerfuß um ¼ herabgesetzt wird, beträgt 1480 die Steuer bei der Fuggerin 75 fl., 1485 99 fl., 1488 bei dem Steuerfuße von 1 % 132 fl., 1492 bei gleichem Steuerfuße 130 fl., 1493 aber 160 fl., indem ihr 30 fl. „mer auf die ferndiger steuer" angerechnet werden. Man nahm also als Mehrgewinn im vergangenen Jahre 3000 fl. Kapital mehr an. 1494 bleibt diese Steuer. Wir sehen, daß die Jakob Fuggerin in den letzten 25 Jahren ihr Vermögen bedeutend vergrößert hatte; als sie am 23. März 1497 starb, hinterließ sie 23293 fl. Vermögen, und das war nur ein Teil der Gesamthabe der Familie. Denn inzwischen hatten ihre Söhne die Hände nicht in den Schoß gelegt.

Die Witwe des Andreas Fugger zahlte 1458 (2:240) nach dem Tode ihres Mannes 37 guld. 31 gr., 1462 (4:240) 81 guld 32 gr. 1464 (2:240) 40 fl. 24 gr. 6 den. 1465 weist ihre Steuer einen starken Rückgang auf, 30 fl. 1/2 ort. Doch scheint man ihr nicht recht getraut zu haben und ließ sie schwören. Tatsächlich zahlt sie dann 1466, jedoch in Verbindung mit dem damals zuerst genannten Sohn Lukas, 74 fl., 1467 bei verändertem Steuerfuß 33 fl., 1468 wieder 37 fl. 36 d. In ihrem letzten Lebensjahre zahlt sie noch 21 fl., jedoch Lukas Fugger, der inzwischen für sich allein hantierte, zahlte nun auch 37 fl. Immerhin steuerten beide zusammen noch nicht soviel wie Jakob Fuggers Witwe allein mit 80 fl.

III.

Lukas, Matthäus, Jakob und Hans Fugger.

Diese Fugger heißen gewöhnlich die Fugger „vom Reh", weil der eine der vier Brüder, Jakob, im Jahre 1462 das erste Fuggerische Wappen, ein goldenes Reh auf blauem Grunde, für sich und seine Brüder erlangte. Daß er nicht mehr an seine Vettern dachte, beweist, daß diese Fugger nunmehr eigene Wege gehen wollten. Lukas und seine Brüder wohnten von dem ersten Augenblick ihrer Selbständigkeit an auch getrennt von ihren Vettern. Sie hielten eine Weile treu zusammen, am längsten Lukas und Matthäus.

Der bedeutendste unter den Brüdern war ohne Frage Lukas. Das Steuerregister nennt ihn zum ersten Male 1466. Da lebt er noch in Hausgemeinschaft mit seiner Mutter. Von 1474 an hantiert er für sich in der Gegend „vom Ulrich Arzt" [1], seit 1486 wohnt er dann „beim Schusterhaus" [2] neben der Stadtwage in bester Geschäftsgegend.

Auch darin offenbart sich die Trennung von der jüngeren Linie, daß die Güter, welche von Anfang an Familienbesitz waren, nunmehr auseinander genommen wurden. In welcher Weise, wissen wir nicht genau. Die Chronik berichtet es; und eine Urkunde bestätigt es insofern, als sie bekundet, daß Georg von Knörringen, Ritter und Landvogt, anstatt des Hauses Österreich am 4. Juli 1458 dem Lukas Fugger den Hof und das Viertel eines Hofes und vier Sölden zu Burtenbach und dem Ulrich Fugger die halbe Hube zu

[1] Eckhaus am Heumarkt und Philippine-Welserstraße.

[2] Heute mittlere Maximilianstraße A 14.

Scheppach unter seinem Siegel als Lehen verleiht[1]. Nur die 28 Tagewerk Wiesmat sollen auch damals noch eine Zeitlang unter gemeinsamer Verwaltung geblieben sein.

Lukas Fugger blieb Weber, was seine Väter gewesen waren, Ulrich sein Vetter wurde das erste Mitglied der Familie, welches der Kaufmannszunft beitrat. Das mag uns bedeutsam erscheinen. Aber dazumal machte das in der Tätigkeit der Vettern einen Unterschied nicht aus. In der Stadt Augsburg spielte Lukas eine bedeutendere Rolle, und man hat die Empfindung, auch in der weiten Welt war er Ulrich ein Stück voraus.

Im Jahre 1474 taucht Lukas Fugger im großen Rat der Stadt als Vertreter der Weber auf[2]. 1480 gehört er zum alten und zum großen Rat[3], außerdem ist er Pfleger am Rufinseelhaus, 1482 ist er Einiger, außerdem Pfleger zu St. Sebastian, 1483 Wollschauer, Häringschauer und Pfleger der Findelkinder[4]. Daß Lukas Fugger zu diesen Ämtern nicht nur den Namen hergab, beweist eine Aufzeichnung des Rates von 1483, wonach Lukas Fugger als Einiger in einer Sache sich redlich mühte und eine Frau zu dem Versprechen veranlaßte, sich fürderhin als fromme Ehefrau zu halten[5]. 1484 ist Lukas Steuermeister. Das brachte manche Mühsal und viel Ärger. Auch als Barchantungelter hatte er es nicht leicht. Denn gerade die Frage des Ungeldes zeitigte immer neue Bestimmungen, die der Ungelter wohl kennen mußte. Erst 1483 hatte z. B. der Rat wieder verfügt, daß „alle tuch, die man nennet Brättischen barchant wie andern barchant verungeldt“ werden sollten[6].

Zur Diplomatie scheint Lukas auch Neigung gehabt zu haben; denn mancherlei Missionen bürdete der Rat ihm auf. An ihn richtete er 1487 eine Weisung nach Frankfurt zur Sicherheit für die Augsburger Kaufleute. Auch sollte er mit anderen 1484 in der Streitsache zwischen Rat einerseits und Dechant und Domkapitel anderseits vermitteln. Der Streit wirbelte damals viel Staub auf.

Ein Fugger, Markus, aus der anderen Linie, hatte unschuldigerweise den Anlaß gegeben, als er 1474 vom Papst ein Kanonikat am Dome zu Augsburg erhalten; dagegen sträubte sich Bischof und Domkapitel, erneuerten die Bestimmung, daß kein Bürger eine

---

[1] F. A. 6, 1, 3, fol. 52 b. Vergl. Beilage 5.

[2] Augsburg, Stadtarchiv: Ratsprotokoll VI, (5) fol. 10.

[3] Ebda., fol. 33.

[4] Ratsprotokoll VIII, fol. 59 ff.

[5] Ebda., fol. 74.

[6] Ebda., Ratsprotokoll VIII, fol. 94.

Domherrnstelle bekleiden könne, und brachten am 8. Juli 1475 in dieser Sache auch beim Papste eine Bulle aus, nach welcher nur fünf aus bürgerlichen Geschlechtern zu den Kanonikaten, aber nicht zu den Kapitularstellen zugelassen werden konnten. Man fürchtete wohl, daß ein Bürger von Augsburg eben an erster Stelle ein Augsburger bleiben werde, was dann bei Konflikten zwischen Kapitel und Stadt böse Folgen haben konnten [1]. So hätten Bischof und Kapitel am liebsten den völligen Ausschluß geborener Augsburger vom Kapitel gesehen. Doch das hatten sie nicht erreicht. So hielten sie die Bulle zurück, bis wieder ein Bürgerssohn, Bernhard Arzt, Zulassung zum Kanonikat begehrte. Sie verwehrten das. Die Augsburger fühlten sich gedemütigt und wandten sich an Papst und Kaiser um Abhilfe. Auch mit dem Bischof trat man in Verhandlungen. Am 25. September 1486 wurden Leonhard Rehlinger und Lukas Fugger zum Bischof nach Dillingen geschickt [2]. Doch richteten sie in der Sache nichts aus. Wir kommen weiter unten auf die Angelegenheit zurück.

Auch sonst war Lukas in ernsten Zeiten für die Stadt tätig. Als im Jahre 1490 des Bischofs Knechte die Bauern von Schwabmünchen, Hintersassen der Stadt Augsburg, bedrohten, ritten Wilhelm Marschalk, Georg Contzelmann und Lukas Fugger nach Aitingen aus, um von dort aus die Unternehmungen der Bischöflichen zu verfolgen [3]. Im Jahre 1489 hatte Lukas als Zunftmeister der Weber mit anderen die Ehre, den König Maximilian außerhalb der Stadt im Feld empfangen zu dürfen [4]. Noch bis zum Jahre 1496 läßt Lukas Fugger sich in verschiedenen Ehrenämtern der Zunft und der Stadt verfolgen, zuletzt 1495 als Zunftmeister und Weinungelter [5] nach den Ratsprotokollen, aber noch 1496 als Zunftmeister nach der Weberchronik. Das Mißgeschick, welches in den letzten Jahren über Lukas hereingebrochen war, hat die Stellung des verdienten Bürgers nicht sofort erschüttert. Noch im Jahre 1497 konnte er als Pfleger der Kinder des verstorbenen Stadtarztes

---

[1] Vergl. die Chroniken der deutschen Städte: Augsburg III, 249 nebst Anmerkung und P. von Stetten, Gesch. der Stadt Augsburg (1743) I 224.

[2] Augsburg, Stadtarchiv: Literalien nach Datum.

[3] Augsburg, Stadtarchiv: Baumeisterbücher 1490, fol. 39b. Missivbücher VIII, Nr. 138. S. Chroniken der deutschen Städte: Augsburg V, 351 ff.

[4] Aus der Chronik des Clemens Sender in Chroniken der deutschen Städte: Augsburg V, 345.

[5] Augsburg, Stadtarchiv: Ratsprotokoll X, fol. 177 und 190.

Dr. Bartholomäus Metlinger tätig sein und kam als solcher zuerst von den Fuggern mit dem Hofe Schmiechen in Berührung[1].

Des Lukas Fugger Ansehen in Zunft und Stadt beruhte auf seinem Wohlstand. Er war in erster Linie nicht Handwerker, sondern Kaufmann, der von anderen die Webstoffe aufkaufte und sie dann in der weiten Welt vertrieb. Die Augsburger Gerichtsbücher, die leider nur seit 1480 erhalten sind, führen viele Prozesse des Lukas Fugger auf, in denen seine Vertreter (Stephan Krumbein, Bernhard Kag und Hans Stauch werden genannt) mit verschiedenen Webern gerade um Tücher streiten[2]. Lukas Fugger sowohl wie sein Vetter Ulrich lieferten den Webern Wolle und Baumwolle und nahmen dafür eine bestimmte Anzahl von fertigen Tüchern in Empfang. Blieb der kleine Weber mit der Gegenleistung im Rückstand, so wurde er verklagt und ein Urteil auf Beschlagnahme einer bestimmten Anzahl Tücher erwirkt.

Aber auch mit anderen Gegenständen als Webstoffen trieb Lukas Handel. So bekennt Martin Wölflin von Günzburg am 11. Nov. 1469, daß ihn Leonhard Krumbein für den Transport von Kaufmannsgütern, die dem Lukas Fugger gehörten, völlig bezahlt habe. Martin Wölflin hatte nämlich 40 Zentner von Memmingen nach Lindau geführt, je 10 Zentner für einen Gulden. Aber in Lindau stellte sich heraus, daß es 10 Zentner mehr waren, und so erhielt er gegen die oben erwähnte Quittung einen Gulden mehr[3]. Auch den Metallhandel pflegte er, wie wir weiter unten sehen werden. Einmal wird als Gegenstand, mit dem Lukas handelte, Wachs genannt, das er einem Spitalmeister lieferte[4].

Das Anlagekapital für seinen ausgedehnten Handel wird Lukas einmal seinem eigenen Vermögen entnommen haben. Dann verwandte er das Vermögen seiner Frau und nahm auch sonst Geld auf. Wir lernen später mehrere seiner Gläubiger kennen. Die Forderungen der Rehlinger gehen wohl schon bis vor 1488 zurück. Sie stammten aus Pfleggut für die unmündigen Kinder des Bernhard Rehlinger, welches Lukas Fugger und Gastel Haug in der Höhe von 2705 rh. übernommen hatten[5]. Wahrscheinlich hat

---

[1] München, K. B. Allg. Reichsarchiv, Landsberg fasc. 66.

[2] So hat 1482 Bernhard Kag als Anwalt Luk. Fuggers recht erlangt an Leonhard Eiselin Weber um 17 Tuch. Gerichtsbuch 1482, fol. 194.

[3] Augsburg, Stadtarchiv, Literalien nach Datum.

[4] Im Aufschreibbuch des Zöllners und späteren Spitalmeisters Hieronymus Müller. Vergl. Anhang, Urkunde Nr. 38.

[5] Vergleiche Anhang, Urkunde Nr. 34.

Lukas die Verpflichtung, auf der nächsten Frankfurter Herbstmesse zu zahlen, nicht oder nicht ganz gehalten; denn seine finanziellen Schwierigkeiten begannen bald darauf.

Lukas stand im Bunde mit seinen Brüdern Matthäus, Hans und Jakob. Im Jahre 1486 verwandte sich der Rat der Stadt Augsburg für den Bürger Lukas Fugger bei dem Markgrafen Johann von Brandenburg, damit er dessen Diener Stephan Krumbein unterstütze, wenn dieser bei den Gebrüdern Weinmann in Frankfurt a. d. Oder eine Geldsumme einziehe, welche sie dem Lukas zu Augsburg, dem Hans zu Nürnberg und dem Markus Stamler zu Augsburg schuldig seien und für welche sie ein Haus verpfändet hätten [1].

Für die Geschäftsverbindung des Lukas mit Matthäus Fugger läßt sich eine Urkunde anführen, durch welche der Herzog von Mailand diesen beiden Brüdern 1475 Sicherheit für ihren Warenhandel gewährleistet [2]. Daß auch Jakob Fugger mit seinem Bruder arbeitet, werden wir weiter unten sehen. In Venedig war des Lukas Sohn Markus tätig [3]; einmal besorgt auch sein Sohn Lukas einen eiligen Ritt dorthin [4]. Der Schwiegersohn des Lukas, Christoph Müller, scheint für die Angelegenheiten in den Niederlanden bestimmt gewesen zu sein.

Es herrschte also eine Art Arbeitsteilung, so daß Lukas im Mittelpunkte in Augsburg die Fäden zusammenhielt, während Matthäus die Richtung Mailand [5], Markus die Richtung Venedig, Hans die Richtung Nürnberg-Frankfurt a. d. Oder und Christoph Müller die Richtung auf Antwerpen versah. Infolgedessen wird, je nach der Lage des Platzes, immer nur ein Bruder aber in Verbindung mit Lukas genannt. Unter den deutschen Kaufleuten, welche 1472 die Gründung eines deutschen Kaufhauses in Mailand beim Herzog Galeazzo Maria anregten, waren auch Matthäus und Lukas Fugger, an erster Stelle aber Matthäus [6].

Als Angestellte des Lukas lassen sich nachweisen der schon erwähnte Stephan Krumbein und für Antwerpen Konrad Numan; Vertreter für Mailand war Andreas de Bonsignoribus [7].

---

1 Augsburg, Stadtarchiv: Missivbücher VIII b, Nr. 39. Anhang, Urk. 32.

2 Al. Schulte, Gesch. des mittelalt. Handels und Verkehrs II 55, Nr. 62.

3 Venezia, Arch. di stato, Senato terra 13 fol. 3a.

4 Augsburg, Stadtarchiv: Baumeisterbücher 1487, fol. 38b. Item 14 fl. recepit Lucas Fugger der jung für ain rit 4 tag gen Venedig uff ain ross, das 10 fl. costet. Die zerung hatt Ulrich Fugger ausgericht lut eines zettels.

5 S. Anhang, Urkunde Nr. 20.

6 S. Anhang, Urkunde Nr. 17.

7 S. Beilage 8 und Anhang, Urkunde Nr. 19.

Engere geschäftliche Verbindung mit den Fuggern vom Reh unterhielten die Stamler, die mehrmals mit ihnen zusammen genannt werden, und die Winter; auch spinnen sich wohl noch ganz zarte Fäden zu den Vettern von der Lilie.

Im Jahre 1489 besorgte Lukas Fugger für die Söldner des Königs in den Niederlanden Geld, auch übermittelte er für den König 6700 rh. Gulden mittels eines Wechsels von Antwerpen nach Innsbruck [1]. Schon 1482 lieferte er für die Stadt Augsburg 1327 rh. fl, 1 ℔ und 10 sh. (für 1000 Dukaten) nach Venedig zur Verfügung Georg Wisers [2], der die Stadt, welche wegen der Hinrichtung der Brüder Hans und Leonhard Vittel (1477) beim Kaiser verklagt war [3], in Wien vertreten sollte. Auffallend ist, daß Lukas Fugger das Geld nach Venedig anwies und nicht nach Wien. Doch hatte er die Dukaten in Venedig bequemer zur Hand, und in Venedig war das Geld leicht bei Wiener Kaufleuten anzubringen, welche es wieder nach Wien wechselten. In der Beilage habe ich noch zwei Fälle angeführt, wo auf diese Weise das Geld von Augsburg nach Wien nicht direkt, sondern über Venedig geschickt wurde.

Seit 1484 besorgte Lukas Fugger neben seinen Vettern auch Geldzahlungen des Rates nach Rom. Denn der oben bereits erwähnte Streit zwischen Stadt und Domkapitel veranlaßte die Stadt, sich an den Papst zu wenden. Und das kostete damals viel Geld. So schickte 1484 Lukas einmal 139 fl. 1 ℔ 15 sh. (für 102 duc.) an Paul Koler, den Vertreter der Stadt [4], 1485 noch 406 fl. (für 304 ½ duc.), dann wieder 140 fl. (für 105 duc.), außerdem noch 12 fl. 19 sh. für die Boten, welche er und die Seinen mit der Stadt Briefen hatten laufen lassen nach Venedig und nach Rom und wiederum zurück [5]. Der Weg nach Rom ging in jener Zeit fast regelmäßig über Venedig. In der Sache des Rates gegen das Domkapitel schrieb auch der Bischof von Regensburg einen Brief. Ihn besorgte des Lukas Sohn nach Mailand. 1488 empfing Lukas von den Baumeistern noch 12 fl. 2 ℔ 6 sh. für zwei Botenlöhne [6].

Infolge seiner Erfahrung und des großen Interesses, welches gerade Lukas an der glatten Abwickelung des Verkehrs hatte, wurde

---

[1] Innsbruck, k. k. Statthalterei-Archiv. Beilagen 8 und 9.

[2] S. Beilage 6.

[3] Vergl. über diese Angelegenheit die Chroniken der deutschen Städte: Augsburg III, 420.

[4] Augsburg, Stadtarchiv: Baumeisterbücher zu 1484.

[5] Ebda.: Baumeisterbücher zu 1485.

[6] Ebda.: Baumeisterbücher zu 1488.

er 1489 zum Könige Max nach Innsbruck geschickt, um dort wegen der Rod und der Zölle in Burgund zu verhandeln[1]. Weit in die Welt gingen die Wege des Lukas Fugger. Bis nach London in England lassen sich seine Spuren verfolgen[2].

Schließlich scheinen die Erfolge im Handel den Lukas doch zu kühn gemacht zu haben. Er wagte sich zu weit vor. Die Fuggerchronik erzählt: Es hat aber diser herr Lucas Fugger in seinem alter ain schweren unfall erlitten; dann er hat der statt Löwen in Brabant 10244 gulden und 13 stüber in dreyen posten auf genuegsame verschreibung gelihen, in welcher burgermaister rhatt und gemain sampt allen denselben renten zinsen ungelt zöllen einkommen und freyhaiten auch recht und gerechtigkeiten nicht allein darinnen verleibt, sondern auch der ganz rhat darinnen benant und 26 reich bürger des rhats ihme zu bürge gesetzt worden, nemlich das sy solche summa gelts sampt dem interesse auf ein gewisse zeit bezahlen sollten. Es hatt aber dise verschreibung, wie hart und vest die versichert worden, nicht mögen gehalten noch ainiche bezalung dem wolernanten herren Fugger mögen gedeyen oder bezalt werden; und als sich diser stritt und verzug in die acht jar lang mit vilem zwang und peen geweret und verzogen, da ist dise handlung zuletzt an das kayserliche kammergericht khomen und gewachsen, an welchem die sach so lang gehangen, das schier noch halb so viel darauf gangen ist und wenig hauptguts davon erlangt worden. Zudem hat er für etlich große bürgschafft gethon, das er auch bezahlen muessen, welches ihn zu großem abfall gebracht. Dise handlung hat den guten herren zu abgang und schmelerung seines kaufhandels getrungen; dan als er nit lang nach endung des rechthandels mit todt verschiden, da ist der erbfaal mer mit bösen schulden dan mit guten waren und parschafft uf seine sön gefallen. Die Chronik setzt den Tod des Lukas zum Jahre 1494 an. In Wirklichkeit lebt er noch im Jahre 1512. Doch sein geschäftlicher Niedergang entspricht den Tatsachen, wie einzelne Archivfunde beweisen.

In Löwen selbst waren genauere Feststellungen unmöglich. Doch das Kreisarchiv in Landshut bewahrt einen auf den Handel bezüglichen Aktenstoß des Reichskammergerichtes[3] auf. Danach schuldete Löwen 9600 Goldgulden und war deshalb vom Brabanter Gerichtshof 1495 verurteilt worden, wöchentlich 74 Goldgulden und

---

[1] Ebenda: Baumeisterbücher zu 1489.

[2] S. Beilage 7.

[3] Rep. III. Fasz. 192, Nr. 426/2152.

2 Stüber abzuzahlen. Es hatte angefangen zu zahlen, hörte dann aber wieder auf, so daß 1497 der Prozeß am Reichskammergericht in Worms anhängig gemacht wurde. Am 5. Juni lud Maximilian die Löwener vor. Der Läufer trug die Ladung nach Löwen, übergab sie dem Bürgermeister und schlug sie an die Hauptkirche an. Einen Tag wartete er vergeblich auf Antwort. Dann kehrte er heim. Am 1. September 1497 wurde in der schwerfälligen Art der Zeit zum ersten Male vor Gericht verhandelt, am 19. April 1498 stellte Lukas Fugger dann eine Generalvollmacht für die Verhandlungen aus. In dem Brief, der sowohl im Original in den Reichskammerarchivakten wie auch im Konzept im k. Reichsarchiv zu München liegt[1], erklärt Lukas Fugger, daß er mit seinem Tochtermann Christoph Müller gegen Rat und Einwohner der Stadt Löwen vor Philipp Erzherzog von Österreich und Herzog zu Burgund, seinem Kanzler und großem Rat zu Brabant einen Prozeß geführt hätte, der schließlich an das Landgericht (!) des Königs Maximilian gegangen sei. Dort hätten sie ein Urteil auf unverzügliche Bezahlung der Geldschuld erlangt. „Und so das alles aber bisher durch sy veracht und nit beschehen ist und die kunigliche majestat uff unser anrueffen weyter ladung und gebottbrief deshalben wider sy ausgeen lassen hat, so hab ich fur mich mein gesellschafft und mitverwandten dem wirdigen hochgelehrten herrn Johann Rechlinger doctor, des kuniglichen landgerichtes advocaten procurator meinem lieben herrn, und dem vorgenannten Christoph Müller meinem tochtermann ihn baiden samentlich und ir jedem besonnder so volkomenlich als in baiden . . . main vollkommen gantz und gut macht und gewalt auf und übergeben . . . von meinen, meiner gesellschafft und mitverwandten wegen, an unser statt und in unserem namen incrafft bemelter kuniglicher ladung und gebotzbriefe an dem kuniglichen landgerichte zu erscheinen und in crafft der obgemellten voraufgenannten und unser erlangten und erfollgten urtail und gerechtigkait wider die obgenanten burgermaister räte burger und inwoner der stadt Lowen, wie sich nach ordnung der recht und geprauch des bemellten kuniglichs landgerichts geburt, wayter auff die peen in den kuniglichen executorialbriefen begriffen auch umb unser erlitten costen, schaden und interesse ze klagen, ze prozedieren und ze handeln". Am 7. November 1498 wurde der Prozeß zugunsten des Lukas entschieden, 1499 die Acht über Löwen ausgesprochen[2]. Eine große

[1] Fugger A[7]. [2] S. Anhang, Urkunde Nr. 45.

Anzahl von Herren und Städten wurden zu Exekutoren gegen die Stadt Löwen bestellt. Aber solche Prozesse zeigten nur das ganze Elend der Rechtsprechung gegenüber den großen Dieben. Lukas bekam kein Geld, und König Maximilian schlug am 13. Mai 1504 den ganzen Prozeß gegen Löwen nieder. Vielleicht hatte Jakob Fugger, der in den Niederlanden viel Kapital hatte und den ärgerlichen Streit aus der Welt schaffen wollte, durch seinen Einfluß auf den bankerotten Vetter dessen Zustimmung zu dem Schlußakte erhalten.

Bis nach Venedig hin machte sich die schwierige Lage des Lukas Fugger bemerkbar. Dort entfernte sich des Lukas Sohn Markus unter Zurücklassung vieler Verbindlichkeiten.

Doch ließ 1494 Lukas dem Senate von Venedig erklären, daß er zur Regelung der Sache bereit sei. Am 2. Juni erging darauf das Erkenntnis, daß von den etwa 30 Gläubigern 25 zur Verhandlung bereit seien und deshalb dem Schuldner für die drei folgenden Monate freies Geleit erteilt werde. Im Jahre 1497 und 1498 wurde das freie Geleit für Markus und Lukas erneuert, ein Zeichen, daß bis dahin die Angelegenheit noch nicht ins reine gebracht war.

In Augsburg scheint Lukas Fugger durch seine schlechte Vermögenslage nicht sofort diskreditiert zu sein. Ich erwähnte oben bereits, daß er noch 1496 Zunftmeister der Weber war.

Doch mehrten sich in der Stadt wohl auch die Schwierigkeiten. Am 16. Juni 1498 gaben Andreas Lang und Georg Mülich anstatt ihrer Schwäger eine Erklärung vor dem Rate ab, daß sie drei Wochen mit ihrer Klage gegen Lukas Fugger anhalten wollten, um inzwischen die Ankunft von dessen Bruder Jakob abzuwarten. Käme dieser bis dahin nicht, so müsse Lukas selbst ihnen Antwort stehen[1].

Schlimm wurde die Lage für Lukas Fugger seit 1499, als er in den Krach der Firma Winter und Stamler hineingezogen wurde. Bis weithin, bis Thorn und Danzig können wir den Zusammenbruch dieser Firma verfolgen. Unter den Gläubigern befand sich auch Ulrich Fugger[2]. Lukas Fugger aber, der durch die Mülichs mit Winter und durch seine Mutter mit dem Stamler verwandt war, war Schuldner der Firma, sei es daß er für sie gebürgt, sei

[1] Augsburg, Stadtarchiv: Ratsprotokoll XIf. 48. Auch Ratsprotokoll XII f. 29 bezieht sich wohl auf Lukas Fugger, gegen den der Jung Hund eine Klage vorhat.

[2] Augsburg, Stadtarchiv: Gerichtsbuch 1500 fol. 178.

es daß er von ihr geborgt hatte. 1501 stellte Christoph Scheurl, Bürger zu Nürnberg, beim Stadtgericht in Augsburg den Antrag, die betreffende Summe bei Lukas mit Beschlag zu belegen.

Nunmehr wurden die Kinder aus der ersten Ehe des Lukas mit der Anna Einhartinger um ihr Vermögen besorgt, welches der Vater bisher verwaltet hatte, und forderten es. Auch seine zweite Frau, Klara Konzelmann, machte nunmehr ihre Rechte auf ihr eingebrachtes Gut und die Widerlegung geltend. Der 1503 verstorbene Sohn des Lukas, Matthäus Fugger, hatte eine Helena Mülich zur Frau gehabt. Für sie meldete ihr Bruder Hektor Mülich eine Forderung von 2000 Gulden an. Lukas Fugger konnte nicht zahlen, und er, der einst vielgeachtete, mußte sich jetzt Schmähungen auf der Straße bieten lassen. Ein Verwandter aus der Familie Mülich nannte ihn einen Bösewicht, dem er am liebsten mit dem Messer an den Kragen gehen möchte[1].

Da scheint dem alten Mann der Aufenthalt in Augsburg unleidlich geworden zu sein. Er zog sich nach Graben zurück. Dort mochte er Ruhe zu finden glauben. Träumte er dort an der Stätte, von der die Familie in die große Welt ausgezogen war, vielleicht davon, daß auch er hatte hoch steigen wollen und nun wieder so tief gefallen war! Verklagt von den eigenen Verwandten um Geldschuld, nach den Begriffen der Welt ehrlos! Und eben war wieder ein Bote der Helena Fugger, seiner Schwiegertochter, da, um ihn aus der Einsamkeit vor die Schranken des Augsburger Gerichtes zu entbieten. Nicht allein die Verwandten drängten, auch andere Gläubiger gingen zu Gericht, die Gebrüder Rehlinger und Ulrich Arzt als Anwalt der alten Wielandin, dann Peter Spät als Vertreter der alten Wägelerin. Sie erlangten 1504 alle Rechte an der Habe des Lukas, wie es im Gerichtsbuche heißt, sie konnten also pfänden und verkaufen lassen[2]. In diesem ganzen Handel nahmen sich die Vettern von der Lilie der Kinder erster Ehe an[3]. Jakob übernahm 1511/12 in der Gant die Güter des Lukas in Graben und Burtenbach und gab das dafür erlöste Geld an die Kinder des Lukas und der Anna Einhartinger. Die hierauf bezüglichen Urkunden sind das erste und letzte Zeugnis der Beziehungen der beiden Fuggerlinien, das sich noch im Fugger-Archiv erhalten hat. Lukas scheint außerhalb Augsburgs gestorben zu sein. Sein Todesjahr ist unbekannt.

[1] S. Beilage 7.
[2] Vergl. Beilage 7 und im Anhang Urkunde Nr. 47.
[3] Für alles obige siehe die Belege in Beilage 7.

Verfolgen wir die Entwicklung des Vermögens von Lukas Fugger an der Hand der Steuerbücher, so gewahren wir von Anfang an eine steigende Linie. Bis zum Jahre 1473 blieb er in Hausgemeinschaft mit seiner Mutter, ohne eine besondere Steuer zu bezahlen. Er wird auch nur hin und wieder im Register genannt. Wahrscheinlich war er öfter auf Reisen abwesend. 1474 zahlt er 25 fl. 23 gr., im folgenden Jahre 37 fl., 1481 trotz einer kleinen Herabsetzung des Steuerfußes 58 fl., 1486 = 64 fl. 3 ort. 8 den., 1489 = 93 fl. 34 den. Doch war das eigene Vermögen seiner Frau mit 6 1/2 fl. Steuer hier einbegriffen. Dieser Steuerbetrag setzt sich bis 1491 fort; dann findet sich wie für alle Fugger dieser Linie keine Angabe mehr, wohl ein Beweis, daß die Zahlungsschwierigkeit damals eintrat. Steuern zahlt Lukas dann überhaupt nicht mehr, sondern nur die Habe seiner Frau steuert 1504 noch 7 fl. und ihr Sohn Stephan 11 fl. Doch auch diese Steuer fällt 1507 weg. 1519 verschwindet die Lukas Fuggerin aus den Steuerbüchern.

Wir haben schon oben erwähnt, daß Lukas Fugger in erster Ehe mit Anna Einhartinger[1] verbunden war. Dieser Ehe entsprossen die Kinder Hans (verheiratet mit Justina Ridler, 1512 tot), Matthäus (verheiratet mit Helena Mülich, 1503 tot), Apollonia (1512 Konventsschwester in Maria May), Barbara (Gattin des Michael Meidlin zu Krakau), Magdalena (Gattin des Hans Raiser zu Augsburg), Lukas (1501 gestorben), Anna (Gattin des Anton König), Felicitas (Gattin des Christoph Müller, 1512 tot), Markus (1512 tot). Auch die zweite Ehe, welche Lukas Fugger 1488 mit Klara Konzelmann, aus alter, wohlhabender Familie stammend, einging, war mit Kindern gesegnet. Urkundlich bezeugt sind Stephan durch das Steuerbuch und Ägidius durch das Gerichtsbuch.

Ein anderer Sohn Andreas Fuggers, Jakob, gewann nach der Fugger-Chronik für seine Linie im Jahre 1462 das erste Fuggerische Wappen, ein goldenes Reh in blauem Felde, doch habe er aus Hochmut den Oheim und die Vettern nicht berücksichtigt. Er wohnt nach dem Tode der Mutter in der Nähe des Weberhauses und zahlt 1479=14 fl. 2 1/2 ß, 1480 = 20 fl., 1481 = 27 fl.; im

[1] Die Ehe muß vor 1466 geschlossen sein. Denn damals taucht nach den Steuerbüchern die Agnes Einhartinger neben Lukas Fugger auf und wird seine Schwiegermutter genannt.

Jahre 1484 zieht er zu seiner Schwester, der Witwe Konrad Schneiders, und zahlt 1486 = 30 fl. 3 ort., 1488 bei mäßiger Erhöhung des Steuerfußes 41 fl., seit 1492 findet sich auch für ihn im Steuerbuch keine Angabe mehr. Seine Gattin Ursula, eine geborene Rem, siedelte nach Kaufbeuren über. Für sie bezahlte 1504 ihr Bruder Wilhelm Rem in Augsburg eine Nachsteuer von Erbfalls wegen[1]).

Während Lukas Fugger durch seinen Schwiegersohn Christoph Müller seine Gesellschaft in den Niederlanden vertreten ließ, wandte sein Bruder Matthäus, wie oben erwähnt, das Augenmerk hauptsächlich auf Italien, auf Venedig und Mailand. Nach der Fuggerchronik muß es ihm nicht glänzend ergangen sein; er habe zu leichtfertig Kredit gegeben und sei dadurch zu Schaden gekommen. Seine Steuerleistung war allerdings die geringste; er bezahlt, während er 1480 vorübergehend bei seinem Bruder Lukas auftauchte, 25 fl. Seit 1486 ist er beim Weberhause nachweisbar und entrichtet nur 23 fl. und 1488 bei der Steuererhöhung um ein Drittel 30 fl. 17 gr. 6 ₰. Im Jahre 1490 scheint er gestorben zu sein, denn 1491 tritt im Steuerbuche Matheus Fuggerin auf. Nach der Fuggerchronik war er auf der Reise gegen Mailand, als am Comosee sein Pferd scheute und ihn in die Fluten warf, in denen er seinen Tod fand.

Der vierte der Brüder, Hans, siedelte im Jahre 1481 nach Nürnberg über; denn 1482 bemerkt das Augsburger Steuerbuch, daß er eine Nachsteuer zu entrichten habe, d. h. die besondere, gewöhnlich dreifache Steuer wegen Auswanderung. In Nürnberg kaufte er 1484 ein Haus an der Fleischbrücke. In den Nürnberger Gerichtsbüchern erscheint er 1484, 1489, 1493, 1494 und 1495 als Zeuge. Er machte von allen Fuggern das erste Silbergeschäft mit dem Erzherzog Sigismund von Tirol, indem er 1485 seinem Rate, Antonius vom Roß, 8000 guld rh. lieh und dafür auf Silber verwiesen wurde[1]. Bemerkenswert ist die Urkunde dadurch, daß Hans Fugger und sein Bruder zu Augsburg in dem Bekennerbrief Sigismunds genannt sind, was wohl beweist, daß Hans zwar das Geschäft abschloß, aber für die Gesellschaft, deren Haupt Lukas und deren Sitz Augsburg war. Auch sonst ist Hans Fugger uns

---

[1] Steuerbuch 1504 fol. 46 c.

[2] Innsbruck, Statthalterei-Archiv. Cop.-B. II Ser. 1485 h. fol. 197a.

als Geldgeber bekannt. Im Jahre 1494 schuldet ihm Kunigund Straubinger in Nürnberg 57 fl. Daß seine geschäftlichen Verbindungen sich bis Frankfurt a. d. Oder erstreckten, habe ich bereits oben erwähnt.

Er ist auch derjenige von den Fuggern vom Reh, welcher mit den Vettern von der Lilie rechtzeitig in Geschäftsverbindung trat. Ob dazu seine frühen Beziehungen zur Silbergewinnung in Tirol Anlaß gaben? In Nürnberg sollte er als Saffranschauer (1495) den Saffran seiner Vettern nicht schauen [1]. Jedenfalls steht er in den neunziger Jahren im Dienste der Vettern, und auch seiner Kinder haben diese sich angenommen.

Über die Beziehungen der Fugger von der Lilie zu Hans werden wir durch eine Verhandlung vor dem Nürnberger Gericht aufgeklärt. Es zahlen da im Jahre 1503 Ulrich, Georg und Jakob Fugger zweien Töchtern Ursula und Magdalena aus der ersten Ehe des verstorbenen Hans Fugger mit Christine Eschenloher je 80 fl. von dem, „das derselbe ir vatter bey ine gehabt und gelassen hatt", aus [2]. Die zweite Frau des Hans, Veronika, eine geborene Ramung, hatte sogar selbständig bei den Fuggern 100 fl. eingelegt. 1507 wurden die Fugger aller Verpflichtungen gegen des Vetters Familie für ledig erklärt [3]. Aber die Beziehungen gehen durch Gastel, den ältesten Sohn des Hans, weiter. Darauf kommen wir in einer anderen Arbeit zurück.

Als Kinder Hans Fuggers aus erster Ehe mit der Christine Eschenloher sind urkundlich nachzuweisen Magdalena, Ursula, Klara, Helena und Gastel und aus zweiter Ehe mit Veronika Ramung Hester, Susanne, Felix, Andreas und Hans.

Die Fugger-Chronik schließt, indem sie wohl an den tragischen Ausgang des Lukas denkt, mit den elegischen Worten: „Nun so solten wir alle die schlösser, stett, dörfer und herrschaften, welche diese Fugger von dem rech aigenthumblich gehabt, ordentlich nach ainander setzen, so könden wir kains, so sy gehabt finden, als was iren thail erbguets in dem dorf zu Graben anbelofen hat." Für den Verfasser, der die Fugger nur von feudalen Gesichtspunkten aus betrachtete, war das allerdings das Schrecklichste.

---

[1] Anzeiger für Kunde der deutschen Vorzeit N. F. X (1863), 49.

[2] Nürnberg, Stadtarchiv: Lit. 20 fol. 22.

[3] Ebenda: Lit. 22 fol. 64.

IV.

Ulrich, Georg, Markus und Jakob II Fugger.

Wenn die Fugger vom Reh in Handel und Wandel zusammenhielten, so standen ihre Vettern hinter ihnen nicht zurück. Als Ulrich, Georg und Jakob im Jahre 1494 ihren ersten Handelsvertrag schlossen, erklärten sie ausdrücklich, daß sie auch schon bis dahin brüderlich zusammen gearbeitet hätten. Über die Zugehörigkeit der einzelnen Fugger zu dieser oder jener Zunft sind wir nicht mehr unterrichtet. Nur von Ulrich wissen wir, daß er der Zunft der Kaufleute spätestens seit 1489 angehörte[1]. Denn zu diesem Jahre wird er in den Ratsprotokollen der Stadt zuerst als Vertreter der Kaufmannszunft im großen Rat genannt. Es mag auch sein, daß er damals erst eingetreten war. Denn merkwürdigerweise liegt gerade zum Jahre 1489 eine Verfügung vor, daß in der Stadt keiner als Bürger geduldet werden sollte, der nicht einer Zunft angehöre[2]. Während nun Lukas Fugger geschäftig ein Amt nach dem anderen bekleidete, hält Ulrich sich stark zurück. In der städtischen Verwaltung tritt er gar nicht hervor.

Das ist überhaupt eine auffallende Eigenschaft der ersten Vertreter dieser Linie, sich von allen Händeln in der Stadt möglichst fern zu halten. Fürchteten sie das Los, welches anderen Mitbürgern zugestoßen war, die auch hoch emporgestiegen und dann um so tiefer gestürzt waren? Dachten sie vielleicht an Peter von Argun, der seinen Mitbürgern wohl am deutlichsten gezeigt hatte, was man mit dem Gelde sich erlauben dürfe, und der schließlich in der Verbannung endete? Oder dachten sie an den unglücklichen Hans Vittel?

Diese Fugger waren in sich gekehrt. Ihr Handel vollzieht sich möglichst geräuschlos, und selbst ein Mann wie Jakob Fugger der Reiche, der auf Repräsentation hielt, mied es doch, seinen Mitbürgern äußerlich stets zu zeigen, wie hoch er über sie hinausragte. Die Fassade des Fuggerhauses in Augsburg machte doch nur den Eindruck eines Bürgerhauses. Aber drinnen offenbarte sich ein unerhörter Reichtum und eine selten gesehene Pracht. So waren auch diese Naturen, reich und mächtig in sich, zurückhaltend

---

[1] Jakob Fugger erhielt 1509 von König Maximilian einen Brief, durch den er von der Zunft frei erklärt wurde.

[2] Weberchronik zu 1389; P. von Stetten, Geschichte der Stadt Augsburg I 230.

nach außen. Wir stehen später ihrer gewaltigen Kapitalkraft gegenüber; wie sie geworden, vermögen wir kaum zu sagen.

Ulrich Fugger taucht im Elternhause „Vom Ror“ zuerst 1480 auf, neben ihm seit 1487 bezw. 1488 Jakob und Georg. Von 1488 an steuert Ulrich in seinem eigenen Hause am Rindermarkt.

Die Fugger-Chronik berichtet:

Anno 1473 als der Kaiser Friderich in der Statt Augspurg gewesen und sich mit seinem prinzen Maximiliano auf den reichstag nach Trier, welchen er herzog Carolo von Burgundt zu gefallen ausgeschriben hatte, und selbigem die belehnung über das herzogtums Gelderen zu geben rüstete, hat dieser Ulrich Fugger die erst kundtschaftshandlung mit denen österreichischen ertzherzogen angefangen, welche hernach immer zugenohmen, dann er den Kaiser mit seidin und wullin gewandt auf die rais versehen und von ihro kayserlichen Majestät das andere Fuggerische wappen mit der Ilgen erhalten undt ausgebracht hat, so 11 jahr hernach als das wappen der anderen Fugger vom reh erlangt worden, geschehen ist[1]. Diser Ulrich Fugger hat sich mit seinen brüdern den kaufmannshandel zu fueren in ein gesellschaft zusamen verpflicht und haben iren handel mit specerey seiden und wullen gewandt sampt andern redlichen wahren in Italia, Tirol, Niderlandt und sunst allenthalb in Deutschland auch im reich Hungern und Polen zu treiben und üben furgenommen, welchs inen fast glücklich mit abgangen.

Ulrich schickte seine Brüder Andreas[2] und Hans in das Fugger-Lager zu Venedig, doch starben sie dort frühzeitig, und ebenso verschied in der Jugend (1473) Peter Fugger, welcher die Familie in Nürnberg vertreten sollte. Auch Markus Fugger wurde nicht alt. Jakob hatte bereits die niederen Weihen und war Kanonikus in Herrieden. So war die Zukunft der Familie allein auf Ulrich und Georg Fugger gestellt. Da gewann Ulrich seinen Bruder Jakob 1478 dem weltlichen Leben zurück[3] und in ihm dem Fuggerischen Handel den genialsten Vertreter. „Diser Jakob Fugger,“ erzählt die Chronik, „wart von gemelten beiden brüdern herrn Fuggern erstlich

[1] Der Wappenbrief ist nach dem im Fugger-Archiv erhaltenen Original im Anhang, Urk. Nr. 18, abgedruckt.

[2] Er war wohl mit einer Handelskarawane auf bayerischem Gebiet, als er von dem Strauchdieb Wilhelm Keschinger angefallen wurde, worüber Augsburger Ratsprotokoll V Fol. 228a im Jahre 1462 handelt. Vergl. die Chroniken der deutschen Städte: Augsburg II 306ff.

[3] Vergl. das Regest bei Jos. Schlecht, Päpstliche Urkunden für die Diözese Augsburg von 1471—1488 in der Zeitschrift des hist. Vereins für Schwaben und Neuburg XXIV (1897) 64 Nr. 56. S. Anhang, Urkunde Nr. 25.

in das Fuggerische Gleger gen Venedig geschickt, daselben er etlich jar bliben und sich des handels so woll angenommen, das er widerumb gen Augspurg berufen worden."

Wir sehen auch aus der Chronik, daß im Hause Fugger Arbeitsteilung herrschte, daß aber alle Kräfte in einem Punkte zusammengefaßt wurden. Tatsächlich war an den wichtigsten Punkten des Handels, namentlich in entscheidenden Augenblicken, stets einer der Brüder anwesend. Wir können das daraus schließen, daß in solchen Fällen die Handelsgesellschaft meist nach dem Namen des Anwesenden genannt wird. So bezeugt eine Gerichtsurkunde vom 24. Juli 1484 im Nürnberger Stadtarchiv, daß Georg Fugger persönlich im Gericht erschienen sei, um eine Schuldforderung von 80 und 250 fl. gegen Hans Rosenkranz durchzusetzen[1]. Dieser Georg Fugger ist eben auf der Linie, die von Augsburg nach Nürnberg und weiter nach Nordosten führt, tätig[2]. Dagegen erscheint Jakob auf der Innsbruck-Venediger Linie, wie die öftere Erwähnung in den Tiroler Raitbüchern beweist.

Der Handel der Fugger umfaßt alle Gegenstände, welche der Lebensunterhalt, der Luxus und der Verkehr erforderten. Wolle, fertige Tuche, Leinwand, Seide, Samet, Leder, Nüsse, Apfelsinen, Safran, Bernstein, Edel- und Halb-Edelmetalle führen ihre Diener nach allen Himmelsrichtungen. Aber auch an dem reinen Geldverkehr beteiligt das Haus sich schon in ausgedehntem Maße. Auch Bestellungen auf anzufertigende Sachen vermittelt das Haus von einem Ort zum andern[3].

Daß die Fugger sich dabei gelegentlich an andere Handelshäuser anlehnten, halte ich mit A. Schulte für sehr wahrscheinlich. Gewöhnlich ist es dann so gekommen, daß die Fugger ihre Mithändler bald zu Untergeordneten herabgedrückt oder ganz beiseite geschoben haben. So ist am 21. Oktober 1486 Ulrich Fugger persönlich in Nürnberg zu einer wichtigen Verhandlung anwesend. Viele Jahre hindurch hatten die Fugger mit dem Nürnberger Kaufmann Hans Kramer eine Handelsgesellschaft gehabt. Am 12. Oktober 1486 lösten sie die Handlung auf. Also hatten sie

[1] Nürnberg, Stadtarchiv: Literalien 2. Über einen Angriff auf Ulrich Fugger gelegentlich eines Aufenthaltes in Nürnberg (1480), s. Anz. für die Kunde d. deutsch. Vorz. N. F. X, 48.

[2] A. Schulte, Geschichte des mitt. Handels und Verkehrs I 652. Jedoch glaube ich nicht, daß der Giorgio Futer oder Fucer, welche Schulte in einer Urkunde erwähnt, mit Georg Fugger identisch ist.

[3] Über die Stellung Ulrichs zum Weberhandwerk, vergl. das oben bei Lukas S. 36 Gesagte und dann die Beilage 7.

sich . . . mit veraintem guttem willen aller derselben gesellschaft gewerb handlung und hanntierung hauptguts gewynns und verlusts genntzlich gar und enndtlich berechent und alle und yede parschafft habe gut pfennwert und war auch schulden gutter und poeser gewisser und ungewisser darinnen gehapt, uber das ir jeder davor aus solcher gesellschaft genommen und zu seinem gebrauch und handen empfangen hatte, wie dann in irer gesellschaft puecher geschriben worden (folgt eine durch Feuchtigkeit und Rost verzehrte Stelle); und hetten sich auch darauff mit guttem vorbedachtem vorratt gutlich endtlich und unwiderruflich verainigt und vertragen, also das alle und yede soliche parschafft habe gut phennwert ware und schulden, wo und an welchen enden die auch bey welchen schuldigern und wie dieselben genant und gesessen und durch sie samentlichen oder sonderlichen oder ire factor und diener geporgt und gemachet weren, nichzit darinnen ausgeschiden noch hindan gesatzt, inen den obgenannten dreyen gebrüdern den Fuckern umb oben geschätzt und angeschlagen summ guldin folgen werden sein und bleiben solt, und die gemainlich und sonderlich zu iren handen und gewalt nemen und haben, auch die schulden durch sich selbs oder ire volmächtige anwalt in der gutt oder mit dem rechten, wie ine allerpest fuget, einbringen und mit dem allen und yeden mit kaufen verkaufen und in ander wege als mit andern iren aigen zusteendigen parschafften habe gutten pfennwerten ware und schulden fürnemen handeln gefaren tun und lassen solten und möchten nach irem pesten willen nutz und wolgefallen, wie und was sie verlust, ungeengt und ungeirrt von dem obgenanten Hansen Kramer seinen erben und meniglichs von seinen wegen. Dagegen hetten sie die mergedachten Ulrich Jörg und Jacob gebrüder die Fucker ime dem egemelten Hansen Kramer von solicher angenomer geschatzter angeschlagner hinderstelliger endtlicher summa und rest der 4628 guldin für seinen gepurenden tail par heraus geben eingeantwurt und bezalt 1554 guldin rein landswerung, daran und darfur ime auch ganz wol benuget"[1]. Hatte also bisher wohl hauptsächlich Hans Kramer die Geschäfte der Fugger in Nürnberg besorgt, so richteten sich nunmehr die Fugger von der Lilie, wie sie nach dem ihnen 1473 verliehenen Wappen genannt wurden, fester in Nürnberg ein. Am 9. Dezember 1493 kaufte Wolfgang Hofmann, Ulrichen Fuggers von Augsburg Diener, von Niklas Reike die Behausung

[1] Nürnberg, Stadtarchiv: Lit. 3, 166, 167. Vergl. Regest bei Al. Schulte, Geschichte des mittelalterlichen Handels und Verkehrs II, 266 Nr. 394.

an der Ledergasse in Nürnberg[1]. Im Jahre 1496 erwarb Georg Fugger dann noch ein eigenes Haus an der Bindergasse[2]. In Nürnberg schlossen die Fugger mancherlei Geldgeschäfte sowohl mit dem Kaiser ab wie auch mit den Agenten der Kurie. Schon am 30. Juni 1476 wechselten sie dort eine in der schwedischen Kollektorie gesammelte Geldsumme von 706 Kammergulden ein und übermittelten sie nach Rom. Georg Fugger streckte von Nürnberg das Geschäft auch nach dem Osten vor. In Breslau stand Kilian Auer in Verbindung mit den Fuggern; er war in wichtigen Dingen ihr Berater und Vertreter. Neben ihm wirkten als eigentliche Diener der Fugger Johannes Metzler und Otto Rußwurm. Durch sie erklärte Georg Fugger am 2. Oktober 1488, das Geld, welches in Schlesien für einen Türkenzug gesammelt war, von dort nach Rom übermitteln zu wollen[3]. Doch wie sind die Fugger nach Rom gekommen? Daß hier Markus die Wege ebnete, hat Schulte bereits gesehen[4]; in welcher Weise, dafür glaube ich einen interessanten Beitrag liefern zu können.

Im Haus- und Staatsarchiv zu Stuttgart fiel mir ein kleiner Brief, der erste Originalbrief eines Fugger, in die Hände. Er lautet in Übersetzung[5]:

Dem ehrwürdigen Herrn Holzwart Pfarrer in Waldstetten meinem sehr werten Gönner herzlichen Gruß. Lieber Herr Heinrich! Bei Euerer Abreise von der ewigen Stadt spracht Ihr mir über die bevorstehende Genehmigung Eueres Gesuches um einen Butterbrief, und zwar sollte ich Euch gleich nach der Genehmigung anzeigen, was für die Abmachung ausgegeben werden müsse. Nun habe ich den Bericht des Peck selbst, daß die Genehmigung oder vielmehr die genehmigte Supplik in der betreffenden Angelegenheit in den Händen des Herrn Abtes, des Förderers dieser Sache, sei. Doch wird dieser auf keinen Fall die Supplik in die Registratur schicken, wenn er nicht 100 Dukaten erhält. Die Gesamtkosten belaufen sich also, wie ich von dem genannten Peck erfuhr, auf 150 Dukaten. Wenn Ihr diese schicken wollt, so verspreche ich alle Sorgfalt und Unterstützung. Am sichersten aber werdet Ihr mit der Sendung gehen, wenn Ihr meinem Bruder oder einem von den Meinigen das

[1] Nürnberg. Stadtarchiv: Gerichtsbuch 9 f. 225b.

[2] Ebda.: Lit. 13, 104.

[3] A. Schulte, Die Fugger in Rom I, 12, mit Anm. 1. S. Anhang. Nr. 33. Kilian Auer werden wir in der zweiten Studie noch begegnen.

[4] Die Fugger in Rom I, 10.

[5] S. Anhang, Urkunde Nr. 16.

Geld gebt und dafür einen einzigen Schein an mich erhaltet. Lebet wohl. Rom, den 7. März 1472.

Wir können dem Geschick nicht dankbar genug sein, das uns dieses kleine Schreiben aufbewahrt hat. Markus Fugger, der Schreiber dieses Briefes, ist Jakobs des Alten dritter Sohn. Geboren im Jahre 1448, ist er seit 1471 als Schreiber in der Registratur der Bittgesuche zu Rom nachzuweisen[1]. 1474 gewährte ihm der Papst eine Domherrnstelle in Augsburg, 1475 erlangte er die Propstei an der Marienkirche zu Regensburg und 1477 die Propstei von St. Johann in Freising. Ohne diese Stellungen in der Heimat angetreten zu haben, ist er am 17. (19.) April 1478 in Rom gestorben. In der deutschen Nationalkirche Sa. Maria dell'Anima wurde ihm ein Denkstein gesetzt[2].

Dieser Markus Fugger nahm sich nun auch der geschäftlichen Verbindungen seiner Familie in Rom an. Der Pfarrer Heinrich Holzwart in Waldstetten hatte einen sogenannten Butterbrief vom Papste gewünscht und eine Supplik bei der Kurie eingebracht. Diese war genehmigt worden, und nunmehr macht Markus Mitteilung vom Stande der Dinge. Die Angelegenheit werde liegen bleiben, wenn nicht 150 Dukaten eingesandt würden. „Wenn Ihr die schicken wollt, so biete ich meine Hilfe gern an. Am sichersten aber werdet Ihr mit der Sendung gehen, wenn Ihr das Geld meinem Bruder oder einem von meinen Angehörigen anvertrauet und dafür nur einen einzigen kleinen Schein an mich empfangt." Kann man nicht Markus als den ersten Vertreter der Fugger in Rom ansehen? Der Bittsteller leistet bei den Fuggern in Augsburg eine Zahlung, bekommt darüber eine Quittung, schickt diese nach Rom, und nunmehr leistet Markus hier die Zahlung. Er verfügt also über Geldmittel. Diese sind ihm jedenfalls aus dem Verkaufe von Waren in Rom zugeflossen. Vermöge des Wechselverkehrs ersparen sich nun die Fugger die Sendung des baren Geldes von Rom nach der Heimat und von der Heimat nach Rom. Solche Zahlungen durch die Fugger sind anfangs wie in diesem Falle wohl mehr unter der Hand geschehen, immer mehr aber wächst sich die Stellung der Fugger in Rom aus. Davon gibt Schultes Buch am deutlichsten Kunde. Ich trage aus früher Zeit hier noch einige übersehene Fälle nach. So hat nach den Mainzer Ingrossaturbüchern der Erzbischof Berthold von Mainz, der 1484 den erzbischöflichen Stuhl

[1] A. Schulte, Die Fugger in Rom I, 10.

[2] Vergl. Anhang, Urkunde Nr. 22.

bestiegen hatte, dem Ulrich Fugger in den Jahren 1485 und 1486 zurückbezahlt 544 fl., 279 fl. 9 sh. und 560 fl., jedenfalls auch für Zahlungen, welche Ulrich für ihn in Rom geleistet hatte[1]. Ebenso erstattete der Bischof Benedikt von Kammin 1490 an Ulrich Fugger von Augsburg 1675 fl. zurück[2].

Auch in der Streitsache des Augsburger Domkapitels wider die Stadt übermittelte Ulrich mehrere Summen nach Rom[3]. 1484 erhielt er von den Augsburger Baumeistern 136 rh. Gulden für 100 Dukaten zurück, die er Meister Hansen Gassel, dem Vertreter der Stadt in Rom, geliehen hatte, dann noch 2 tt 6 sh. wegen eines Botenbriefes gen Rom und später 1 fl. 1 tt 3 sh. 1 kr. für Botenlohn[4].

1485 zahlten die Baumeister abermals 2675 rh. Gulden an Ulrich Fugger für 2000 Dukaten, welche sein Vertreter eventuell für die von der Stadt erstrebten päpstlichen „Briefe“ in Rom entrichten sollte. Bemerkt ist bei dieser Zahlung, daß Ulrich Fugger auf 100 Dukaten 34 rh. Gulden minder einen Ort gerechnet habe[5]. Der Wechselkurs zwischen rheinischem Gulden und Golddukaten stellte sich im Durchschnitt auf 1,27. Indem die Fugger nun auf 127 rh. Gulden noch 6 Gulden 3 ort. schlugen, forderten sie gut 5 % Wechselgebühr. Auf diese Weise entschädigten sie sich für die Mühe, welche das Umwechseln des Geldes nach Rom verursachte. Immerhin war ein Verdienst von 133 Gulden 3 ort., mit einer Summe von 2540 Gulden in kurzer Zeit gemacht, ein nicht verächtliches Geschäft.

Im Jahre 1486 wechselte Ulrich Fugger wiederum 2000 Dukaten nach Rom, diesmal erhielt er sogar 2690 fl. von den Baumeistern[6] zurück. 1487 erhielt Ulrich für Botenlohn und Unkosten in der Streitsache 149 fl. ausbezahlt und noch einmal 6 fl. für etliche Briefe, die von Venedig gekommen waren[7].

Die letzte Zahlung, welche Ulrich Fugger in dieser Sache

---

[1] Würzburg, Kreisarchiv: Mainzer Ingrossaturbücher 62. IV, 17.

[2] Stettin, kgl. Staatsarchiv: Msc. II 25, fol. 77: Ulrici Fuckeri de Augusta et fratrum mercatorum ac sociorum quitantia super acceptis 1675 florenis nomine Benedicti episcopi et totius dioeceseos anno 1490. Die Urkunde selbst ließ sich nach einer gefl. Mitteilung des kgl. Staatarchivs bisher nicht ermitteln.

[3] S. oben S. 34.

[4] Augsburg, Stadtarchiv: Baumeisterbücher zu 1484, fol. 37.

[5] Ebda.: Baumeisterbücher ad. 1485, fol. 33.

[6] Ebda.: Baumeisterbücher ad. 1480, fol. 38.

[7] Ebda.: Baumeisterbücher zu 1487, fol. 38.

nach Rom leistete, fand im Jahre 1489 statt; da empfing Hans Koler als Vertreter Ulrich Fuggers 270 fl. von den Baumeistern für 200 Dukaten, die er dem Koler, d. h. dem Paul Koler, dem Vertreter der Stadt, nach Rom gewechselt hatte. Von da an übernimmt Lukas Welser der Alte die Übermittelung der Geldbeträge nach Rom. Er ist viel teuerer als die Fugger, denn 1489 fordert er für 100 Dukaten 139 1/2 Gulden[1].

Die Fugger ziehen sich einige Jahre von Rom merklich zurück. Es scheint, daß die Verpflichtungen in Tirol, welche noch glänzenderes Ergebnis versprachen, sie zu stark in Anspruch genommen haben.

Denn gerade seit dem Ausgange der achtziger Jahre werden die Fugger die Bankiers der Fürsten, besonders der Habsburger. Neben den Geschäften, welche die Fugger mit diesem Hause machten, kommen die kleinen Beträge, welche in dieser frühen Zeit die Wittelsbacher den Fuggern schuldeten, gar nicht in betracht. Da hatte Herzog Christoph bei einer Anwesenheit in Augsburg die Fugger angeborgt und einen Schuldschein über 100 rh. Gulden ausgestellt. Als nun Koler den Wechsel nach Christophs Tode bei Herzog Albrecht IV. vorzeigte, wurden ihm 25 Gulden abgezogen. In einem Schreiben vom 13. Juli 1494 wundert sich Ulrich Fugger über die Verkürzung; höchstens 1 den. vom Gulden habe abgebrochen werden dürfen. Sodann fordert er 34 fl. vom Herzog, und zwar 4 fl. für einen Boten nach Rom und 30 fl., für welche er 21 Dukaten 3 ort nach Rom gewechselt habe[2].

Bemerkenswert ist, daß Hans Koler wiederholt im Dienste der Fugger tätig erscheint; er war also wohl bei ihnen angestellt.

Die Fugger-Chronik erzählt, wie 1473 Ulrich Fugger zuerst das Haus Österreich als Kundschaft gewonnen habe. Da die eigentlichen Fuggerischen Handelsbücher verloren gegangen sind, können wir die Entwickelung der Beziehungen der Fugger zum Hause Habsburg in den nächsten Jahren nicht weiter verfolgen[3]. Einen großartigen Charakter aber nimmt die Entwickelung erst seit der zweiten Hälfte der achtziger Jahre des 15. Jahrhunderts an, als die Fugger dem leichtlebigen Vetter der Habsburger Hauptlinie, Erzherzog Sigismund von Tirol, größere Geldsummen zur Verfügung stellten und dafür in seine Rechte an der Ausbeute der Bergwerke traten.

---

[1] Vergl. Baumeisterbücher zu 1489 unter dem Abschnitt: costung der sach wider dechant und capitel des merern stiffts.

[2] München, k. b. allg. Reichsarchiv, Fürstensachen Tom. 16, 4, 57.

[3] Über die Nachricht Max von Issers s. o. S. 27.

Das erste Geschäft dieser Art knüpft an den Krieg des Erzherzogs mit der Signorie Venedig 1487 und 1488. Der letzte Grund dieses Kampfes war das Zurückdrängen der venetianischen Kaufleute und Bergwerksbesitzer aus dem tirolischen Gebiete[1]. Natürlich waren die deutschen Kaufleute, für die Tirol der Verbindungsweg und Venedig das Ziel war, von einem Kampfe dieser beiden Mächte wenig erbaut. Lukas Fugger mußte die Nachteile am eigenen Leibe erfahren[2]. Es verrät daher entschiedenes Talent, wenn ein Jakob Fugger, der damals noch am Anfange seiner Laufbahn stand, zur Beendigung des Krieges beitragen konnte, indem er sich die Republik und den Herzog verpflichtete und für sich am besten sorgte, indem er gefährliche Konkurrenten vom Tiroler Boden verdrängte. Die Signorie Venedig mußte ihre Kaufleute, die sich in Primör südlich von Bozen angesiedelt hatten und dort die Minen ausbeuteten, fallen lassen und sollte als Entschädigung für den Angriff Sigismunds 100000 fl. erhalten. Jakob Fugger regelte im Bunde mit Antonio de Caballis die Sache finanziell[3], und Herzog Sigismund versprach ihm das Geld zurückzuzahlen. Wenn er das nicht könne, so sollten ihm die Silber, welche die bekanntesten Gewerken Tirols die Tänzl, die Fueger, Perl, Sigwein und Jaufner machten, solange verabfolgt werden, bis die Schuld getilgt sei. Wohlgemerkt, Jakob Fugger erhielt nicht ohne Bezahlung das Silber, sondern nur den Wechsel, der dem Landesherrn zustand. In der Regel verdiente er dann an einer Mark Silber, für die er fünf Gulden zahlte, drei Mark[4]. Das war der „offizielle“ Verdienst, durch dessen Verrechnung die Schuld getilgt wurde. Verdiente aber der Herzog drei Gulden an der Mark, so gewann der Kaufmann sicher vier und fünf Gulden. Das durfte er dann als den Zins betrachten, über den sonst nichts ausgemacht wurde.

Der Erzherzog Sigismund hatte viele Geldgeber; selbst die höchsten Herrschaften, wie der Herzog Albrecht IV. von Bayern,

---

[1] Vergl. H. Simonsfeld, Der Fondaco dei Tedeschi in Venedig und die deutsch-venetianischen Handelsbeziehungen. (Stuttg. 1887) I 309, Nr. 567.

[2] Er wurde 1489 mit mehreren anderen in der Valsugana ausgeplündert. Vergl. Anhang, Urkunde Nr. 36.

[3] Jakob Fugger und Brüder sowie Antonio de Caballis streckten 23627 Gulden 4 Pfund 6 Groschen 2 Denare vor am 31. Dez. 1487. Vergl. A. Jäger, Der Übergang Tirols und der österr. Vorlande von dem Erzherzog Sigismund an den Röm. König Maximilian von 1478—1490. Archiv für österr. Gesch., 51. Bd. (1873), 364.

[4] Über „Wechsel“ vergl. A. Jäger, Beiträge zur Tirolisch-Salzburgischen Bergwerks-Geschichte im Arch. für österr. Gesch., 53. Bd. (1875), 371.

gaben nicht ungern Geld, da sie auf eine gute Entschädigung rechneten. Von den Kaufleuten, die für Silber die baren Gulden zur Verfügung stellten, nenne ich namentlich die Baumgartner von Kufstein. Doch nachdem einmal das erste Geschäft mit den Fuggern abgeschlossen war, blieb der Herzog diesem Hause treu. Und die Vettern des Erzherzogs sowohl der Kaiser Friedrich III. wie auch der König Maximilian I. mußten den Wandel gern sehen. Die Fugger, die Bürger der Reichsstadt, standen doch weniger unter dem Einfluß des Herzogs von Bayern als etwa die Baumgartner von Kufstein, das damals noch bayrisch war. Und gerade vom Herzoge von Bayern fürchteten ja Kaiser und König, daß er bereitwillig Geld gebe, um dafür einst das Land des kinderlosen Sigismund als Beute heimzutragen [1]. Das innige Verhältnis zwischen den Habsburgern und den Fuggern ist auf Tiroler Boden geknüpft worden.

Am 7. März. 1488 bekennt Sigismund, von Ulrich Fugger und Gesellschaft 5792 guld. erhalten zu haben und versichert ihn dafür auf die Münze zu Hall, am 23. April 1488 bestätigt er Ulrich den Empfang von 2266 rh. Gulden 3 ß 4 kr. und verspricht ihm Entschädigung durch Silber in Primör. Doch das sind Kleinigkeiten. Der erste große Vertrag ist der vom 9. Juni 1488.

Da erklärt Ulrich sich im Namen seiner Gesellschaft bereit, für Erzherzog Sigismund, der durch die vergangenen Kriegsläufe in Schulden geraten sei, mit einer größeren Summe einzutreten. Anfangend vom 9. Juni 1488 will er bis St. Martin, also bis zum 11. November, monatlich 5000 guld., im ganzen also dreißigtausend Gulden aufbringen. Von da ab aber will er jeden Monat 10 000 an den Herzog abführen, bis sich die Gesamtsumme auf 150 000 guld. beläuft; dafür sollen den Fuggern von dem Silber, welches zu Schwaz in Tirol gewonnen wurde, nach Ablauf der etwa früher an andere erteilten Verschreibungen die ganze Ausbeute jahraus jahrein überlassen werden. Jede Mark Silber wird ihnen mit acht Gulden angeschlagen; fünf müssen sie an die Schmelzer bezahlen, drei Gulden ist demnach ihr Gewinn auf jede Mark. Also waren zur Abtragung der Schuld 50 000 Mark Silber erforderlich. Doch übernahmen die Fugger noch die Verpflichtung, wöchentlich 200 Mark Silber in die herzogliche Münze zu Hall abzugeben. Dieser Handel

---

[1] Vergl. A. Jäger, Der Übergang Tirols und der österreichischen Vorlande von dem Erzherzog Sigismund an den Röm. König Maximilian von 1478—1490. Archiv für österr. Geschichte, 51. Bd. (1873), S. 301.

sollte Martini beginnen und durch Überlassung der Silber zuerst die 120 000 Gulden bezahlt werden. Während dieser Zeit sollten die bereits dargeliehenen 30 000 Gulden stillliegen, d. h. nicht verzinst werden; diese 30 000 fl. sollten nach den 120 000 in der Weise getilgt werden, daß die Fugger jede Woche 200 Mark von dem Schwazer Silber erhielten. Zur Tilgung wären also 50 Wochen erforderlich gewesen. Sehr wichtig war dann die Bestimmung, daß während der Zeit, da die Fugger den Kontrakt hatten, kein anderer auf das Schwazer Silber verwiesen werde, und wenn es trotzdem geschehe, sollte jede solche Abmachung null und nichtig sein. Für die Einhaltung dieses Vertrages verbürgten sich die Tiroler Stände[1].

Durch diese Verträge wurde dem Erzherzog ein fortlaufendes Konto von bestimmter Höhe monatlich bei der Fuggerbank eröffnet. Die Zahlungen erfolgten teils in bar, teils in Naturalien, für welche die Fugger die Quittung übergaben, teils durch Tilgung von Verbindlichkeiten, welche der Erzherzog eingegangen war, und schließlich durch Wechsel, welche die Fugger an die gewünschte Adresse abgehen ließen. Die Innsbrucker „Raitbücher" enthalten eine große Anzahl solcher Zahlungen[2]. Während nun die Fugger anfangs noch mit der Konkurrenz anderer Geschäftsleute zu kämpfen hatten, erringen sie gegenüber der Kammer des Erzherzogs bald eine beinahe monopolartige Stellung. Zu dem Zwecke sind sie selbst eifrig tätig, um den Fürsten von anderen Gläubigern zu befreien. Wiederholt leisteten sie Zahlungen an die Baumgartner von Kufstein, welche bisher die höchste Stellung im Finanzwesen des Erzherzogs behauptet hatten. Ferner lösen sie die Forderungen ihres Vetters Lukas ab, der für Söldner in Flandern Geld aufgebracht hatte. Sie selbst liefern nunmehr das Geld, welches die Rüstungen erforderten.

Im Jahre 1490 wurde Erzherzog Sigismund durch König Maximilian I. sozusagen entmündigt; gegen eine feste Rente zog er sich von der Regierung zurück. Die Stellung der Fugger in Tirol aber blieb dieselbe; nur daß sie jetzt dem Könige als Grafen von Tirol das gaben, was sie vormals dem Erzherzog entrichtet hatten.

Von 1487 an reiht ein Vertrag der Fugger mit den Regierenden

---

[1] S. Beilage 8. Vergl. Dobel, Über den Bergbau und Handel des Jakob und Anton Fugger in Kärnten und Tirol, 7.

[2] S. Beilage 9. Vergl. auch Beilage 10.

in Tirol sich an den anderen. Bis 1494 habe ich das einschlägige Material im Anhange zusammengestellt. Die Gesamtsumme dessen, was die Fugger auf die Einnahme aus Tirol dem Erzherzoge Sigismund und dem Könige Maximilian I. vorstreckten, dürfte sich auf 624,088 fl. belaufen haben, ganz abgesehen von den Beträgen, welche die Fugger gelegentlich bei Besorgungen und Wechselzahlungen vorstreckten. Die Auszüge aus den Tiroler Raitbüchern, welche ich im Anhange veröffentliche, werden das veranschaulichen. Außerdem erwähne ich hier noch eine im k. k. Statthalterei-Archive liegende Urkunde König Maximilians vom 4. Mai 1491 (Nürnberg), durch welche er anzeigt, daß Georg Fugger ihm 10000 Gulden zur Einlösung der durch die Türken eroberten Schlösser vorgestreckt habe. Sollte nun eine Entschädigung aus Peraudis in Schweden gesammeltem Ablaßgeld nicht möglich sein, so will der König selbst den Gläubiger schadlos halten; wodurch, sagt schon die Aufbewahrung der Urkunde in Innsbruck[1].

Für die Darlehen, welche die Fugger den Tiroler Fürsten machten, werden sie etwa 200000 Mark Silber aus den Tiroler Bergwerken erhalten haben. Der offizielle Verdienst an diesen 200000 Mark Silber hätte sich auf etwa 1/3 Gulden belaufen müssen, so daß die Fugger in Tirol in der Zeit von 1488 bis 1494 etwa 66000 fl. verdient hätten. Doch der kaufmännische Gewinn war bedeutend höher. Je nach der Güte des Silbers haben die Fugger selbst bei privaten Unternehmern bis über 10 fl. für die Mark Silber bezahlt. Und schlechtes Silber werden sie doch unter den ihnen vertragsmäßig zugesicherten Summen nicht angenommen haben. So werden wir als durchschnittlichen Reingewinn an der Mark Silber mit gutem Gewissen 2 fl. setzen dürfen. Das macht an den 200000 Mark einen Gewinn von 400000 fl. Und um so viel in 7 Jahren zu verdienen, hatte ein Betriebskapital von etwa 70000 fl. genügt. Sie mußten eben den Vorschuß von 30000 Mark leisten und noch etwas mehr zur Verfügung haben, um einige Monate den Aufkauf des Silbers an der Kammer bewerkstelligen und die Renten an den Grafen bezahlen zu können. Dann liefen schon die hohen Gewinne ein und gestatteten die Ausdehnung des Geschäftes.

Ein so glänzendes Geschäft muß innerlich begründet sein. Warum fiel es gerade diesen Fuggern zu? Weil sie Wagemut hatten. Anderen mochte in jenen Tagen der Boden Tirols zu

---

[1] S. Beilage 8.

heiß werden; die Fugger gingen hin und halfen einem Fürsten, der an sich sehr unzuverlässig war, der einen Teil seiner Lande bereits den Wittelsbachern verpfändet hatte. Aber da hätten sich die Fugger schließlich noch auf die Habsburger Vettern, den Kaiser und den König, verlassen können. Ja, wenn diese nicht selbst in den größten Schwierigkeiten gewesen wären! Der König Matthias von Ungarn war schon tief in Österreich vorgedrungen; wenn er auch Tirol nahm, war kaum zu erwarten, daß er die Verträge Sigismunds mit den Fuggern achten würde. Der Kaiser irrte mittlerweile hilfesuchend im Reiche umher. König Maximilian aber saß in den Niederlanden fest. Wäre das Haus Habsburg in den nächsten Jahren gefallen, so wären auch die Fugger von der Lilie ruiniert gewesen. Aber der Stern der Habsburger ging wieder hoch, und mit ihm der Stern der Fugger. Wohin dann Habsburg seine Einflußsphäre ausdehnte, dahin drangen auch die Fugger vor. Der Mut machte sich belohnt, und der bedeutende Gewinn rechtfertigte das Risiko.

Um dieselbe Zeit, da sie sich in Tirol festsetzen, ziehen die Fugger auch in die Salzburgischen Erzbergwerke ein, um in Gastein und Rauris Gold und Silber zu gewinnen. Von da aus dringen sie dann weiter nach Steiermark vor. Sie suchten auf die Weise die Wege zu gewinnen, auf welchen Italien und namentlich Venedig mit Edelmetall versorgt werden konnte [1].

In ganz Tirol übernahmen die Fugger sowohl Kupfer wie Silber, anfangs jedoch hielten sie sich von der eigentlichen Produktion fern. Sie sicherten sich nur als Kaufleute die Ausbeute. So blieb es in Tirol bis in den Anfang des 16. Jahrhunderts; die Agenten der Fugger saßen in allen Orten, wo auf Erz gebaut wurde, und ließen sich entweder die ihnen landesherrlich überwiesenen Silber ausfolgen oder kauften auch wohl von anderen Berechtigten das Silber und Kupfer auf. Anders jedoch im Salzburgischen. Hier traten die Fugger gleich als Eigentümer einer Reihe von Stollen auf. Wie sie dieselben erworben haben,

---

[1] Aus einer Rechnung, welche der gemeine Handel dem Handel der Fugger und Thurzo in Ungarn einige Jahre später stellt, hebe ich folgenden Satz heraus: Item die silber sind den merertail von unsser knechten aus Rauris und Gastein gen Venedig gefürt worden, deshalben so ist uns der handel schuldig dieselb knechtzerung und kosten; wan sy sunst andre unssre silber aus bemelten orten gen Venedig auch gefiert haben, setz ich ungefarlich halbe kosten auff Fugkerauen silber; soll uns der handel, schetz bey 200 guld., duc. 150. F. A. 36,1.

ist dunkel[1]. Im Fugger-Archiv befindet sich nur ein Heft, welches Akten zu einem Prozeß der Fugger gegen ihren früheren Faktor in Gastein, Hans Mairhofer, aus dem Jahre 1505 enthält. Dieser Faktor hatte seit 1489 bis 1497 als Verwalter der Fuggerbergwerke zu Gastein, Rauris, Schladming und Totenmann im Dienste der Fugger gestanden. Er leitete die Ausbeute, kaufte aber auch sonst noch Silber auf. Das Halb-Edelmetall, welches gewonnen wurde, hatte ein gewisser Konrad Eber zu saigern, d. h. das Silber aus dem Kupfer zu ziehen und ebenso aus dem Silber das Gold zu gewinnen. Für seine Tätigkeit erhielt Eber je nach Leistung eine Entschädigung. Neben Mairhofer tauchen noch verschiedene Fuggerische Diener auf, welche bei dem Vertrieb des Silbers tätig sind, namentlich Sebastian Rem und Fröschelmoser. Das Silber aus diesen Gegenden geht fast alles nach Venedig. Jeder Barren ist genau gezeichnet; und ein Silberbuch in Gastein soll demnach mit dem Silberbuch in Venedig bezüglich des Auslaufes und Einlaufes übereinstimmen. Wenn dann nach einer Reihe von Jahren die Silberbücher an der Zentrale geprüft werden, muß sich jeder Fehler herausstellen. So wurden auch in den Büchern Mairhofers, die dieser 1498 gegen Empfangsbestätigung an Jakob Fugger ausgeliefert hatte, eine Reihe Ungenauigkeiten und Irrtümer festgestellt, aber nicht sofort, sondern erst nach vielen Jahren. Deshalb berief sich der frühere Faktor darauf, daß schon eine zu lange Zeit dazwischen liege, als daß er noch alles Material, auf das er seine Rechnung stützen könne, zur Hand habe. Die Fugger aber wandten ein, daß in ihrem Handelshause eine sofortige Kontrolle gar nicht möglich sei, weil erst von weitentfernten Punkten her die Bücher verglichen werden müßten. Mairhofer hatte einige Zahlungen verbucht, für welche keine Empfangsbestätigungen da waren. Dies Geld sollte er ersetzen. Da erklärte er, es sei nicht Kaufmannsbrauch, für jede Zahlung eine Quittung zu fordern. „Und sonder so ist das der Fucker noch ander trefflicher Kaufleut factor nit muglich zuthun. Dann solt ich umb ayn yedes stuck silber, das ich von der Fuckher wegen kauft und gehandelt hab, ein sonder quittung von ihnen genomen haben, ich glaub, daz ainer di in ainem monat nit gelesen und registrieren möcht[2].

[1] Im k. k. Landesregierungs-Archiv für Salzburg fand sich kein hierauf bezügliches Material.

[2] F. A. 2, 4, 1. Das Wichtigste aus dem Prozeß habe ich in Beilage 11 geboten.

Die Hauptfaktorei zur Verrechnung der Silberbestände war Venedig. Dort hatten Sebastian Rem und später Hans Kellner die Fuggerische Handlung zu vertreten. Wann die Fugger nach Venedig gekommen sind, läßt sich mit Sicherheit nicht sagen, weil die Listen der im Fondaco dei Tedeschi verkehrenden Kaufleute nicht auf uns gekommen sind. Urkundlich taucht Ulrich Fugger dort 1484 als Inhaber einer Kammer auf; sie wird ihm 1489 zu dauernder Benutzung überlassen[1]. Die Fugger werden dort wie andere den Tauschverkehr zwischen dem Abendland und der Levante vermittelt haben. Jedoch erst seit 1489 nahm das Geschäft eben infolge des Metallhandels einen solchen Umfang an, daß man sich fest niederzulassen beschloß, um eine Art Rechtstitel im Fondaco und damit in Venedig aufweisen zu können. Absichtlich brachte der Vertreter der Fugger deshalb sowohl vom Papste wie vom Kaiser und dem Erzherzog Sigismund von Tirol Schreiben bei, welche sein Gesuch unterstützen sollten. Rom, Habsburg und Venedig nahmen den ersten Platz in der Kombination der Fugger ein. Aber auch für Mailand ließen sie sich 1490 einen Geleitsbrief erteilen[2]. In Deutschland waren Augsburg und Nürnberg die bevorzugten Plätze, das eine das Stammhaus, das andere besonders günstig gelegen, wenn es sich um Verhandlungen mit dem Osten und Nordosten handelte[3].

Aber auch nach Antwerpen weisen schon die ersten Nachrichten. Wir haben bereits gesehen, wie Lukas Fugger dort handelte, er zahlte als Geldgeber dort schon für die königlichen Söldner; an seine Stelle trat dann die Gesellschaft Ulrich Fugger und Gebrüder. Genau um die Zeit, als diese Fugger ihren ersten feststipulierten Handelsvertrag schlossen, finden wir ihren Vertreter Onufrius von Varnbül schon in Antwerpen in Verhandlungen mit der königlichen Kasse, ein Zeichen, daß die Handlung nicht damals erst dort eingerichtet wurde.

Die Frankfurter Messe sah natürlich auch die Fugger als Gäste. So schrieb König Maximilian I. am 10. Oktober 1491 an Daniel Bromm zu Frankfurt, daß er Ulrich Fugger angewiesen habe, dem Adressaten für 60 Zentner Salpeter, welche Hans von Stetten für den König bei Bromm bestellt hatte, auf der nächsten Frankfurter Messe Zahlung zu leisten[4].

---

[1] S. Anhang, Urkunden Nr. 29 und Nr. 35.

[2] S. Anhang, Urkunde Nr. 37.

[3] Vergl. die auf Georg Fugger bezügliche Urkunde Nr. 33 im Anhang.

[4] S. Anhang, Urkunde Nr. 40.

Die Fugger entwickelten auch als Geschäftsleute einen starken Familiensinn. Mit denen, welche nicht ihren Namen trugen, setzten sie sich bald auseinander. Herren durften solche nicht im Geschäft bleiben. Wohl aber berücksichtigten sie die Familienangehörigen bei Besetzung der Stellen im Geschäfte, ebenso wie es ihnen selbst zu statten gekommen sein wird, daß ihre Schwestern Männer aus angesehenen Familien geheiratet hatten, Anna den Hektor Mülich, Barbara den Konrad Meuting und Walburg den Wilhelm Rem, und daß sie selbst mit Töchtern aus einflußreichen Kaufmannsfamilien Ehen eingegangen waren, Ulrich mit Veronika Lauginger, Georg mit Regina Imhof und Jakob mit der Sibylla Arzt. Die Meuting, die Rem, Lauginger, Mülich und Roggenburger, dann die Vettern vom Reh, welche als Verwandte in den Kreis der Fugger getreten waren, finden wir auch als Agenten, als Faktoren oder Diener der Fugger wieder. Ebenso war Hans Metzler, dessen Anstellungsvertrag in der Form von 1499 uns erhalten ist, durch die Thurzos den Fuggern verwandt. Für die von uns bisher behandelte Zeit sind noch nicht viele von den Dienern der Fugger nachzuweisen. In Augsburg war als ihr Vertreter bei Gericht Bernhard Kag tätig, dann leistet Zahlungen für Ulrich Fugger auch Wilhelm Rem. Doch ist dieser mit den Fuggern nicht gut ausgekommen, wie wir in einer späteren Abhandlung noch sehen werden. Daher wohl der Groll, den er in seiner Chronik gegen sie offenbart.

In Innsbruck und Schwaz werden Hans Suiter und Konrad Meuting als ihre Vertreter genannt. Im Salzburgischen haben wir Mairhofer kennen gelernt, in Nürnberg Wolfgang Hofmann, in Venedig Sebastian Rem und später Hans Kellner, in Antwerpen Onufrius von Varnbül, in Breslau Otto Rußwurm und Johann Metzler.

Die Fugger gewährten ihren Angestellten einen festen Lohn, der, wenn wir von dem des Hans Metzler schließen dürfen, nicht kärglich war, und legten noch dazu deren Ersparnisse mit guter Verzinsung in ihrem Handel an. Außerdem gewährten sie den Faktoren noch öfters das Recht, einen eigenen Handel zu führen. So betrieb Hans Suiter[1], ihr Vertreter in Tirol, noch den Tuchhandel, und Hans Mairhofer, ihr Vertreter im Salzburgischen, durfte den Bleikauf auf eigene Gefahr und eigenen Gewinn betreiben; nur mußte er den Fuggern wohl zum Selbstkostenpreise liefern.

---

[1] S. Beilage 9.

Das Geschäft der Fugger hatte um 1492 schon eine große Ausdehnung erreicht und begann auch durch den Metallhandel sich außerordentlich gewinnbringend zu gestalten. Natürlich war bei den beschränkten Verkehrsmitteln der Zeit eine noch aufmerksamere Überwachung des Handels nötig als heute, wenn gute Verbindungen erfaßt und Unterschleife und Betrügereien vermieden werden sollten. Die Brüder gingen daher öfter auf Reisen, um nach dem Rechten zu schauen. Namentlich Jakob Fugger war bald hier bald dort. Die genaueren Rechnungsnachweise, welche allerdings erst von 1495 an erhalten sind, lassen die öfteren Ausgaben erkennen, welche Jakob Fugger auf seinen Reisen bald zu den Faktoreien, bald an die Höfe, bald auf die Reichstage machte. Eine Anzahl Knechte begleitete ihn da. Und daß man auf würdige Repräsentation des Geschäftes schon damals hielt, beweisen die Kosten für das Einkleiden und die Ausrüstung der Begleiter[1].

Natürlich haben auch die Fugger nicht nur mit eigenem Gelde gewirtschaftet, sondern anderer Leute Kapital in ihren Dienst gestellt. Wenigstens spricht Jakob Fugger später oft von seinen Hintermännern, ohne daß wir doch wüßten, wer es gewesen sei[2]. Sehr oft wird das Nennen der Hintermänner auch nur ein Vorwand gewesen sein, um mit Rücksicht auf sie ein Geschäft als möglichst schwierig und eine Rückforderung als möglichst dringend zu bezeichnen. Aus früherer Zeit weiß ich nur, daß Ulrich Fugger 1488 aus dem Pfleggute der unmündigen Kinder des Bernhard Rehlinger 4607 rb. Gulden erhalten hatte und in der Frankfurter Herbstmesse zurückzahlen sollte[3].

Werfen wir nun noch einen Blick auf die Wirkung, welche die Ausdehnung des Handels dieser Linie auf die Steuerveranlagung ausübte.

Seit 1480 taucht Ulrich Fugger als steuernde Partei im Hause der Mutter in der Nähe des Judenberges auf. Er bezahlt 38 fl., 1486 aber schon 69 fl. 3 ort. 1488 bezieht er ein eigenes Gebäude „Vom Rappolt“ und gibt 93 fl. zur Steuer. Im Hause der Mutter entrichten jetzt Jakob Fugger der Jüngere 40 fl. 40 kr. für

---

[1] Darüber in der später folgenden Darstellung des Handels der Fugger.

[2] Über Einlagen des Lukas Rem in die Fugger-Handlung in späterer Zeit siehe im 26. Jahresbericht des histor. Kreis-Vereins im Reg.-Bez. Schwaben und Neuburg für das Jahr 1860, Augsburg 1861, 38, 41, 73.

[3] S. Anhang, Urkunde Nr. 34.

sich und Georg Fugger 8 fl. Das Jahr 1489 sieht diese Linie der Fugger mit folgenden Steuersätzen vertreten:

Haus „Vom Ror“:

Jakob Fuggerin	132 fl.
Georg ir sun	60 fl. iuravit
Jakob ir sun	40 fl. 40 kr.
Haus „Vom Rappolt“:	
Ulrich Fugger	93 fl.
Zusammen	325 fl. 40 kr.

1491 zahlt Jakob Fugger die Steuern für 2 Jahre mit je 45 fl. nach. Im Jahre 1493 werden die Fugger wegen der starken Gewinne des letzten Jahres sehr stark zur Steuer herangezogen.

Haus „Vom Ror“:

Jakob Fuggerin	160 fl.
mer 30 fl. auf die ferndiger Steuer	
Jörig ir sun	140 fl.
mer 65 fl. auf die ferndiger steuer	
Jakob ir sun	120 fl.
mer sovil für fernder	
Haus „Vom Rappolt“:	
Ulrich Fugger	170 fl.
mer um die ferndiger steur.	
Zusammen	590 fl.

In dem starken Zuschlage, welchen alle Mitglieder des Hauses Fugger von der Lilie auf die fernder, d. i. die Steuer des vorigen Jahres, zu leisten hatten, haben wir wohl die erste Wirkung des Metallhandels festzustellen. Die Fugger scheinen mehr verdient zu haben, als sie erwartet hatten. Als Ulrich, Georg und Jakob Fugger am 18. August 1494 die erste feste Handelsgesellschaft gründeten, gaben sie auch die Summen an, welche sie als Hauptgut für den Handel einschrieben: Ulrich 21 656 fl., Georg 17 177 fl. und Jakob 15 552 fl. Da die Steuer für fahrende Habe ein Prozent betrug, so hätte Ulrich nicht 170, sondern 216 fl. steuern müssen, Jakob 155 und Georg 171. Freilich war in dem Handelskapital auch die liegende Habe mit einbegriffen, soweit sie aus gemeinsamem Gute erkauft war; aber übermäßig stark konnte der Besitz damals noch nicht ins Gewicht fallen, um die Steuer so zu drücken.

Soviel darf als feststehend angesehen werden, daß bei den Fuggern die Steuererklärung sich mit dem wirklichen Vermögen nicht deckt. Man braucht deshalb nicht anzunehmen, daß es sich um eine Hinterziehung handelt. Die Brüder legten jedenfalls allen Verdienst, den sie machten, wieder nutzbringend an, sei es daß sie Grubenanteile kauften, die vorerst noch keine Rente ergaben, sei es daß sie sich an Handelsunternehmungen beteiligten, die vielleicht einmal großen Gewinn versprachen, im Augenblick aber nur das Vermögen stark belasteten. Wiederholt spricht Jakob Fugger es aus, daß er nur schwer den Stand seines Vermögens überschauen könne; denn die Abschlüsse aus den Faktoreien liefen nur sehr unregelmäßig ein, und wenn der letzte eintraf, war meist der erste schon veraltet. Und dann erforderte das Vergleichen der Bücher der einzelnen Faktoreien eine geraume Zeit. Von 1520 sind die Fragmente eines Briefbuches von Jakob Fugger erhalten. Sie enthalten Beispiele dafür, wie meist erst Jahre nach dem Abschluß die Rechnungen der Faktoreien auf ihre Richtigkeit geprüft werden konnten. Aber das schwerste Hindernis für eine zutreffende Vermögenserklärung war doch die Anlage des Kapitals in weitaussehenden, kostspieligen Unternehmungen [1]). Was 1499 die Brüder Fugger an den Rat schreiben, trifft wohl auch schon für den Anfang der neunziger Jahre zu: die Beteiligung am Bergwerksbetrieb koste sehr viel und lasse nicht ohne weiteres eine Schätzung der Einnahmen zu. Gerade im Salzburgischen beteiligten die Fugger sich nicht nur am Kauf, sondern auch an der Gewinnung des Erzes. Trotz alledem, wenn wir die riesigen Gewinne der Fugger in der Zeit von 1489 bis 1494 auf dem Tiroler Boden überschauen, müssen wir ihre Steuerbeträge verschwindend nennen. Vielleicht ist diese Beobachtung geeignet, die allzu hohe Bewertung von Steuerbüchern für die Berechnung des Vermögens auf ein geringeres Maß herabzudrücken. Das ist allerdings hart, da wir auf diese Weise wieder ein Mittel verlieren würden, um in größerem Maße die Höhe mittelalterlicher Vermögen zu bestimmen.

Für die Fuggerische Handlung mochte das Haus „Vom Ror" wohl zu klein werden. Am 17. April 1488 kauften Ulrich und Jakob Fugger von der Felicitas Gräßler für den Fuggerhandel ein stattliches Grundstück am Rindermarkt; es stieß vorn und hinten auf die Straße, heute auf die Philippine Welser- und die St. Annastraße. Der Preis betrug 2032 rh. Gulden. Die Chronik berichtet darüber:

1 Lukas Rem begründet auf diese Weise Abzüge, die er an der Steuer macht. Vergl. sein Tagebuch im 26. Jahresbericht des histor. Kreis-Vereins im Reg. Bez. Schwaben und Neuburg, Augsburg 1861, S. 74: Also rest gold fl. 58. Abgezogen die gross sorg und waknus wie obstatt.

Dieser herr Ulrich Fugger der hat mit seinem bruedern Georg[1] dem Fugger die behausung auf dem rinder- oder heymarkt von Hans Gwerlin[2] in Augspurg erkauft und dieselben von neuem auferpauen lassen, wie dann vor augen gesechen wird, solcher gestalt, dass herr Ulrich Fugger davorn und herr Georg Fugger dahinten gegen sanct Anna Kirchen mit 15 Kindern gewonet haben. Es ist auch anno 1507 das erste pflaster in der ganzen statt Augspurg mit kislingsteinen zu besetzen von diser behausung angefangen worden. Sonst ist die schreibstuben auf dem stainen gang gewesen, darein man von beeden gemächern geen mecht. Weliche schreibstuben ward von wegen des kostlichen fladern täfer und gulden leisten in der ganzen statt Augspurg die gulden schreibstuben genant."

Am 28. Januar 1493 erkauften weiterhin Ulrich, Georg und Jakob Fugger von der bereits erwähnten Felicitas Gräßler einen Garten vor dem Göggingertor um 180 rh. Gulden. Der Garten, welcher vorher als Leibgeding vom Domstift verliehen war, wurde nach einer Erklärung des Domherrn Christoph von Knörringen vom 8. Februar 1493 als ewiges Zinslehen um eine jährliche Abgabe von drei ungar. Gulden überlassen[3].

Über die Heiraten der Augsburger angesehenen Familien sind wir erst seit dem Jahre 1484 durch das Hochzeitsbuch genau unterrichtet. Die Ehe, welche Ulrich Fugger im Jahre 1479 mit der Veronika Lauginger einging, ist also noch nicht aufgezeichnet. „Und ward die hochzeit in der statt Augspurg in vorgemeltem jar gehalten, und hat im Wolfgang Phister und Georg Muelich die braut zur kirchen und danz gefuert." Der Name der Lauginger hatte in Augsburg guten Klang. Sowohl Wolfgang Pfister wie Georg Muelich waren angesehene Kaufleute. Über ihre Stellung in der Hierarchie der Augsburger Kapitalisten hat Jakob Strieder lehrreich gehandelt[4]. Die Kinder aus jener Ehe waren Hans, Anna, Ursula, Veronika, Ulrich, Sibylla, Felicitas, Susanna und Hieronymus.

Georg Fugger vermählte sich 1488 mit der Regina Imhof[5]. Er

---

[1] Tatsächlich Jakob. Georg war allerdings Mitinhaber. Vielleicht bewirkte die kaiserliche Arrestverfügung gegen Georgs Besitzungen von 1478, die möglicherweise noch nicht aufgehoben war, daß Georg sich jetzt noch formell beim Hauskauf zurückhielt. Vergl. Anhang, Urkunde Nr. 21.

[2] Richtig Felicitas Gräßler; sie war eine Tochter des Hans Gwerlin.

[3] Für alle diese Angaben vergl. Beilage 5.

[4] Zur Genesis des modernen Kapitalismus. Zweiter Teil B. S. 83 ff.

[5] So das Augsburger Hochzeitsbuch, enthaltend die in den Jahren 1484

wurde der Stammvater der beiden heute noch blühenden Linien des Hauses Fugger. Seine Kinder waren Johannes, der früh starb, Markus, Raymund, Anton, Peter und Regina.

Jakob Fugger heiratete erst 1498, also nach der Zeit, die uns hier beschäftigt. Seine Ehe mit Sibylla Arzt blieb kinderlos.

Strebten die Fugger schon frühzeitig danach, durch Erwerb liegender Güter ihr Vermögen möglichst zu befestigen, so ergriffen sie auch, sobald sich ihre Verhältnisse glänzend anließen, die Gelegenheit ihre Opferfreudigkeit für die Kirche zu beweisen. Was Fürsten und Bürger an großem für die Kirche geleistet hatten, darin wollten auch sie sich nicht übertreffen lassen. Einen großen Zug in dieser Hinsicht trägt namentlich das Wirken Jakobs Fugger in der später zu behandelnden Zeit. Doch einiges kann auch hier schon angeführt werden.

1479 kaufte die Witwe Jakobs Fugger des Älteren ein eigenes Gestühl in der Kirche St. Moriz, ebenso erwarb Ulrich Fugger 1485 und 1493 neue Stühle. Durch diese Beziehungen der Fugger zu der Pfarrei St. Moriz wurden die mancherlei Wohltaten bedingt, welche die Fugger in späterer Zeit der Kirche erwiesen.

Schon früh wandten sie auch der Kirche St. Ulrich und Afra, die damals neu gebaut wurde, ihre Unterstützung zu. Am 17. August 1478 versprachen die Brüder Ulrich, Georg und Jakob für zwei Bogen zunächst an dem Zwerchbogen vor St. Ulrichs Chor (von der Kanzel in der Abseiten gegen St. Simperts Grab) 70 Gulden zu bezahlen; außerdem wollten sie einen Altar mit Tafeln auf ihre Kosten machen lassen', auch das Verglasen der in den beiden Gewölben befindlichen Fenster übernehmen. Dafür hatten sie das Recht, ihr Wappen am Altar anzubringen. Am 9. September 1480 zahlten die Fugger den letzten Teil ihrer übernommenen Verpflichtung. Sie waren nun auch bereit, das Gestühl in den beiden Kapellen zwischen St. Ulrichschor und St. Simperts Grab auf ihre Kosten herstellen zu lassen; an einem wollten sie ihr Wappen anbringen lassen. Auch für die künstlerische Ausschmückung der Kirche

bis 1591 stattgefundenen Heiraten. Herausgegeben von F. Warnecke, Berlin 1886, S. 11. Ein auf Grund der Herren von der Bürgerstuben zu Augsburg Hochzeitregister 1615 angefertigter Auszug, der nur die Fugger berücksichtigt, nennt als Datum der Heirat den 11. November 1486. Es liegt offenbar ein Versehen vor. Das wird um so wahrscheinlicher, als in diesem sonst chronologisch angelegten Register, schon vor 1486, das Jahr 1488 als das der zweiten Heirat des Lukas d. Ä. genannt wird. Der Auszug F. A. 3, 6.

brachten sie Opfer. Dem ehrbaren Meister Michael Erhart, Bildhauer von Ulm, trugen sie am 7. Juli 1485 auf, eine rohe geschnittene Tafel von Holzwerk nach einer Visierung für St. Dionysius Altar zu verfertigen, und versprachen ihm dafür zwischen 40 und 60 Gulden. Für das Ausmalen dieser Tafel zum Teil mit Goldfarbe wurde dem Maler Gumpold Gültlinger am 24. August 1490 von den Fuggern ein Lohn von 150—200 Gulden zugesichert. Innerhalb dieser Grenzen sollten Lukas Rem, Jakob Ambais, Meister Burkard, Meister Adolf Taucher und Georg Seld, sämtlich Bürger zu Augsburg, den Preis bestimmen. Auf einem Kerbzettel sind auch eine Reihe von Zahlungen angemerkt, welche Wilhelm Rem im Namen der Fugger zwischen 1490 und 1492 leistete[1]).

V.

Schluß.

Leider sind uns aus dem Kreise der Familie Fugger keine Aufzeichnungen überliefert worden, auf welche wir uns bei der Schilderung ihres Werdens und Wachsens im Handel und Verkehr stützen könnten. Das Fugger-Archiv läßt den Fragenden bis 1494 ganz im Stich. Was wir aber aus anderen Archiven zusammentragen konnten, ist naturgemäß mehr oder weniger unzusammenhängend. So bedauerlich das an sich für den Erforscher der Familiengeschichte ist, so ist bis zu einem gewissen Zeitpunkte der Verlust für die Handelsgeschichte vielleicht nicht gar so groß. Ich meine bis zum Jahre 1485 oder 1486. Nach allem, was wir oben gesehen haben, wird bis dahin die Entwickelung des Fuggerhandels wie in hundert anderen Fällen verlaufen sein.

Die Fugger übten das Weberhandwerk aus und trieben nebenbei Handel, dann wurden sie Händler und blieben dem Namen nach noch lange Weber. Eine ähnliche Entwickelung mußte eine jede strebsame Augsburger Familie durchmachen. Die Rohstoffe für die Weberei bot das umliegende Land in Hülle und Fülle, und ein unermüdlicher Strom leistete bei der Verarbeitung billige Dienste. So mußte Augsburg die Stadt der Weber werden. Die Weber

[1] Vergl. im Anhang Urkunde Nr. 37. Über Gültlinger s. P. v. Stetten, Kunst-, Gewerbe- und Handwerks-Geschichte der Reichsstadt Augsburg; Augsburg 1779 I, 275, über A. Daucher s. O. Wiegand, A. Dauer, Straßburg 1903. Meister Burkard ist B. Engelberger, der Baumeister an St. Ulrich. G. Seld der bekannte Landkartenstecher.

bildeten die mächtigste Zunft. Auf guten Wegen ließen sich die Erzeugnisse des Augsburger Fleißes nach allen Richtungen hin ausführen.

Aber schließlich, durch die Herstellung von Leinen und Wolle wären in Augsburg doch nicht so viele Leute reich geworden, wenn über Augsburg nicht der Weg des Groß- und Fernhandels gegangen wäre, wenn nicht die Baumwolle, die von Venedig kam, hier an erster Stelle in Deutschland hätte aufgekauft und dann vermöge der reichen Wasserkräfte auch hätte verarbeitet werden können. Der Leinenhandel als Fernhandel war ja nicht gewinnbringend, weil die Leinwand damals noch vielfach auch in kleinen Haushalten hergestellt wurde. Gute Wollsachen eigneten sich wenig für den Massenvertrieb; sie waren zu teuer. Aber die baumwollenen Zeuge boten für die wollenen Sachen Ersatz und gaben zugleich dem Großweber und dem Kaufmann zu verdienen. Der Kaufmann mußte den Rohstoff aus der Ferne bringen; nur geschulte Arbeiter konnten ihn gebrauchsfähig machen. Dann übernahm wieder der Kaufmann den Barchent, um ihn weithin zu vertreiben. Der Barchent war nicht zu teuer, um keine Käufer zu finden, und doch teuer genug, um den Handel zu lohnen. Das Hantieren mit Barchent spielt in der Augsburger Handwerksgeschichte des 15. Jahrhunderts eine große Rolle. Wie viele Ratsbeschlüsse, wie viele Anregungen aus der Weberzunft betreffen gerade den Barchent! Eine Geschichte der Barchentweberei in Augsburg wäre eine lohnende Arbeit. Wir dürfen als sicher annehmen, daß die Fugger gerade mit dem Vertriebe von Barchent auch ihr Vermögen gemehrt haben.

Im Mittelalter treten Theorie und Praxis fast immer in Gegensatz zu einander. Wie gerne hätten die kleinen Handwerksmeister jeden Handelsverkehr, der in den Absatz ihrer Handwerkswaren eingriff, gänzlich verboten! Wie oft wurden auch von Seiten der Obrigkeit unter dem Druck der Zünfte beschränkende Maßnahmen gegen den Handel beschlossen! Und doch blieb gewöhnlich alles beim alten. Der Zug der Zeit ging nun einmal auf bessere Wirtschaftlichkeit.

Da mochte der Verfasser der sogenannten Reformation des Kaisers Sigismund, wohl ein Augsburger, 1438 gegen den Fürkauf, das geschäftsmäßige Aufkaufen der Waren, die man mit Nutzen wieder absetzen wollte, noch so laut eifern, was half es? Die Händler hatten bares Geld; das öffnete schon damals Türen und Hintertüren sehr leicht; sie brachten Waren, die anderswo besser und billiger hergestellt werden konnten, von fernher auf den Markt. Darob natürlich stärkste Entrüstung bei allen den Meistern, die gerade unter diesem Handel zu leiden hatten. Und doch ging der getreue Nachbar von der anderen Zunft hin, sah, daß alles gut und verhältnismäßig billig war, und kaufte. Ist's heute anders? Wie schreit der Kaufmann über die Warenhäuser, die auch seine Nahrung bedrohen, und mittlerweile geht die Frau ins Warenhaus und kauft dort, was man daheim nicht führt. Und dazu kam, daß die fremden Händler, welche in einer Stadt verkauften, dort auch wieder Rohmaterial oder fertige Ware aufzukaufen pflegten, also vielen wieder zu verdienen gaben. Jedenfalls, trotz des Grollens der Zünfte und aller derer, die in goldener Mittelmäßigkeit zu leben wünschten, gehörte auf allen Gebieten, die sich für den Fern- und Großhandel eigneten, dem kaufmännisch denkenden Unternehmer die Zukunft. Diejenigen Meister aber, die nicht nur von der Hand in den Mund leben wollten, aber zu Größerem doch nicht den Wagemut besaßen, mußten, wenn sie mehr als die von Kunden bestellte Arbeit leisten konnten, sich in den Dienst des Kaufmanns stellen. Durch den Vertrieb der Mehrleistung ihrer Zunftgenossen, vieler kleiner Webermeister, haben die ersten Fugger wohl den Grund zu ihrem Wohlstand gelegt. Diese Verbindung mit den kleinen Webermeistern läßt sich bis ungefähr 1490 in den Augsburger Gerichtsbüchern verfolgen.

Mit dem Gelde, welches die Fugger beim Absatz von Webstoffen in die Ferne erlösten, kauften sie dann wieder neue Rohstoffe, namentlich wohl Baumwolle; aber auch Gewürze und Zierat und brachten sie in die Heimat. So sammelten sich kleinere Gewinne allmählich zu größeren Summen an. Um sich dann eine feste Basis zu sichern, legten sie einen Teil des Gewinnes in Grundbesitz an. Wohl keine andere Familie hat die Politik des Erwerbs von Grund und Boden mit so zäher Ausdauer verfolgt als die Fugger, und dürfen wir hinzusetzen, mit so glänzendem Erfolge. Was Machiavelli später aussprach, daß nur der Kaufmann, welcher Grund und Boden erwerbe, seinen Reichtum dauernd sichern könne, das haben die Fugger als Grundsatz stets hochgehalten. Gewiß bringt der Handel unendlich viel mehr schnellen Gewinn, und man hat den Fuggern wohl vorgeworfen, daß sie infolge ihrer Stellung als Grund- und Feudalherren zu frühe den Handel aufgegeben hätten. Aber welche Familie vermag immer und immer wieder die Talente zu erzeugen, welche entscheidend in den Welt- und Geldhandel einzugreifen, ihn auch nur zu übersehen vermögen! Zwei Jahrhunderte bewegen die Fugger sich in aufsteigender Linie; ich weiß nicht, ob sie auch weiterhin, selbst wenn kein Grundbesitz dagewesen wäre, große und reiche Kaufleute geblieben wären. Wo immer noch Fugger im 17. Jahrhundert im Handel tätig sind, gelingt es ihnen nicht mehr recht. Der Weg aber, welchen die ersten Fugger mit dem Grunderwerb einschlugen, hat auch den Nachkommen die Richtung angegeben und sie hoch empor geführt. Aber weshalb jetzt schon der Ausblick in eine Zukunft, wo die Enkel sich des ererbten Besitzes freuen dürfen? Noch stehen die Ahnen mitten in den Arbeiten und Sorgen, welche aus dem Drange emporzusteigen geboren werden.

Wir wissen, daß die Fugger in der ersten Hälfte des 15. Jahrhunderts mit Kaufmannswaren aus der Stadt Augsburg hinausgegangen sind; aber unmöglich ist es, die Punkte, wohin sie vorgedrungen sind, festzustellen. Wie schwer ist doch eine exakte Geschichte des Handels überhaupt! Immer wieder treffen wir auf die Unzulänglichkeit des Materials. Die Kaufleute übten eine private Tätigkeit, die einen Niederschlag in den Archiven nur dann hinterließ, wenn etwa Streitigkeiten zwischen ihnen vor der Behörde ausgetragen wurden oder wenn die Behörde sich sonst von Amtswegen mit den Kaufleuten befaßte. Das auf diese Weise erhaltene Material steht aber in gar keinem Verhältnis zu der Bedeutung des Handels. Was wüßten wir heute noch von Burkard Zinks Tätigkeit als Kaufmann, wenn er nicht selbst ein so anschauliches Bild seines Lebens gezeichnet hätte?

Soviel dürfen wir auf Grund des oben bearbeiteten authentischen Materials von den Fuggern behaupten, daß sie zwischen 1470 und 1490 sich auf allen den Linien bewegen, welche der deutsche Handel genommen hatte. Im Süden, Osten und Nordwesten sind sie sicher nachzuweisen. Indes werden sie in dieser Beziehung nichts vor anderen Kaufleuten voraus gehabt haben. Auch wenn wir ihre Stellung zu Rom bis etwa 1494 ins Auge fassen, so ist sie zwar interessant genug, aber sie hebt sich keineswegs von der anderer Bankiers ab.

Und doch! Wenn wir 1494 einen Blick hinter die Kulissen des Fuggerhandels werfen, dann drängt es sich uns von selbst auf: Hier ist etwas Außerordentliches bereits vor sich gegangen, hier hat Geldanlage bereits Gewinne getragen, wie sie bis damals noch unerhört waren.

Wie kam das? Die Beantwortung dieser Frage muß uns zu den Kräften und Mächten führen, durch welche die Fugger in so einzigartiger Weise emporstiegen. Gerade im Zusammenhang mit den Fuggern hat man darüber nachgedacht, welche Umstände denn die Kapitalwirtschaft im ausgehenden Mittelalter nötig gemacht haben, weshalb denn das Geld in einzelne Becken habe zusammenrollen müssen. Die neue Heeresverfassung mit ihrem Söldnertum soll nach dem einen den Anstoß gegeben haben, dem anderen scheint der Geldverbrauch an der Kurie ein beinahe noch wichtigeres Moment gewesen zu sein. Ich meine, es sind das die richtig beobachteten äußeren Erscheinungen, welche die Kapitalwirtschaft bedingen. Sie reihen sich aber in den großen Komplex ein: Anhäufung von Menschen auf engem Raume fordert gebieterisch die Kapitalwirtschaft. Die Stadt braucht zur Lösung ihrer Aufgaben Kapital, der Fürst in seiner Residenz mit seinem Hofe braucht Kapital, und doppelt und dreifach ist Kapital erforderlich, wenn Krieger auf engem Raume vereinigt sind. Wie wenig Barmittel hatten doch einst die beweglichen Hoflager der Fürsten gebraucht! Wo sie aufgeschlagen waren, stand auch der Tisch gedeckt. Aber eine feste Residenz mit Hofschranzen und Reisigen, gestützt auf Naturalwirtschaft, hätte die Gegend, wo sie gelegen war, mit der Zeit erdrückt. Darum mußte an einem festen Hoflager Geldwirtschaft im großen betrieben werden, und es ist begreiflich, weshalb die Kurie, diese erste feste Residenz des Abendlandes, mit ihrem gewaltigen Personale zuerst in besonders ausgedehntem Maße die Kapitalwirtschaft pflegen mußte. Je nach dem Maße nun, wie ein Bedürfnis auftritt, pflegt auch die Gelegenheit da zu sein, es zu befriedigen. Als im 15. Jahrhunderte die Nachfrage nach Kapital bei glänzenden Fürsten und großen Kommunen besonders stark hervortrat, erschlossen sich die reichen Silbergruben des Inntales.

Der Herr nun, welcher über diese Silberschätze gebot, Erzherzog Sigismund, besaß, ganz abgesehen von seinen übrigen Schwächen, schon als Fürst dem Brauch entsprechend, zu wenig Neigung, selbst kaufmännisch den Reichtum seines Landes zu verwerten und etwa durch Agenten das Edelmetall nach allen den Punkten hin zu vertreiben, wo es benötigt wurde. Er gab deshalb um einen sicheren, regelmäßig einlaufenden Gewinn seine Rechte an dem Edelmetall preis. Der Kaufmann also, welcher dieses ergiebige Produktionsgebiet beherrschte, mußte bei der Nachfrage nach Edelmetall, das in allen Kulturländern dringend benötigt wurde, selbst die stärkste Kapitalmacht werden. Glücklich, wer auf Tiroler Boden die reiche „Gottesgabe“ in seine Hände brachte. Ihm gehörte die Zukunft.

Das wußten wohl viele. Und weshalb erlangten gerade die Fugger eine monopolartige Stellung im Tiroler Silberhandel? War es glücklicher Zufall, den wir nicht berechnen können, oder war es die Bedeutung der Persönlichkeiten, welche damals den Handel leiteten? Wir haben schon im Eingang unserer Arbeit festgestellt, daß die Fähigkeit glücklichsten Erfassens der Zeitumstände gerade den ersten der Augsburger Fugger, Hans, auszeichnete, weiter, daß eine starke Disziplin innerhalb der Familie die Kräfte vor frühzeitiger Zersplitterung bewahrte. Etwas Neues, geradezu Hervorstechendes tritt bei Jakob II Fugger hinzu : der Mut, der unerschütterliche Mut. Diesen zu bewundern, werden wir später oft Gelegenheit haben. Jakob ging gerade in kritischer Zeit mit dem Hause Habsburg. Der gewandte, vorausschauende Kaufmann wußte es: wer Größtes gewinnen will, muß Großes wagen. Eine folgenschwere Verbindung wurde es, die da auf Tiroler Boden geknüpft wurde zwischen dem alten ruhm- und ehrenreichen Hause Österreich und dem neuen emporstrebenden Kaufmannshause. Wer weiß, wie anders die deutsche Geschichte verlaufen wäre, wenn Jakob Fugger nicht seine Familie auf die Bahn gelenkt hätte, welche parallel der des Hauses Habsburg verlief! Hätte Karl V. dann seine Gegner meistern können? Und die Fugger? Wären sie 1494 schon die reichsten Bürger Augsburgs gewesen, hätten sie die Anwartschaft auf eine Grafenkrone erhalten? Die Tiroler Raitbücher und das Silberbuch des Münzschreibers Iseregger enthüllen uns das Geheimnis, wie die Kapitalmacht des Hauses Fugger entstand. Wie sie ausgebaut wurde, davon soll in der zweiten Studie gehandelt werden.

Beilage 1: Das Geheime Ehrenbuch des Fuggerischen Geschlechts.

Der Entwurf zu dem Geheimen Ehrenbuch Mannsstammes und Namens des ehrlichen und altlöblichen Fuggerischen Geschlechts aufgerichtet anno 1546, weicht durch die Jahreszahl gleich von dem Prachtexemplar ab, welches in der fürstlich Fuggerischen Bibliothek liegt und nachher beschrieben wird. Dieses trägt am Kopfe das Jahr 1545. Trotzdem geht der Nürnberger Entwurf zeitlich vorauf. Der Maler hat im Entwurf die Hauptbilder, Porträts und Wappen, auch ein paar Randleisten als Probe entworfen und auch den Text, wie er ihm zugekommen war, beigefügt. Das Ganze schickt er nun an den Auftraggeber Hans Jakob Fugger zurück. Aber er richtet nun eine Reihe von Fragen an den Besteller. So schreibt er unter eine Schleife zu dem Wappen der Fugger: In dise zetel mag E. H. ein spruch aus h. schrifft oder Euer liberey oder was euch sonst gefellig ist, selbs verzaichnen. Hans Jakob trägt nun ein: Gott gibt, Gott nimbt. Und diese Worte finden sich denn auch richtig in dem Prachtexemplar. Auch die Bemerkungen, welche Hans Jakob zu dem Texte des Entwurfes macht, sind wörtlich in dem Prachtwerk verwendet worden, so daß über das Verhältnis der beiden Handschriften zu einander kein Zweifel mehr obwalten kann. Wenn in dem Entwurfe nun gesagt wird: „Von Andreas Fuggers herkomen wirt jetzund nichts gemelt, dann sein herkommen und auffierung in ander tail dis eernbuchs gehandelt wirt," so findet man das Angekündigte in dem Entwurfe nicht, vielleicht weil er nur verstümmelt auf uns gekommen ist. Dagegen hat die Prachtausgabe ganz am Schlusse die Genealogie auch der Fugger vom Reh. Dafür hat der Entwurf den vollen Text bis 1545, während das Prachtexemplar nur in den Zeichnungen ganz ausgeführt ist; jedoch sind die meisten Rahmen unausgefüllt.

Eine kurze Beschreibung des Prachtexemplars mag hier folgen.

Hernach volget das gehaim Eernbuch Manstammens und Namens des eerlichen und altloblichen Fuggerischen geschlechts aufgezeichnet anno 1545.

Seite 2 (an der Seite: Herold mit Fugger-Wappen):

Secht an das ist das buch der eern,
Darin verleibt vil edler herrn,
Die all dem fuggerischen Namen
Sein zugethon, und pracht zusamen
Durch ainen Fugger auserkoren
Von der Lilgen wolgeboren,
Welchem vergunt hat got die gnad,
Das ers also geordnet hat,
Auf das das fuggerische Geschlecht
In guter gedechnus pleiben mecht.
Derhalb im billich danck nachsagen
All die fuggerischen Namen tragen.
Durch tugent und durch redligkait
Und die milt holdseligkait
Hat Got die Lilgen hoch erhebt,
Das die jetzund in eern lebt
Und andern vil guts mogen thon:
Des preis ich Got inn Himelthron,
Der wird die Lilgen nicht verlon.

Seite 3 folgt ein Gebet, welches Gottes Gnade erfleht für alle Fugger, welche gelebt haben, und Gottes Segen für alle, die noch leben und noch kommen werden, „das sie erber und auf richtig in allem irem thun und lassen vor deinen augen wandlen, auf das wir in allen eern dir, o Herr, als dem waren König der eern gantz gehorsam in allem guten erfunden werden durch deinen geliebten son unser Herrn Jhesum Christum. Amen.“

Seite 4 und 5 Zeichnung des alten Warenzeichens der Fugger, welches ursprünglich so [Zeichen] gewesen und dann in das bekannte Zeichen [Zeichen] verändert worden sei. Seite 6 und 7 das Wappen der Fugger vom Reh, 1462 erlangt. (S. Darstellung S. 33.) Seite 8 und 9 spricht Hans Jakob Fugger von der Entstehung des Buches. „Wie ich aber dises mein gantzes Fuggerische eernwerck ausgetailt und geordnet habe, will ich auch ertzelen.' Erstlich habe ich gedacht, das eerlich und gut were, wann ich kondt oder möchte den anfang und eintrit des Fuggerischen Namens in die Stat Augspurg zuwegen pringen und bekomen und alle und jede personen, so dem

Fuggerischen Namen mit freundschaft und sipschaft zugethon und verwandt, auch wie die immer einander eelichen geboren, von dem anfang her bis auf das tausent funfhundert funfündviertzigsten jars bester form und ordnung nach in ainen algemainen Fuggerischen stammen zusamen ordnen, richten und pringen möchte. In welchem meinem furnemen (mir eben der zeit als ich des clainen innersten rats und einnemer der stat Augspurg gewesen) wol gelungen und aus den alten steur, leibgeding und baumaisterbuechern von etlichen guten waren bericht erlernet und erlanget habe, also das ich solchen generalstammen (wiewol mit seer grosser mühe, arbait und schreiben an ferre und weite ort on alle beschwerung des unkostens) auf das best, so ich immer gemöcht und noch vor augen gesehen wird, glücklich vollendet habe.“ Weiter gibt er Seite 10 an, daß er vier Jahre an dem Werk gearbeitet habe. Seite 11 folgt Abbildung des Wappens von der Lilie, welches 1473 gewonnen wurde. Seite 12 das Wappen Hans Jakob Fuggers. Sodann folgen noch eine Reihe von Wappentafeln der Aszendenz Hans Jakobs und seiner nächsten Angehörigen.

Seite 19: „Es hat aus alten der stat Augspurg steur und bürger buecher nicht clarer bericht, woher der erst Fugger Hans genant burtig gewesen sey, vernomen werden mögen; dann er das burgerrecht nicht erkauft sondern eelichen erheirat hat, aber laut brieflicher urkund wirt sovil verstanden, das er zu Graben aim dorf an der obern strass etliche gueter und 28 tagwerck wismads gehabt und von seinen gefreunten ire erbe bemelter gueter daselbst darzu erkauft hat, derhalben warhafftig zu erachten, das er daselbsther bürtig mus gewesen sein. Dann sovil von alten leuten erkundigt hat mögen werden, haben die antzaigt, das sie allzeit ghört, das die Fugger von Graben komen und daher bürtig seien.“ Bis auf Jakob Fugger den Älteren sind chronikalische Notizen eingefügt, dann folgen von Seite 31 an leere Blätter für dessen Kinder. So umschließen denn die herrlichen Rahmen mit den prächtigsten Miniaturbildern, die das ganze Leben um die Mitte des 16. Jahrhunderts veranschaulichen, nur leeres Papier. Der Schreiber, welcher aus dem Entwurf den Text übertragen sollte, hat seine Aufgabe nicht zu Ende geführt. Machten die mißlichen Vermögensverhältnisse, in die Hans Jakob Fugger geriet, die Vollendung unmöglich? Die Geschichte Hans Jakobs wird vielleicht die Antwort geben.

———

Beilage 2: Die Chronik des Fuggerischen Geschlechts.

Die Zeit, in welcher die einzelnen Rezensionen der Fugger-Chronik entstanden sind, bestimmt sich leicht nach der Einleitung: „Vil lenger denn yemand gedacht oder vermaint hette, hat das Fuggerisch geschlecht in der stat Augspurg mit allen hohen ehrn angefangen zu wonen, welichen ains erbarn raths alte steuer- und leibgedingbücher guete zeuckhnus geben. Dann nach laut derselbigen hat der erste Fugger vor (nun entweder) 200 [(oder) 230 (oder) 250] jarn das burgerrecht in der stat Augspurg erheurat."

Die erste Bearbeitung (200 Jahr) fällt noch in die Zeit Hans Jakob Fuggers, der 1575 starb. Denn der Schreiber wünscht sowohl der Bibliothek wie auch deren Stifter, daß Gott sie lange erhalten möge. Daß dann der Neubearbeiter außer in der Einleitung oft gedankenlos Jahreszahlen abschrieb, die für seine Zeit nicht mehr paßten, darf den, der die Arbeitsweise der Zeit kennt, nicht wundern. So paßt beispielsweise die Angabe in der Ausgabe, welche Christian Meyer veranstaltete, „als ich dis schrib anno 1599" gar nicht zu den „250 jarn" der Einleitung.

Die Zuverlässigkeit der Chronik ist für die älteste Zeit natürlich nicht immer zu erweisen. Hin und wieder ergeben sich sogar Widersprüche zu anderen besseren Quellen. Aber anderseits bestätigen doch auch unanfechtbare Zeugnisse wiederholt die Richtigkeit der Angaben. A. Schulte war deshalb vielleicht etwas zu kritisch gegenüber den frühesten Nachrichten[1]. In der vorangehenden Darstellung ist zu der Chronik stets Stellung genommen worden.

Bei der Besprechung der Ausgabe der Fugger-Chronik von Christian Meyer mußte ich ein scharfes Urteil abgeben — aber wer die Leistung einmal flüchtig angesehen hat, wird das Urteil noch milde finden. Nicht nur die Edition auf Grund einer einzigen späten Handschrift, sondern auch die Art und Weise der Herausgabe ist ein Hohn auf die Wissenschaft. Eine kleine Blütenlese mag das veranschaulichen.

Seite 2: Witdopfin statt Widolphin ist ein kleiner Fehler.

Seite 4: kurzer markt statt Cützenmarkt wohl auch.

Seite 5: merkt Meyer gar nicht, daß Andreas Fugger, der nach seiner Ausgabe 1469 geheiratet hat, schon über 10 Jahr tot war.

---

[1] In der Beilage der Allg. Zeitung s. oben S. 6.

Seite 6: Sehr scharfsinnig bemerkt Meyer dann, daß die zweite Tochter dieses Andreas wohl nicht schon um 1485 heiraten konnte. Mußte Meyer denn nicht dadurch schon zum Nachdenken veranlaßt werden?

Seite 7: konnte 1482 nicht wohl das erste Fuggerische Wappen (Reh) ausgebracht werden, weil die Vettern schon seit 1473 die Lilie hatten, wie Seite 20 angegeben ist. Ein Nachsehen in besseren Handschriften hätte sofort das Richtige ergeben, statt 1482 nämlich 1462.

Seite 9 ist der Text der Chronik ganz verwirrt.

Seite 16: hat Jakob Fugger eine Gasingerin zur Frau, Seite 18 eine Bassingerin. Meyer, der sonst anmerkt, was alle Welt weiß, schweigt dazu.

Seite 19: ist eine Dame, die in älteren Chroniken aufgezählt ist, übergangen.

Seite 20: haben die besseren Handschriften nicht österreichische **erp**fürsten sondern **ertz**fürsten.

Seite 21: hat Meyer für camergraf auf den gränizen kein Wort der Erklärung, während er Seite 16 Löwen für Leven anmerkt, was vom Leser doch viel leichter gedeutet werden kann.

Seite 24: Weshalb sollten die Fugger wohl im Bezirksamt Kulmbach eine Stiftung machen? Ein Waltenhausen gibt es nur in Schwaben. Meyer verwechselt Kulmbach mit Krumbach.

Seite 24: ist litigiert für agiert und rechtshandel für Rathshandel zu lesen.

Seite 27: daß die ganze Stelle über Wilhelm Arzt Interpolation ist, hätte Meyer wohl bemerken dürfen.

Seite 36: Raymund Fugger war schon tot, als er nach Meyers Ausgabe seine Tochter Veronika zur Ehe gab. Meyer merkt wieder nichts. Wie leicht hätte er an Vetter statt Vater denken können! Gute Handschriften haben das. Auf derselben Seite bemerkt Meyer nicht, daß Fräulein Barbara, die 1527 geboren war, 1548 nicht im 30. Jahre stehen konnte.

Seite 39: Auch Meyer behält sich das wirklich Gute als Überraschung für den Schluß vor. Aus Hans Jakob Fugger, dem berühmten Mäcen, macht er einen „Hans“, und zwar dort, wo er zuerst genannt wird. Auf der folgenden Seite aber korrigiert er wenigstens nicht Hans Jakob in Hans um.

Seite 62: läßt er Anton Fugger sich in Oberndorf sein Grab herrichten, Seite 65 aber in Babenhausen. Daß Seite 62 der Name Babenhausen ausfiel, merkt er gar nicht. Gute Handschriften haben das Richtige,

Seite 63: konnte Meyer die Lage von Turtenstein und Egieshausen nicht anmerken. Zu schreiben war aber Duttenstein und Eppishausen. Daß er das noch heute im Besitz der Fugger befindliche Kirchheim im O.-A. Besigheim sucht, zeigt, daß er aus dem Ortslexikon eben das erste beste Kirchheim herausnahm.

Diese nur kleine Blütenlese mag zur Kritik der Ausgabe genügen.

Beilage 3: Das Fürstlich und Gräflich Fuggerische Familien- und Stiftungs-Archiv.

Über den 1819 geborenen und am 21. Juli 1891 verstorbenen Fuggerischen Archivrat Dr. Friedrich Dobel siehe den ehrenvollen Nachruf im Jahresbericht des Histor. Vereins von Schwaben und Neuburg für die Jahre 1890 und 1891. Erschienen Augsburg 1892, S. 33. Dort ist Seite 40 auch der Gesamtgeschichte des Hauses Fugger Erwähnung getan, welche Dobel handschriftlich hinterließ, und die Frage aufgeworfen: „Wird diese Geschichte einmal der Öffentlichkeit übergeben? Wer Dobel kannte, zweifelt nicht daran, daß sie seiner würdig ist.“ Diese handschriftliche Fugger-Chronik bewahrt das Fugger-Archiv als wertvollen Bestand. Doch ist eine Veröffentlichung nicht in Aussicht genommen, weil sie fast nur auf dem Material aus dem Fürstlich und Gräflich Fuggerschen Archiv aufgebaut ist.

Die Verhandlungen über die Schaffung eines Fugger-Archivs[1] gehen in den Anfang der siebziger Jahre zurück. Anfang 1877 trat die Stiftungsadministration im Auftrage des Conseniors Fürsten Leopold Fugger-Babenhausen mit dem Dr. Dobel in Verhandlung über die Bedingungen, unter denen er bereit sei, das Archiv aufzustellen und zu ordnen. Das Ergebnis der Verhandlungen ist in dem Senioratsbeschluß vom 28. März 1877 niedergelegt, der besagt: Nachdem schon der Teillibell zwischen den Gebrüdern Marx, Hans und Jakob Fugger dd 6 Januar 1575 in Punkt 5 das Dasein

[1] Über das Fuggerische Archiv in seinem alten Zustande zugleich mit kurzen Angaben vergl. C. Höfler in Sitzungsberichten der Philos.-histor. Klasse der Kaiserl. Akademie der Wissensch. zu Wien X (1853), 400.

eines gemeinsamen Fuggerischen Familien- und Stiftungs-Archives konstatiert und der Familien-Konferenz-Rezeß v. J. 1805 § 2 alle vorhandenen Fuggerschen Archive als Fideikommißbestandteile erklärt, so beschließt das Fürstlich und Gräflich Fuggerische Familienseniorat in seiner Eigenschaft als Stiftungs- und Fideikommiß-Aufsichtsbehörde, einerseits um die wertvollen Fuggerischen Archive sachkundig ordnen und dauernd erhalten, anderseits um die zurzeit verhängten Gütersequsetrationen wirksamer handhaben zu können, wie folgt:

1.

Es wird aus dem bisherigen Familien- und Stiftungs-Archive und den Einzel-Archiven der Fuggerschen Spezial-Linien ein die Dokumente des Gesamthauses Fugger umfassendes Familien- und Stiftungs-Archiv hergestellt.

Die folgenden Paragraphen betreffen die Verlegung des bisherigen Stiftungs- und Gemeinsamen Archivs aus dem Stiftungs-Administrationsgebäude in der Fuggerei in das Fuggerhaus und die Übertragung der Einzel-Archive ebendahin, sowie die Aufgaben des Dr. Dobel. Am 1. Juli 1877 nahm Dr. Dobel seine Tätigkeit als Archivar auf und hat seine Aufgabe in einer Reihe von Jahren mustergültig gelöst. Von ihm selbst geschriebene Repertorien erleichtern die Benutzung der Archivalien ganz wesentlich.

Das Archiv setzt sich dem Charakter des Hauses Fugger entsprechend aus den Akten und Urkunden der Handelsunternehmungen und aus den Kaufbriefen, Güterbeschrieben, Abrechnungen der Fuggerischen Herrschaften, sowie schließlich aus den Akten und Rechnungen der Stiftungs-Administration zusammen. Während die Güter-Archive und auch das Stiftungs-Archiv verhältnismäßig gut erhalten sind, hat ein Unstern über dem Handels-Archiv gewaltet Offenbar haben die Fugger, nachdem die Zeit des Handels abgeschlossen hinter ihnen lag, nicht mehr besonderes Interesse an diesen für uns wichtigsten Dokumenten gehabt. Über den Fuggerhandel vor 1494 ist im Fugger-Archiv überhaupt nichts mehr erhalten, und von da an für fast 25 Jahre auch nur die Verträge; irgendwelche spezielle Handels- oder Kontobücher fehlen ganz. Eine ganz kurze Übersicht über die Bestände des Fugger-Archivs füge ich auf Grund des Dobelschen Repertoriums hier bei.

I. Genealogie und Personalien.

Enthält Stammbäume, Ahnenproben, sodann nach Linien (Raymundus und Antonius) geordnet, die Akten und Urkunden über die einzelnen Familienmitglieder. Die ältesten Originaldokumente gehen in die Zeit Ulrichs und Jakobs II zurück. Siehe das handschriftliche alphabetische Repertorium „Fugger“.

II. Handel.

a) Handelsgesellschaft der Fugger:

1. Kopialbände, Rechnungen, Inventare, Kopierbücher (1473—1653). Doch vergl. das oben bemerkte. Für 1473 und 1494 existieren nur der Wappenbrief und der erste Geschäftsvertrag.
2. Korrespondenz und Akten (1527—1674).

b) Ungarischer Bergbau und Handel und zwar:

1. Handelsvertrag der Fugger mit den Thurzos (1495), Abrechnungen und Rechnungen überhaupt (bis 1548). Die Vorurkunden über die Tätigkeit der Thurzos in Ungarn gehen bis 1475, über das Spital in Neusohl bis 1363 zurück.
2. Urkunden und Akten über die Fugger in Schlesien (Reichenstein, Breslau), Thüringen (St. Georgental 1495) und Kärnten (Kloster Arnoldstein, Fuggerau [1495]) sind beigeordnet. Diese Abteilung ist verhältnismäßig gut erhalten. Auch über den Wechselverkehr zwischen Breslau und Rom ist hier vieles überliefert.

c) Tiroler- und Kärntner gemeiner und Proprio-Berg- und Schmelzwerk-Handel, auch Jenbacher Handel:

Hier gehen die Akten, jedoch zum Teil nur in Kopien, welche Dr. Dobel im Innsbrucker Statthalterei-Archiv anfertigte, bis 1456 zurück (1456 handelt es sich aber um Ludwig Meuting, erst eine Abschrift von 1487 ist auf die Fugger bezüglich). Diese Abteilung ist namentlich für die frühere Zeit sehr lückenhaft. Die Akten und Urkunden reichen herab bis 1663. Abrechnungen über den Handel liegen von 1527 an vor.

d) Spanischer Handel:

1. Im allgemeinen; Rechnungen, Geschäftsjournale, Berichte, Faktoren (1539—1653).

2. Dem spanischen Hofe gemachte Anlehen (1519—1634), sehr lückenhaft.
3. Pacht der Maestradgos (1534—1643).
4. Bergbau zu Almaden und Guadalcanal (1553—1639).
5. Pfefferhandel des Philipp Eduard und Octavian Sekundus Fugger (1585—1602).
6. Barchent- und Leinwandhandel des Maximilian Fugger (1618—1620).
7. Cruzada Handel (1620—1643).

Das Archiv für den Handel der Fugger in und mit Spanien ist außerordentlich lückenhaft. Ich verweise nur auf Häblers S. 5 angeführte Schrift.

e) Anleihen (mit Ausnahme der spanischen):

Für Kaiser Maximilian I., König Ferdinand, Maximilian II, Rudolf II. und verschiedene Erzherzöge von Österreich, Cosimo von Medici 1553, Elisabeth von England, Albrecht V. von Bayern usw. (1507—1697). Auch hier ist das Urkundenmaterial lückenhaft.

III. Privilegien und Standeserhöhungen.

Originale, Kopierbücher, vidimierte Abschriften. Das älteste Original ist der Wappenbrief Kaiser Friedrichs vom 9. Juni 1473 für Ulrich, Markus, Peter, Georg und Jakob Fugger. 1530 Erhebung in den Freiherren- und Grafenstand (Bestätigung 1533 mit goldener Bulle). Verleihung des Münzrechtes am 1. März 1534. Kaiserliche und landesherrliche Bestätigungen usw. bis 1818.

IV. Familien-Fideikommiß.

Urkunden und Akten seit 1502.

V. Fuggerische Stiftungen.

Urkunden seit 1479. Doch gehen die Vorurkunden bis 1363 zurück. Ankauf von Kirchenstühlen, Beiträge zu Kirchenbauten, Pfründenstiftung, Jahrtage (Kirche S. Moritz, Peter und Paul, Ulrich und Afra, Dominikaner, S. Anna). Errichtung der Fuggerei usw. Spital und Stiftungsherrschaft Waltenhausen. Stiftungsherrschaft Bocksberg, Laugna und Emersacker. Stiftungsherrschaft Lauterbrunn. S. Salvatorkirche zu Almagro in Spanien (1552—1673). Meßpfründestiftung zu Schwaz in Tirol (1634—1791). Veit Hoerl-Stiftung. Kultus-, Schul- und Wohltätigkeitsstiftung des Anton

Fugger zu Babenhausen (1554). Schneidhaus auf dem Roßmarkt und Holzhaus auf dem Gänsbühel zu Augsburg (1566). Kapuzinerkloster zu Augsburg (1608). Dr. Simon Scheibenharts Wohltätigkeitsstiftung, den Fuggern zum Vollzug aufgetragen (1567). Dr. Johann Myliussches Kollegium zu Loewen, von den Fuggern gegründet und administriert (1595). Besondere Stiftungen: Jesuitenkollegium in Augsburg (1572), Stiftungen zu Kirchheim (1582, Urkunden des Dominikanerklosters daselbst) usw.

VI. Realitätenbesitz.

a) zu Augsburg (Häuser, Urkunden seit 1397; die Vorurkunden gehen noch weiter zurück. Gärten vor der Stadt. Zinsen aus Realitäten).

b) Güter zu Bobingen, Göggingen, Inningen, Schwabmünchen und Untermeitigen auf dem Lechfeld, zu Bibersohl, Heroldingen und Hindelang, Häuser zu Memmingen, Güter zu Burtenbach, Scheppach, Thannhausen, Graben und in der Gegend von Donauwörth.

c) Herrschaften:
Babenhausen, Biberbach, Gablingen, Boos, Pleß, Haimertingen, Kettershausen, Burgwalden und Reinhartshausen. Rettenbach und Gottenau, Wald, Wellenburg, Brandenburg und Dietenheim, Reichspflege Donauwörth, Duttenstein, Eglofs, Adeliges Gut Hardt, Herrschaft Hausen und Setten am Kaltenmarkt, Hohenraunau, Glött mit Oberndorf und Ellgau, Grönenbach-Rotenstein und Pappenheim, Kirchberg-Weißenhorn, Kirchheim, Landvogtei in Ober- und Niederschwaben (1531—1567), Herrschaft Leeder, Mattsies, Mickhausen mit Ettelried und Anried, Mindelheim, Niederalfingen, Nordendorf und Möhren, Rechtenstein, Ronsberg, Seyfriedsberg, Petersberg und Sterzing, Stettenfels, Untersulmentingen, Wasserburg, Weilbach, Welden.

Besitzungen in Bayern (Häuser in München, Landgut Blumenthal, Hilgartsberg, Pflege Landsberg, Hofmarken Schmiechen, Pestenacker und Türkenfeld) und Franken (Kronheim, Veitshöchheim).

Besitzungen in Österreich und Ungarn (Bibersburg und Biberstein, Blassenstein, Enn und Kaldif, Freudegg und Schönegg, Häuser in Innsbruck, Grafschaft Mitterburg, Herrschaft Tratzberg und Mazen,

Güter in Trient und Umgegend und am Gardasee (1592 bis 1629).

Besitzungen im Elsaß (Herrschaften Altkirch, Isenheim, Pfirt, Sennheim und Dörfer Retersheim und Merksheim, Herrschaft Thann, Bollweiler mit Weilerthal, Maasmünster, Blumberg und Hohenkönigsberg, Hellmannsgereut oder St. Blaise und Blienspach, Oberschaffolsheim.

VII. Verhältnis der Fugger zur Stadt Augsburg. (1499—1806.)

VIII. Verhältnis der Fugger zur Markgrafschaft Burgau. (1492—1798.)

IX. Römisches Reich, Reichstage, Reichsangelegenheiten. (1538—1805.)

X. Schwäbischer Kreis.

XI. Reichs- und Kreisstandschaft der Grafen Fugger.

XII. Aliena.

XIII. Rechnungen der Fuggerischen Stiftungen.

XIV. Flur- und Forstkarten.

XV. Archiv-Verwaltung.

Beilage 4: Zur Steuererhebung in Augsburg.

Ich habe mir die zeitraubende Arbeit gemacht, die älteren Augsburger Steuerbücher genau durchzugehen[1]. Es mag dem flüchtigen Blick erscheinen, als ob die zwischen 1346 und 1396 erhaltenen Steuerbücher nur die Namen der Steuerpflichtigen, nach

[1] Vergl. K. Zeumer, Die deutschen Städtesteuern, insbesondere die städtischen Reichssteuern im XII. u. XIII. Jahrhundert, in Staats- und sozialwissenschaftlichen Forschungen, herausgegeben von G. Schmoller, I, 2; besonders S. 64.

Straßen und Häusern geordnet, enthielten. Sieht man genauer zu, so bemerkt man bei einzelnen Namen kleine Zusätze, die außerordentlich lehrreich sind. So wohnen nach Steuerbuch 1346 fol. 3b in einem Hause die alte Klessin mit ihrem Sohn und Stiefsohn. Das Haus versteuert aber ein gewisser Mayr pro XVI libr. den. Dann heißt es einmal fol. 12: expedit domum suam pro IX libr. den. et dimidiam libram den. reddituum domo sua. Fol. 15b: et debet expedire IIII$^{or.}$ libr. den. reddituum ex domo Gretschin an dem Greblin. Fol. 16c: Item Ulentalerin. Item expedit II libr. den. ex domo sacerdotum retro st. Mauricium et V sh. den ex domo Hollonis et V sh. den ex domo Klokerii. Aus dem Steuerbuche von 1356 fol. 8a erwähne ich: filii Ruegeri stuirant walneum ann. VI libr. redd.; fol. 8c Udelhildin stuirant mansionem suam pro C. lbr. 1367 fol. 3c hat jemand XVIII lbr. in prompto et 2½ libr. redd. Im großen und ganzen sind das nur dürftige Notizen; aber sie verraten uns doch, daß man in Augsburg schon in der ersten Hälfte des 14. Jahrhunderts schied zwischen einer Kapitalsteuer, mochte nun das Kapital bestehen in prompta pecunia oder in einem Hause, und einer Einkommensteuer, mochte sie nun auf Mieteinnahmen oder auf gewerbliche Tätigkeit gelegt werden. Auch auf die Bareinnahmen aus einem Garten ist Steuer gelegt, und ebenso sind die Einnahmen aus Leibgedingen steuerpflichtig. Ziehen wir nun das erste uns erhaltene Augsburger Steuergesetz von etwa 1300, welches ein System aufstellt, zur Kontrolle heran. Es ist in den sogenannten zweiten Zunftbrief ausgebaut worden, war also nunmehr von vornherein bestimmt, in gerechter Weise die Lasten auf Reich und Arm zu verteilen; anderseits aber wird es auch auf die Verhältnisse, die sich bisher organisch entwickelt hatten, Rücksicht genommen haben. Das Ratsdekret um 1300 sagt[1]: „und habent die stiwermeister gesworn zen hailigen, daz si die stiwer ein gewinnen ane gevaerde von maenechliche, es si arme oder riche und daz si der nieman niht lazzen noch wider geben. Es sulen anheben der stat pfleger, die denne pfleger sint, und sulen dez ersten stiwern und sulen geben vom phunde als danne gesetzzet wirt von alliu diu und si habent ane alle gevaerde, und sulen verstiuren ain phůnt gaeltes, daz aigen oder lehen ist und ze gelte gesetzzet ist und ein jar ze gaelte gestanden ist, fůr zehen phunt und ein phunt leibgedings daz ze gaelte

[1] Unter der Überschrift: Wie arme und riche stiuren sülen, bei Christian Meyer, das Stadtbuch von Augsburg, insbesondere das Stadtrecht vom Jahre 1276, Augsburg 1872, 313.

gesaetzzet ist und ein jar ze gaelte gestanden ist, fůr fůnf phůnt mit dem aide und zwaz si anders gůtes habent, daz ze gaelte niht gesetzzet ist, swelher hande oder swelher laie daz ist, daz sulen si verstiuren uf den ait als lieb ez in ist, und sůlen also auch maenneclich stiweren baidiu witwen und waisen und alle ander liůte swie si haizzen und sol dez aides nieman erlazzen, und sol auch nieman umb den andern bitten, ez sůlen stiwern arme und rich ieder man nach seinen staten als die ratgeben gesetzzet habent. ... Die stiwermaister sůlen auch ie dem man in den ait geben, ob sin wirtinne iht gůtes habe an ir gewant und an iriu chlainode; hat si danne gůte, daz sol er stiuren, wil er dez niht tůn, so sol ez sein wirtinne stiuren. Si sulen auch jedem man in den ait geben, ob er iht chind hab in siner phlege, die gůte haben oder ob er iht enpholhens gůtez habe, hant si danne gůte daz sol er stiwren uf den ait, wil er daz niht tůn, so sol er erzaigen wer diu chint sin oder wez daz enpholhen gůte sei, und ez die stiwern uf den ait. Swelch man auch gůlte hat, die man im gaelten sol, si si gewise oder ungewis, die sol er stiwren als hoh si im ist. Sie sulen auch in den ait geben allen wirten, daz si iriu gehiuside nennen, die gůte haben, und ir chainen verswigen und auch ehalten, die mer gůtes haben denne ain phůnt."

Man sieht, daß man in Augsburg das Bestreben hatte, das Vermögen zu besteuern, und da, wo dieses sich nicht so ohne weiteres feststellen ließ, es durch Rechnen zu ermitteln und dann zur Steuer heranzuziehen. Also alles, was an Wertsachen und Materialien da war, soweit es nicht unmittelbar zu des Leibes Notdurft und Nahrung gehörte, wurde nach dem Werte, welchen der Besitzer angab, versteuert. Hatten die Steuermeister die Überzeugung, daß er den Wert zu gering anschlage, um eine niedrigere Steuer zu bezahlen, so konnten sie ihm den Wertgegenstand um den angegebenen Preis abnehmen. Das war allerdings ein einfaches Mittel, um Steuerhinterziehungen möglichst fern zu halten. Für ein Pfund Leibgedinge wurden fünf Pfund Kapital gerechnet, was ungefähr der Anlage entsprach; für Geld, welches sonst zinstragend angelegt war, galt der zehnfache Betrag als Kapital. Da zu jener Zeit der übliche Zins 5 % betrug, so hätte, man um die Höhe des Kapitals zu finden, für ein Pfund Zins 20 Pfund statt 10 Pfund Kapital ansetzen müssen. Da nun der Hypothekenbesitzer für den Betrag seiner Hypothek Eigentümer des belasteten Hauses war, so ergibt eine einfache Rechnung, daß der unbewegliche Besitz tatsächlich nur zur halben Höhe des Wertes zur Steuer herangezogen wurde.

Und noch günstiger wurde die Rechnung für den unbeweglichen Besitz dadurch, daß überhaupt nur die Einkünfte aus ihm versteuert wurden; daher die Hervorhebung der redditus in den Augsburger Steuerbüchern. Erst in dem zweiten Augsburger Zunftbriefe von 1368[1] heißt es: „und ouch mer ob ein erber man oder frawe swie die genant sint ein hus habent, es sie aigen, lehen, lipting oder swie ez gehaizzen ist, da sie mit wesen inn sint, das sol man niht anders verstiwern dann als es ze zins gestanden ist; wer es aber nicht ze zinse gestanden, so sol er ez verstiuren, als tiur er siche bei sinem eide versiht, daz ez zinses gelten mochte, ie ain pfund fur czehen phunt truckener phening. hat er aber ein hus oder mer, do er nicht mit wesen inn ist, das sol er verstiuren als lieb im daz ist." Und auch dann scheinen die Bürger es mit den Häusern, die sie selbst bewohnten, bei den Steuerveranlagungen noch nicht so genau genommen zu haben. Wenigstens schärft ein Ratsdekret von 1374 aufs neue ein: „wenn man ein stiur nemen wil, daz dann ein jeglich burger, richer oder armer, sin hus do er mit wesen selber ynne ist verstiuren sol, az ez ze zins gestanden ist oder az er sich versicht, daz ez yin zins gelten moht ie ein phunt dez zins fur zehen phunt, az von alter her komen ist." Das „az von alter her komen ist", bezieht sich offenbar auf die Gleichung ein Pfund Zins für 10 Pfund Kapital. Dann heißt es weiter: und die liegenden gut sol man verstiuren, als lieb sye einem sind und halb az vil. Das ist doch wohl so zu erklären, daß der Besitzer seine liegenden Güter einschätzte und „halb, als viel" er schätzte, versteuerte. So ergäbe sich durchweg der Grundsatz, Häuser und Grundbesitz mit ihrem halben Werte zur Steuer heranzuziehen.

Bestätigt wird das auch durch den Eintrag in das Augsburger Steuerbuch von 1395: „und man sol versteuern waz ainer haut nictcz usgenomen aun allain ligents gůt daz geit halb alz vil." Und auch die ältere Augsburger Chronik, aus der Hektor Mülich schöpft, berichtet schon zu 1368, daß das liegende Gut halb so viel Steuer geben solle als Barschaft[2]. Diese Meldung übernahm auch P. von Stetten in seine Geschichte der Heyligen Röm. reichsfreyen Stadt Augspurg (Frankfurt und Leipzig 1745) I, 117. Vielleicht konnte P. von Stetten noch die Ratsdekrete für 1368 benutzen, die uns leider verloren gegangen sind. Jedenfalls meine ich, daß eine

---

[1] Urkundenbuch der Stadt Augsburg (von Chr. Meyer) und Chroniken der deutschen Städte: Augsburg I, 135.

[2] Chroniken der deutschen Städte: Augsburg III, 7. Anm. 4.

genaue Erwägung des Inhaltes der Zunftbriefe und die Beachtung der positiven Zeugnisse die Annahmen unabweislich macht, daß die verschiedene Besteuerung von liegender und fahrender Habe ein Grundsatz, nicht eine Ausnahme in der Augsburger Steuergeschichte war[1].

Im Gegensatz zu dem liegenden Gute wurde die prompta pecunia, die Barschaft, und, was über des Lebens Nahrung und Notdurft hinausging, mit vollem Werte zur Steuer herangezogen. Hören wir den zweiten Zunftbrief von 1368: Auch haben wir unser stat stiure geordent und besetzet, daz ein jeglich man und frau, rich und arme wie die genant sint alles ir gut, es sie aigen, lehen ligentz oder varentz, besuchtz und unbesuchtz, swie ez genant oder geheizzen ist oder wo ez gelegen ist inerhalben der stat oder usserhalben, alles gelich verstiuren sullen als lieb in das ist je ein pfund als daz ander, usgenomen husgeschirr, vederwat, trinckgeschirr, cleinat, zerschnittens gewant, speis uf ein jare, zwu milchku und ir fûr, einem erbern mann einen meyden oder zwen und ir fûr, damit er dheinen lon verdient und die er durch dheines gewinneswillen nicht gekauft hat, daz sol allez ungestiurt beliben als von alter herkomen ist. Also das Prinzip ist eine gleichmäßige Steuer; auch „liegendes und fahrendes“ sollte ein Pfund als das andere besteuert werden. Aber es folgen dann die Sonderbestimmungen, namentlich zugunsten der Hausbesitzer. Vergleichen wir das Steuergesetz von 1300 und das von 1368, so läßt sich nicht verkennen, daß die Hausbesitzer, welche in eigenem großem Hause wohnten, nunmehr stärker zur Steuer herangezogen, insofern als sie von dem Zins, den das Haus, an andere vermietet, eingebracht hätte, selbst besteuert wurden. Darin offenbarte sich der demokratische Zug, der 1368 durch Augsburg wehte. Aber anderseits gab es auch genug Handwerksmeister, welche eigene Häuser und Grund und Boden besaßen. Es lag ihnen also nicht daran, liegenden Besitz an sich stärker zur Steuer heranzuziehen als früher.

Dagegen fällt bei der Steuergesetzgebung von 1368 ein anderes

[1] Jakob Strieder, Zur Genesis des mod. Kap. 2 f., sucht zu beweisen, daß die verschiedene Veranlagung zum Grundsatz erst 1455 geworden und nur noch einmal 1461 aufgegeben sei. Daß ich anderer Ansicht bin, geht aus dem oben Gesagten hervor. Übrigens bemerke ich, daß diese gleichmäßige Veranlagung von 1461 bis 1466 nach den Steuerbüchern gedauert hat, und daß von da an bis 1471 von dem Pfunde 2 Pf., von der beweglichen Habe 1 den. erhoben wird. Der letzte Steuermodus ist jedenfalls der interessanteste Eintrag ins Steuerbuch. Doch s. oben S. 31.

auf. Während das Gesetz von 1300 den Steuermeistern ziemlich freie Hand gegenüber der in den Häusern befindlichen beweglichen Habe gelassen hatte, die „Kleinote", also wohl alle Luxusgegenstände als steuerpflichtig erklärt hatte, gibt der Zunftbrief von 1368 zugunsten des Hausrates und der Kleinote weitestgehende Ausnahmebestimmungen, so daß, wenn man genau zusieht, eigentlich nur noch Kaufmannsgut, soweit es in einem Hause aufgespeichert war, unter die Verordnung fiel, daß von jedem Pfund einfach die Stadtsteuer gezahlt wurde. Der Zunftbrief von 1368 ist also im wesentlichen ungünstig gerade für den Kaufmannshandel, und von den Zünften durfte man es wohl auch nicht anders erwarten. Was ergibt sich nun für unseren Gegenstand aus dieser Untersuchung? Einmal, daß die Veranlagung zur Steuer bei verschiedenartigem Besitze verschieden war, daß also zweitens, wenn uns einfach die Höhe der Steuer überliefert ist, wir von der Höhe des Besitzes noch kein rechtes Bild haben; denn schon die Veranlagung rechnete doch nur mit einer Fiktion. Ein weiteres trat dann hinzu. Die Augsburger brauchten das Gut, welches sie außerhalb der Stadt besaßen, nicht zu versteuern, so lange sie bei einer Gefährdung des Besitzes auf die Hilfe der Stadt verzichteten. Erst 1397 wurde durch den Rat verordnet, daß auch das außerhalb der Stadt angelegte Vermögen durchweg in der Stadt versteuert werden sollte [1]. Dadurch gedachte man der Kapitalauswanderung einen Riegel vorzuschieben.

Beilage 5: Häuser und Gärten der Fugger in Augsburg und Umgegend (bis 1494).

Über die älteste Wohnung des Hans Fugger in der Gegend von Heiligkreuz [2], ebenso wie über die Wohnung Ulrich Fuggers am Kützenmarkt bei St. Ulrich und Afra läßt sich genaueres nicht mehr feststellen. Über das Haus an der mittleren Maximilianstraße C 2, unweit des Judenberges, ist oben S. 15 der Kaufbrief kurz angeführt worden.

Das erste Haus, mit dem die Fugger nachweisbar in Berührung

---

[1] Augsburg, Stadtarchiv: Ratsprotokolle zu 1397.

[2] Rechtsrat Werner, dem ich mich anschließe, sucht es beim Realgymnasium, in der Nähe des Gesundbrunnens.

getreten sind, ist das Haus (B 245) an der St. Annastraße, zwischen dem Gäßle und der Riegeleschen Brauerei. Hinter diesem Hause, welches von den Gefattermanns auf die Fugger überging, lag das Fuggerische Kornhaus.

Die älteste Urkunde, in welcher der Fugger gedacht ist, steht gerade zu diesem Hause in Beziehung. Sie fand sich in einem Kopialbuch Nr. 8 fol. 279 des Stiftes St. Moritz (Augsburg) im k. b. allg. Reichsarchiv zu München.

Sie lautet:

1380 Dez. 10.

In Gottes namen amen. Wir Eberhart von Randegg probst, Christian von Utingen tegan und gemainlichen das capitel ze sant Morizen ze Auspurch vergehen und tuen kunt offenlich an den brief allen den, die in ansehend oder hörent lesen, daz wir mit veraintem mut und guter vorbetrahtung in unserm cappitel, da wir alle zesamen komen wauren mit beluter gloggen, als sitlich und gewonlich ist, ain hus und hofsach, daz gelegen ist hie ze Auspurch by Gegginger tor vor dem prunnen zwischen der Witzigen selig hus und hofsach und der gozzen gen Erhartz des schusters hus und stozzt hindan an der Wölflinin hofsache, daz unsers gotzhuses rehtes aigen ist und swaz darzu gehört an besuhtem und an unbesuhtem alz hus und hofsach jetzo all umb und umb mit marken bezaichnet und umbvangen ist, gelihen haben dem erbern mann Hansen dem Gevaterman dem weber burger ze Auspurch, frauen Elspeten siner elichen wirtin ze sehs liben, daz ist ze ir baides liben, ze Elspeten der Fuggerin lip ir baider tochter, ze Hansen des Fuggers lip der ietzogenanten Fuggerin elichen wirten, ze Annun lip, auch Hansen dez vorgenanten Gevatermans und frauen Elspeten siner elichen wirtin ir baider tohter, und ze Hansen des Oswalds des webers lip, ze den sehs libe ze haben und ze niezzen geruwiclich, dieweil derselben sehs liben ainer oder ir mer oder sy alle lebent, nach liptings reht mit der beschaidenhait, daz sy uns und unserm capitel davor geben sullent alliu jar ze zins an st Gallentag oder in den nehsten acht tagen davor oder in den nechsten acht tagen darnach, nach liptings recht aylf schilling gaeber augsburger phennig, und swelhes jar sy den auspurger phennig nicht gehaben möchten, so sullent sy uns und unserm cappitel desselben jars für jeden auspurger phennig zwen eitel gut und gaeb haller geben etc.

1380 montag nach St. Nycolaus.

Weitere Angaben über dieses Haus entnehme ich dem im Fugger-Archiv liegenden Kopialbuch 6, 1, 2 fol. 117 ff.

1398 April 2. Revers der Elisabeth Gefattermann um das Haus und Hofsach, das gelegen ist beim Gögginger Tor vor dem Brunnen zwischen des Sauerloch Haus und der Gassen gegen Erhardt des Schusters Haus und hinten an des Haßles Haus und Hofsach stößt, welches ihr Propst, Dechant und Kapitel zu St. Moritz in Augsburg auf ihren selbst auch Hans Fuggers ihres Tochtermanns, seiner Hausfrauen und zu Endresen, Michaelen und Petern Fuggern ihrer ehlichen Söhne Leiben verliehen haben. Die Leibgedingsgebühr beträgt zweiundeinhalb Ort eines guten ungarischen Guldens jährlich.

1437 April 1. Revers von Endresen und Jakoben Fugger Gebrüdern um das genannte Haus, welches Propst, Dechant und Kapitel zu St. Moritz ihnen beiden und ihren ehelichen Hausfrauen (beide heißen Barbara), sowie Endresen Fuggers Tochter nach Leibgedingsrecht verliehen haben. Abgabe wie oben.

1469 September 5. Zinslehen Revers von Barbara, Jakoben Fuggers Witwe, um das genannte Haus, welches ihr Propst, Dechant und Kapitel zu St. Moriz für ein rechtes freies Zinslehen auf Ewigkeit verliehen haben. Die Abgabe beträgt jährlich einen guten ungarischen Gulden oder einen rheinischen Gulden und einen Blaphart (für diesen auch 7 Pfennig).

1549 Mai 16. Brief des Dechants und Kapitels zu St. Moritz, worin sie Herrn Anton Fugger und seines Bruders Raimund Söhnen den Ewigzins von jährlich einem Gulden um eine einmalige Abfindungsumme von 40 Gulden erlassen.

1560 Juli 1. Hans Jakob Fugger, dem das Haus in der Teilung zugefallen ist, verkauft es um 4000 fl. an Anton Fugger. 1612 Mai 2 wurde es um 5000 fl. dem Tirolischen Handel der Fugger verkauft.

Über das Haus an dem Rindermarkt, jetzt zwischen Philippine Welser- und St. Annastraße (D 280), finden sich im Fugger-Archiv, Kopialbuch 6, 1, 3 fol. 132 ff. folgende Urkunden:

1488 April 17.

Ich Felicitas weyllend Stephan Gräslin selligen gelassene wittib burgerin zu Augspurg für mich und mein erben an ainem, ich Wilhelm Hangenor und ich Ulrich Nördlinger, baide burger daselbst als pflegere Stephans, Onofferus, Jörigen Barbara, Felicitas und Ursula der genannten Felicitas Gräßlerin eeliche kinder, so ir der genannt Stephan Gräslin ir eewurt sellich nach seinem tod und abgang verlassen hat, fur uns und unser nachkomen an pfleg in pflegweyse auch für dieselben unsere pflegkinder und ir erben am andern tail, bekennen an diesen offen brieve und thun kundt allermaniglich, das wir alle mit veraintem wolbedachtem mute und vleyßiger guter vorbetrachtung von mein genanter Felicitas Gräslerin witiben und der genannten meiner kinder bessers nutz und notturft wegen meine und derselben meiner kinder vorders und hinder (haus!) gelegen hie zu Augspurg am Rindermarckt, stoßent ainhalben an Leonharten Pfisters sälligen witiben gesässe anderhalben auf das gässlin gegen Hannsen Paumgartners und Leonharten Reuters heusern hinden und vornen auf die strasse, und was darzu und darein uberall yendert gehört von pillichait und rechtswegen gehören soll und mag ob erd und under erden an kellern an gewelben an meuren an wänden an liechten und läden an nuesche an trouffen an besuchtem und unbesuchtem an benantem und unbenambten, ganz nichtz davon ausgenomen noch hindan gesetzt, alls die dann jetzo mit marcken und gebeuen allenthalben ausbezaichnet gemerckt und rechts frey lauter aigen und gen allermaniglichen unverkumbert sind, mit disem brief jetzo ains stätten ewigen kaufs für ganz frey ledig und unverkumbert recht aigen recht uud redlich verkoufft und ze kouffen gegeben haben den ersamen und weysen Ulrichen und Jacoben den Fuggern gepruedern burgere zu Augspurg und allen iren erben oder wem sy die nunfurohin ewiglich gebent verkouffent schaffent oder lassent, doch der stat Augspurg steur freyhait eehäftin und rechten one schaden, inzehaben zubesitzen ze nutzen und zeniessen ewigklich und geruiglich umb zwaytausend und zwenunddreyssigk guldin guter reinischer gemainer landswerunge, dero wir also bar und berait an gutem aufgezeltem golde von inen darumb guettlich und eerberlich ausgericht und bezallet und wollgeweret seyen on allen unsern schaden. Uff das haben wir den genanten Ulrichen und Jacoben den Fuggern gepruedern allen iren erben und nachkomen die bemelten heusere vorders und hinders hofsach und gesässe mit allen eehäften rechten und zugehörungen ze rechtem aigen auch für gantz frey ledig und unverkumbert wie obsteet mitsambt den briefen daruber sagende auf und ubergegeben und uns des alles allerding auch gar und gantzlich verzigen und begeben mit gelerten und allen darzu gepurenden wort und wercken, als man sich dann aigens zurecht und pillich verzeihen und begeben soll nach aigens recht und nach der stat recht zu Augspurg; also das weder ich obgenante Felicitas Gräslerin witib auch wir obgenante pflegere noch dhain unser nachkomen an der pfleg auch besonder die obgenante unser pflegkinder, dhain unser noch ir erben oder freunde, niemandt von unsern noch irn wegen noch sunst jemandt anders nunfurohin ewigklich darzu darnach noch daran dhain vordrung clag ansprach noch recht nicht noch nymmermer haben thun furnemen gewinen noch geprauchen sollen konden mogen noch wellen von kainerlay sag wegen weder mit gaistlichem noch weltlichem rechten noch one recht sonst mit nichten vor niemandt an kainer stat in kainerlay weyse noch weg sonder geverde. Ich obgenante Felicitas als fur mich selbs und mein erben und wir obgenanten pflegere für uns und unser nachkomen an der pfleg in pflegweyse an stat und von wegen der obgenanten unserer pflegkinder söllen und wellen den vorgenanten Ulrichen und Jacoben den Fuggern gepruedern und iren erben die benanten heusere vorders und hinders hoffsach und gesässe mit iren zugehörungen zu rechtem aigen wie obsteet auch also stättem und fertigen etc. Darumb und des alles also ze warem stetten und gutem urkunde so geben wir den obgenanten Ulrichen und Jacoben den Fuggern gepruedern allen iren erben und nachkomen den brieve, daran die ersamen und weisen Jorig Ott stattvogt zu Augspurg und Hans Brobst burggrave daselbs ire aigne insigel ob mein obgenanter Felicitas Gräslerin vleyssiger gebette willen offenlich gehenngkt haben, doch in und iren erben one schaden. Darunder ich mich vestiglich verpinde steet zuhalten was vorsteet; meiner gepett umb die ynsigl sind gezeugen die erbern Conrat Mürlin der schnider und Hans Hafner der schuster, beide burgere zu Augspurg. Darzu haben wir obgenanten baid pflegere in pflegweiss anstatt und von wegen der obgenanten unserer pflegkinder unser aigne insigl auch offenlich thun hengken, doch uns und unsern erben on schaden. Der geben ist auf donrstag nach dem sontag Quasimodogeniti in dem 1488 jare.

Eine Reihe Vorurkunden liegt bei, deren Inhalt für die Beurteilung des Steigens der Preise für Grund und Boden wichtig ist. Daher gebe ich im folgenden die kurzen Auszüge:

1351 Febr. 23 hatte Heinrich Hörwart das Haus an Berthold Bachen um 450 Pfund Augsb. Pfennig verkauft.

1386 März 22 verkauft Peter Hörwart, der Bächin Tochtermann, das Haus an Ulrich Tot um 1000 fl. ungarisch.

1469 August 3 verkauft die Ursula Gwerlich das Haus den Pflegern von Felicitas Barbara und Elisabeth Gwerlich, Hansen Gwerlichs nachgelassenen Kindern, um 1400 fl. rh.

Über einen Garten vor dem Göggingertor, den Jakob I 1468 kauft, ist folgende Urkunde im Kopialbuch 6, 1, 3 fol. 159 erhalten.

1468 April 8.

Ich Ulrich Schilher der bruechler burger zu Augspurg und ich Affra sein eeliche wirtin bekennen offenlich mit dem brief fur uns und all unser erben vor allermeniglich, das wir ... unsern garten hie zu Augspurg vor Gögginger thor zwischen Thoman Breischuchs und Margarethen Bewud gelegen stosst hinden auf Steffan Ridlers garten und vornen uff das gässlin ... und rechts zinslehen ist von ainer priorin und irem convent zu sant Katharinen zu Augspurg um 1 $^{1}/_{2}$ ort ains guldins ungr. und behem. der stat werung järlich uff sant Gallitag darauss zu geben ... yetzo recht und redlich verkauft und zu kaufen gegeben haben dem erbern Jacoben Fugger burger zu Augspurg und Barbara seiner elichen wirtin und allen iren erben ... doch der statt steuer freyhaiten eehäftin und rechten on schaden zehaben zeniessen und zegeprauchen geruwiglich umb 51 guld rh. gemainer landswerung, der wir uff unser ganz benugen von in ausgericht gewert und bezallt seyen, und also haben wir in und iren erben den obgeschriben garten mit seiner zugehörung zu rechtem zinslehen uff und ubergeben und haben uns sein ganzlich und gar verzigen ... Freytag vor dem Palmtag von der gepurt Christi im 1468 jarn.

Über einen anderen Garten vor dem Göggingertor enthält das Kopialbuch 6, 1, 3 fol. 162 ff. gleichfalls einige Urkunden, zuerst den Kaufbrief.

1493 Januar 28.

Ich Felicitas weillend Stephan Greslins selligen eeliche gelassene witib burgerin zu Augspurg bekenn offenlich mit dem brieve fur mich und alle mein erben und thun kundt allermenglich, das ich mit wolbedachtem mute und guter vorbetrachtung von bessers meins nutzes wegen meinen garten hie zu Augspurg vor Gögkinger tor gelegen (stosst ainhalben an maister Vallenteins garten anderhalber an Pauls Langen garten hinden an die Wolfgassen und vornen uf die strass gegen der stat graben) und was darzu und darein uberall yendert gehört ob erd und unter erden an besuchtem und unbesuchtem ganz, nichts davon ausgenomen noch hindan gesetzt, als dann der yetzo mit marcken und zeunen allenthalben ausbezaichnet gemerckt und rechts zinslehen ist von ainem keller des thumbstifts unser lieben Frauen zu Augspurg umb drey guldin ungr. und beh. der stat werunge järlich auf sant Michels tag vierzehn tag darvor oder darnach ungevarlich daruss zugeben inhalt der brieff daruber sagende, und alle meine recht und gerechtigkeit daran mit dem brief yetzo und besonder mit gunst wissen und gutem willen der ersamen und weysen Hansen Endorffers und Ulrichen Nördlingers beide burgere zu Augspurg und derzeit pflegere Stephan Onoffrius, Barbaren, Jörigen, Felicitas und Ursula meiner lieben eelichen kinder, so mir der genant Stephan Grässlin mein lieber eewirt selliger . . . verlassen hat, ains stetten ewigen kaufs recht und redlich verkauft und zu kaufen gegeben hab den ersamen und weisen Ulrichen Jorigen und Jacoben den Fuggern gepruedern burgern zu Augspurg und allen iren erben . . . umb hundert und sechtzig guldin guter rheinischer gemainer landswerung, die ich also bar und berait von in darumb eingenomen und emphangen etc. auf montag nach sant Pauls tag seiner bekerunge von der gepurt Christi unseres lieben herrn im 1493 jarn.

Der Domherr Christoph von Knörringen gibt diesen Garten, der bis dahin zu Leibgeding gegeben war, den Fuggern als ewiges Zinslehen.

1493 Februar 8.

Ich Christopf von Knörringen thumbherr zu Augspurg bekenn offenlich fur mich und mein nachkomen, die dan nach mir den Stromairhoff zu dem erwirdigen thum daselbst ye inhaben werden, und thun kundth allermenglich mit dem brief von wegen des gartens mit aller seiner zugehörung hie zu Augspurg von Gögginger thor gelegen (stosst oben an maister Vallenteins des statschreibers garten und hat daselbst nach der leng 365 schuch und an Ulrichs Jörigen und Jacobs der Fugger garten undten und hat daselbst nach der leng 353 schuch hinden uf die wolfgassen und hat daselbst uberzwerch 114½ schuch und vornen auf die strass gegen der statringkmauer und hat daselbst uberzwerch 121 schuch alles hie zu Augspurg geschworner statschuch), der dann in den gemelten Stromairhoff des tumbs zu Augspurg mit aigenschaft gehört und vor der ersam Steffan Gräslin burger zu Augspurg Felicitas sein hausfrau und ir erben ingehabt haben inhalt des briefs daruber begriffen, das ich, angesehen den garten, durch das er weillend verleibgedingt gewesen vast zu unwesenlichait komen sollichs zu furkomen den in wesenhait zupringen und zu behalten von main und des Stromairhoffs besondern nutzes wegen auch mit rat gunst willen wissen und erlauben der erwirdigen herrn Ulrichs von Rechberg von Hohenrechberg thumbdechans und capitels gemainlich des stifts zu Augspurg . . . den benanten garten mit aller seiner zugehörung . . . dem ersamen Ulrichen Fuggern fur sich selbs und an stat seiner brüder Georgen und Jacoben, allen burgern zu Augspurg iren erben und nachkomen, fur ain frayes rechts zinslehen recht und redlich auf ewigkait gelassen und vorlihen hab. ***Abgabe um St. Michaels des Erzengels tag Tag drei ungr. oder böhm. Guld.*** Auf freytag nach sant Dorotheen tag der hailigen Junghfrauen von Christi unsers lieben herrn geburt im 1493 Jarn.

(1435 August 31 hat Peter Egen der Junge den Garten der Barbara Gwerlichen verkauft um 130 fl. rh. Mitwoch vor Egidi.)

Über die Besitzungen zu Scheppach und Burtenbach, welche die Fugger zu Beginn des 15. Jahrhunderts erwarben, weist das Fugger-Archiv in Kopialbuch 6, 1, 3 fol. 35 ff folgende Briefe auf.

1403 März 13.

Ich Andreas der Eberlin burger zu Zussmerhausen und ich Agnes sein eeliche wirtin verjehen und thun kunth offenlichen mit dem brief vor mengklichen, das wir mit veraintem mute mit guter vorbetrachtung und mit rate willen und gunst aller unser erben und pösten freunde unsern hof, der zu Scheppach gelegen ist, den Andreas Mändlin jetzo da bauet und auch rechts aigen ist, ain halbe hub desselben, die auch der genant Mändlin da bauet die lehen ist von der herrschaft zu Österreich, ain hofstat auch daselben, da der Franck uff sitzet die rechte aigen ist, darzu alles ander unser gut, das wir zu Scheppach gehapt haben das ich obgenante Agnes die Eberlin das ererbt han, und was zu dem vorgenanten zu der halben hub und zu der hofstat gehornt an hofraiten in dorf oder zu velde an äckern an wisen an waid an wassern an holtz an holtzmarcken an gereutem, mit besuchtem und unbesuchtem, wie es genannt oder gehaissen ist, es sey an dem brief benennet oder nicht und allen den rechten diensten nützen und gulten und die vorgenanten gut alle und ir yeglichs besonder yetzo gelten oder füro gelten mügent an klainem und an grossem mit besetzten und entsetzten und mit allen eehäftin und gemainsam, als wirs menge jar in nutzlicher gewer herpracht ingehept und genossen haben, für ledig unverkumbert frey und onvogtbars gute und rechts aigen und lehen recht und redlichen verkouft und geben haben Hansen dem Fugger dem weber dem elltern burger zu Augspurg Elspethen seiner eelichen wirtin und allen irn erben oder wem sys hinfuro gebent verkouffent schaffent oder lassent zu haben und zu niessen ewiglichen und geruebiglichen ze rechtem aigen und lehen umb zwayhundert guld rh. werung guter an golde und schwär genug an rechtem gewichte, die wir berait von in darumb aingenomen und empfangen haben etc. Das beschach an dem nechsten afftermontag nach sant Gregorien tag in der vasten, do man zellt nach Cristi gepurt in dem 1403 jar.

Über die Güter in Burtenbach sind im Kopialbuch 6, 1, 3, fol. 52 ff. folgende Urkundenauszüge überliefert:

1405 Juni 18.

Ich Hanns Hofmair der myntzmaister auch Hanns Hellt burger zu Augspurg und pfleger Hannsen Hofmairs seligen kindt mit namen Ulrich, Hannsen, Ursula und Elspetten Hoffmairin (bekennen, daß wir) ain hof und ain viertl ains hofs auch vier sölden und noch ain guetlin (zu Burtenbach) mit ir aller zugehörung Hannsen Fugger weber burger zu Augspurg umbe 240 alt gulden rh. verkauft haben. Welcher brief mit der stadt Augspurg und der obgemelten zweyer pfleger insigl gefertigt am datum geben ist donrstag vor Johannis Sonnwenden im 1405 jarn.

1409 Juni 28.

Item ain lehenbrieflin, darin her Hainrich von Ellerbach ritter von wegen der hertzogen zu Osterreich die gemelten ain hof ain viertl vier seld und ain hub Andris Fugger under seinem insigl verleiht; laut am datum auf den aubent Petri und Pauli im 1409 jar.

1412 Mai 25.

Erneuerung der Belehnung für Andreas Fugger durch Herzog Friedrich zu Österreich, der auch die halbe Hufe zu Scheppach lehnt.

1439 Okt. 20.

Erneuerung der Belehnung durch Hans von Knörringen, Landvogt zu Burgau.

1458 Juli 4.

Lehenbrieflein von herr Jerigen von Knörringen ritter landvogt zu Burgau, darinen er an stat des haus Osterreich Lucas Fugger den hof und viertel auch vier söld zu Burtenbach und Ulrichen Fugger die halb hub zu Scheppach unter seinem insigl verleicht. Des datum steht an sant Ulrichs tag anno domini 1458.

1488 Jan. 21.

Lehenbrief von hertzog Jörigen von Bayern, darinen er Lucas Fuggern gemelte güter unter seinem fürstlichen secret verleiht. Stet am datum montag nach Sebastians tag im 1488 jarn.

1492 (nach Andree?).

Lehenbrief von Kayser Maximiliano, darin er Lucas Fuggern den hoff viertl eins hoffs und vier sölden als inhaber der marggraffschaft Purgau zu lehen verleicht.

1512 Dez. 7.

Lukas Fugger tritt seine Besitzungen zu Graben und Burtenbach an Jacob Fugger ab.

Ich Lucas Fugger der Ellter burger zu Augspurg bekenn und thu kundth allermenniglich mit dem offen brieve, das ich mit freyem gutem willen zeitiger vorbetrachtung von merers meins nutz und notturft wegen und sonderlich mit gunst wissen und bewilligung Endriss Freyen goldschmidts, Justina Fuggerin seiner eewirtin, Felicitas Fuggerin weylendt Lucas Fuggers des Jungen gelassen erben, Anthoni Königs, Anna Fuggerin sein eewirtin, Hansen Rayssers und Magdalena Fuggerin sein eewirtin, meiner tochterman und töchter nämlichen meine viertzehen tagwerckh wissmads zu Graben gelegen, die jetzo Ulrich Mayr bestandsweiss daselbs inhat, item mer ain hof zu Burtenbach, den Contz Keller bestandsweyss inhat, item mer ain hof sampt vier sölden auch zu Burtenbach gelegen, so yetzo Peter Haintz bauet und inhat, mit allen und jeden eehäftinen iren zu und eingehörungen rechten und gerechtigkaiten zu dorf und zu velde ainichs noch gar nichtz davon ausgenomen noch hindan gesetzt ob und under erd an besuchtem und unbesuchtem gefundem und ungefundem gantz nitz davon ausgenomen aller massen das alles yetzt allenthalb ausbezeichnet gemerkt und frey aigen, dann ausgenommen das der hof mit aller seiner zuegehörd, den Petter Haintz bauet, auch ain viertl des hofs sampt den vier sölden, so Contz Keller bauet und inhat, mit aller irer zugehörung wie obgemellt von dem hochwirdigsten fursten und herrn herrn Hainrichen bischoffe zu Augspurg als inhaber der marggrafschaft Burggau etc. meinem gnedigen herrn zu lehen ruren und sunst gegen allermeniglich unversetzt unverschriben und unverpfendet sein, auch alle und jede meine recht und gerechtigkait daran ains stetten ewigen immerwerenden kaufs recht und redlich verkauft und zu kauffen gegeben habe dem vesten Jacoben Fugger roimischer kaiserlicher majestät etc. meines gnedigsten herrn rate burger zu Augspurg meinem lieben herrn und vetter und allen seinen erben oder wem sy das alles nun furohin gar oder zum tail ewig geben verkauffen schaffen oder lassen, doch dem genanten lehenherrn one schaden, inzuhaben zu besitzen zu nutzen und zuniessen ewig und gerübiglich umb 500 guldin guter reinischer gemainer landswerung, die ich als obar und berait von ime darumb eingenomen und empfangen habe etc. etc. Gegeben am sibenden tag des monats Decembris nach der gepurt Cristi als man zellt im 1512 jarn.

Vergleiche hierzu oben S. 9 nebst Anmerkung 2.

Beilage 6: Aus den Baumeisterbüchern der Stadt Augsburg zur Geschichte der Fugger.

Die Augsburger Baumeisterbücher enthalten die Rechnungslegung der Baumeister, d. h. der Kämmerer der Stadt Augsburg. Was für Bauten ausgegeben wurde, ist Jahr für Jahr aufgezeichnet, aber ebenso auch, was die von der Stadt angestellten Beamten, von den Stadtschreibern herab bis zu den Nachrichtern, an Gehalt bezogen. Gesandtschaften der Stadt sowohl an den Kaiser als auch an die verbündeten Städte lassen sich nach den Baumeisterbüchern am schärfsten verfolgen. Auch die Leibrenten, welche ausbezahlt wurden, sind meist in die Baumeisterbücher aufgenommen. War also die Hauptaufgabe der Baumeister, das Geld, welches in der Kasse angesammelt war, seinen Zwecken zuzuführen, so wurden anderseits an sie doch auch mehrere Zahlungen von seiten der Pflichtigen unmittelbar geleistet. Einnahmen aus den Zöllen, aus dem Verkauf von Leibrenten, aus der Duldung schöner Frauen flossen ihnen direkt zu, während sie die eigentlichen Steuern erst durch die Vermittelung der Einnehmer und Steuermeister erhielten [1]. Mit dem Rate rechneten sie über Einnahmen und Ausgaben ab [2].

Die Ausgaben sind meist chronologisch angeführt, nur wichtige, immer wiederkehrende Ausgaben sind systematisch zusammengestellt [3].

Auch wenn eine Angelegenheit, die der Stadt viele Kosten ver-

---

[1] Vgl. 1486 letztes Blatt: Was die baumaister von der Statt eynnemer eingenommen und empfangen anno domini 1486. Ferner fol. 113b. Das nachgeschriben haben die baumaister den Eyn(e)mern widerumb uberantwort, das in diss jars uberbeliben ist. (Uff Freitag nach Erhardi 1487).

[2] 1487. Fol. 114a. Uff mitwoch nach suntag Letare anno 1487 haben die baumaister her Ludwig Hoser burgermaister, her Peter Herwart allter burgermaister und Ulrich Höchstetter ainem ersamen rat ain erbere rechnung gethan ze danck und guttem gefallen.

[3] Über einzelne Erwähnungen der Fugger in den Baumeisterbüchern s. oben S. 38 und 52.

ursacht, mehrere Jahre hindurch die Gemeinde in Anspruch nimmt, ist ihr wohl in den Baumeisterbüchern eine besondere Rubrik zugewiesen. So verhielt es sich mit des Vittel Sache (s. o. S. 38) und dem Kampfe der Stadt gegen das Domkapitel (s. o. S. 35). Aus diesen Abschnitten entnehme ich das folgende. Es ist nicht nur für die Geschichte der Fugger sondern auch des Geldverkehrs im allgemeinen interessant.

Baumeisterbuch 1482.

Maister Hansen Gassels zerung gen Wienn in der Vittlin sach.

(Juli 20) Sampstag vor Marie Magalene anno 1482 hatt Maister Hanns Gassel rayttung gethan.

Item 143 guldin 2 lib. 3 sh. 1 den. hatt verzert her Johanns Gassel gen Wienn daselbs und herwider uff; ist ussgewesen 13 wochen und 2 tag auch fur glaitgelt und alle uncost, darinn hat er verrechnet 38 ungrisch guldin, drey fur vier, die er vom Wiser eingenomen hatt, die sollen im an seiner rechnung, so er kompt, abgeen lut ains zedtels.

Samstag post Galli anno 82 (Oct. 19).

Item 500 guldin recepit her Sigmund Gossemprot, die Jorig Wiser zu Wien von Sigmunden empfangen und die hieoben zu bezalen dem Höchstetter geschriben hatt.

Sampstag vor Symon und Jude anno 82 (Oct. 26).

Item 10 fl. recepit Ludwig Hoser, die Jorig Wiser von Jorigen Ranhart zu Wien empfangen und daz dem Höchstetter geschriben hatt.

Sampstag aller selen tag anno 82 (Nov. 2).

Item 40 guldin recepit Peter Auer, die er Jorig Wiser zu Wien geliehen und daz dem Höchstetter geschriben hatt. Item 100 guldin hat empfangen Ulrich Krumppain anstat Ulrich Ortweins, die er Andre Stadler, Hannsen Schmidmair und Laurenzen Keller zu Nurmberg an den 300 fl., so Jorig Wiser von irem diener zu Wien empfangen und daz heruff geschriben hatt, bezalen sol.

Item 200 guldin hatt der obgenannt Krumppain empfangen von wegen des Ortweins, der sovil den obgeschriben dreyen mannen zu Nurmberg bezalen sol. Actum Freytag vigilia Othmari (Nov. 15).

Montag vigilia Elisabeth (Nov. 18).

Item 780 guld rein hatt empfangen Hanns Waitzhofer von

Pranau in bywesen der Fryhamerin, die er Jörigen Wiser zu Wien gelyhen und dem Hochstetter zu bezalen heruff geschriben hatt.

Mittwoch vor Nicolai (Dez. 4.).

Item 536 guldin reinisch haben die pawmaister Gabrielen Schützen von Ulm gen Memmingen by Jorigen Riedrer S. uff sein wagknuss geschickt, die sein diener Jörigen Wiser zu Wien gelyhen hatt.

Sampstag post Lucie (Dez. 14).

Item 1327 guld reinisch 1 lb. 10 sh. recepit Lucas Fugker für 1000 ducaten, die er zu Venedig bezalen und antworten, wer es von Jörigen Wisers wegen erfordert. fol. 28 b.

Nota, was Jorig Wiser zu zerung uff den rytt gen Osterreich zu unserm herren Kaiser empfanngen und was er daunden empfangen und hie zu bezalen angeschaffet hatt, das alles hat er verprucht in der Vittlin hanndel und in der hilff der kayserlichen Mayestett wider her Mathiasen kunig zu Ungern, und hatt die statt gehept 65 zu ross und 66 zu fuss.

Uff sampstag nach conversionis Pauli anno 82 (Jan. 26).

Item 60 fl. reinisch hatt empfangen Jorig Wiser uff den rytt gen Osterreich mit Cunraten Eysenhofer die uffgelegten anzal zu bestellen oder sich mit ainem, der die statt fur sold und schaden verträtte, zuveraynen.

Uff sambstag nach Valentini anno 82 (Febr. 14).

Item 100 guldin reinisch hatt empfangen Thoman des vicari knecht von wegen des priors zu unser lieben Frauen brüder zu Wienn, die er Jorigen Wiser zu Wienn gelyhen hatt nach lut seiner handschrifft den pumaistern ubergeantwort; die 100 guldin hatt der genannt Wiser in seiner nächsten rechnung, als er auch von Österreich kam, verrechnet, und sollen in diser rechnung nit gelegt noch verrait werden.

Uff sampstag vor suntag Quasimodogeniti anno 82 (April 13).

Item 610 guldin reinisch hatt empfangen Ulrich Hebenring, Ulrich Artzt diener, die Jorig Wiser zu Wienn an ungrischem und reinischem guldin empfangen hatt, nämlich 330 ungerisch guldin, drey fur vier reinisch, und 170 guld reinisch, die sol er verraiten.

Uff sampstag vor suntag Jubilate anno 82 (April 27).

Item 500 guldin reinisch hatt empfangen Hainrich Schweygklich an statt und von wegen des erwirdigen hern Johannsen provincials des ordens unser lieben Frauen brüder, die Jorig Wiser zu Wien von seinen Würden empfangen und eingenommen hatt, nach lut ains bekanndtnussbrieflins seiner handtschrifft und bettschaft, die wirdet er verraiten.

Uff Sampstag vor suntag Cantate anno 82 (Mai 4).

Item 402 guldin hatt empfangen Peter Imhof für 300 ducaten die im die pumaister also abkauft haben, dieselben 300 ducaten der Vöhlin von Memmingen gesellschafft diener Jacoben Schopper schencken uff der Wieuer tail[1] im Tutschen huss zu Venedig uff den uffarttag (Mai 16) in den 800 ducaten, die Jorig Wiser von Jorigen Ranhart zu Wien empfangen und dem genannten Schopper zu Venedig zu bezalen zugesagt hatt, antworten und bezalen und ain quittung dagegen nemen sol, die wirt der genant Jorig Wiser verraiten.

Uff sampstag vor vocem jocunditatis anno 82 (Mai 11).

Item 672 ½ guldin reinisch hatt empfangen Lucas Herwart für 500 ducaten, die haben die pumaister Ulrich Ortwein abkaufft, also das sein diener dieselben 500 ducaten Jacoben Schopper schencken obgenannt an den obgeschriben 800 ducaten, die Jorig Wiser von dem obgenannten Jorig Ranhart zu Wien empfangen und die dem Schopper zu bezalen zugesagt hatt, uff den uffartag (Mai 16) zu Venedig bezalen und ain quittung dagegen nemen sol, die wirdet Jorig Wiser verraiten etc. etc. fol. 30 a, b.

Baumeisterbuch 1484.

Costung in der sach zwischen ains rats und capitels.

Sampstag vor conversionis Pauli (Jan. 24).

Item 136 fl. recepit Ulrich Fugger fur 100 duggaten, die er zu Rom maister Hannsen Gassel gelyhen hatt.

Item 1 fl. Johannes Örttel fur sein mue, das er dem capittel die ladung verkundt hat. Sampstag post Mathia (Jan. 28).

Item 2 lb. 6 sh. recepit Ulrich Fugger von wegen ains bottenbrief gen Rom zebringen. Sampstag vor Letare (März 27).

Sambstag vor Judica (April 3).

Item 379 fl. 1 lb. 4 sh. 1 hl. hatt emphangen Franz Baumgartner für 281 toggaten, die maister Hanns Gassel zu Rom empfangen hatt; doch ist ain toggat pottenlon darein gerechnet.

Freitag vigilia Felicis (Felicitatis? Juli 9).[2]

Item 139 fl. 1 lb. 15 sh. Lucassen Fugger fur 102 ducaten, die er dem Koler gen Rom geschafft hat uff bevelhnuss ains rats,

[1] Vergl. Simonsfeld, der Fondaco dei Tedeschi I 364 Nr. 658.

[2] Mit Felix läßt sich Freitag als Vigil nicht vereinen.

darein auch 2 ducaten pottenlons und ½ fl. von hinnen ussgerechnet ist etc. etc. fol. 37, 38.

Baumeisterbuch 1485.

Costung der sach wider ain capitel.

Sampstag vor conversionis Pauli anno 1485 (Jan. 22).

Item 406 guldin reinisch hatt empfangen Lucas Fugger fur 304½ ducaten, die er maister Hannsen Gassel und Bartholome Hörlingen gen Rom durch ain wechsel gemacht hatt.

Item 19 fl. 1 ℔ 15 sh. pottenlon von zwayen briefen gen Venedig und von Venedig gen Rom ze bringen; hat auch Lucas Fugger empfangen.

Item 2 fl. dem Manloch potten zu ain eerung, hat mit den briefen fleyss than.

Mittwoch vigilia nativitatis Marie anno 85 (Sept. 7).

Item 413 fl. recepit Ludwig Hoser von wegen her Paulsen Kolers für 84 ducaten und ain reinisch guldin, die er in der statt sachen lut ains rechenzedtls usgeben hat zu Rom.

Sampstag post Francisci (Oct. 8).

Item 140 fl. recepit Lucas Fugger fur 105 ducaten, die er maister Andresen Weyssen gen Rom hinein gemacht hatt, die zu der statt handeln ze prachen. Item 12 fl. 19 sh. recepit Lucas Fugger, die er und die seinen zu Venedig und hie den potten ze lon und vorteyl von der statt briefen von hinnen gen Venedig und gen Rom und herwideruss. Sampstag post Martin (Oct. 12).

Uff mittwoch nach Nicolai anno 1485 (Dez. 7).

Item 2675 guld. recepit Ulrich Fugger fur zwaitausent duccaten, die er ze stundan ze Rom, so die brief, geantwort werden, bezalen, und wes man zu Rom nit bedarff, das sol er hie den baumaistern in ainem monat unverzogenlich widerumb bezalen, und hatt uff hundert ducaten 34 rein. gulden mynders ain ort gerait.

fol. 33 a, b.

Baumeisterbuch 1486.

Item XVIIII fl. recepit Lux Fugger fur etwivil pottenlons brief gen Rom zeferttigen uff bevelhnuss ains rats und der 13 lut ains zedtels Sampstag post Egidii (Sept. 2). f. 37 a.

Uff freitag nach sannt Thomas tag apostoli (Dez. 22).

Item 2690 guldin reinisch haben die baumaister geantwort und bezallt Ulrichen Fugker umb und fur 2000 ducaten, die er der statt anwallten gen Rom wächsseln und daselbs uff ir erfordern antworten sol, als dann die dreytzehn angesehen und des gut wissen haben. Er hatt vormaln auch 2000 ducaten hinein gemacht. fol. 38 b.

Baumeisterbuch 1489.

Costung der sach wider dechant und capitel des merern stiffts.

Item 270 guldin reinisch recepit Hans Koler von wegen Ulrich Fuggers fur 200 ducaten, die er den Koler uff sein schreiben hinein gemacht hat. Sampstag post Erhardi (Jan. 10).

Mittwoch post Misericordia (Mai 6).

Item 4035 guldin reinisch recepit her Lucas Wällser der ellter umb und für 3000 ducaten allwegen 34 ½ uff das hundert;[1] sollich ducaten der genant Wällser geen Rom in banck bestellen und damit ainem rat gewartig sein sol; also wurd die sach und der handel zu Rom mit dem capittel gutlich oder rechtlich nach der statt eer ussgericht und das ain rat deshalben mit bullen versehen wäre, so sol man das gelt dagegen hinusgeben und damit handeln, wie dan her Pauls Koler ainem rat geschriben hatt. Es wirdet auch der Wällser die wagknus umb das gellt in banck haben und bestan. Wurde man aber des gellts zu Rom nit notdurfftig, so sol er solich obermellt 4035 reinisch gulden ainem rat uff sein erforderung on allen schaden wider antworten und bezalen.

Beilage 7: Aus den Gerichtsbüchern der Stadt Augsburg zur Geschichte der Fugger.

Über die mit dem Jahre 1480 beginnenden Gerichtsbücher der Stadt Augsburg, die zur Darstellung des Konkursrechtes der Stadt ausgiebig Material liefern, vergl. Fr. Hellmann, das Konkursrecht der Stadt Augsburg, Breslau 1905 (Untersuchungen zur deutschen Staats- und Rechtsgeschichte von Gierke, 76. Heft) S. 8, Nr. 34. Zum Verständnis einer Reihe der folgenden Urteile führe ich aus Hellmann S. 16 an: „Das mittelalterliche Augsburger Recht gehört zum Kreise derjenigen Rechte, die dem Geldgläubiger nicht einen direkten Anspruch auf Verurteilung zu Zahlung gewährten, sondern einen Anspruch auf Gewett und auf Pfand, aus dessen Verkauf sich der Gläubiger befriedigen mochte, wenn es der Schuldner nicht rechtzeitig löste.“ S. 32: „Der technische Ausdruck für die Zulässigkeit der Vollstreckung war: der Gläubiger hat alle Rechte an den Schuldner erlangt.“

---

[1] Danach berichtigt sich S. 53 Z. 7.

Die Augsburger Gerichtsbücher sind für die Handels- und auch für die Kulturgeschichte wichtig. Aus dem Zusammenwirken mehrerer Kaufleute beim „Rechterlangen“ oder aus der gemeinsamen Verfolgung mehrera Gesellschaften darf man gelegentlich wohl auf ein engeres Verhältnis der Betreffenden schließen. Allerdings ist die größte Vorsicht geboten, da auch Zufälligkeiten hier eine große Rolle spielen können.

Aus dem Jahre **1480** (fol. 84) erwähne ich, daß Stephan Krumbein anstatt Lukas Fuggers, Bernhard Kag anstatt Ulrich Fuggers und seiner Gesellschaft, Jakob Stegmayer anstatt Ulrich Stammlers wegen der Geldschuld Georg Kindsvaters eine Vollmacht erteilen.

1482 prozessiert Ulrich Fugger durch Bernhard Kag mit Sixt Werlin um 22 rohe Barchenttücher und erlangt Recht (fol. 187). Aber auch als Anwalt des Lukas ist Bernhard Kag tätig und hat alle Rechte erlangt an Leonhard Eiselin um 17 Tücher; doch ist dieser auch dem Ulrich 9 Tücher schuldig (fol. 34).

Aus dem Jahre **1483** vermerke ich folgendes:

Montag vor s. Antonien Tag (Jan. 13).

Item Elisabeth Wolfgang Wohlgemuts webers husfru nymbt ain zug gegen Luxen Fugger und seiner geselschaft von geltschultt wegen, was im ir man beken wert nach der stat recht.

Item Elisabeth Wolfgangen Wohlgemuts des webers husfru nymbt mer ain zug gegen Ulrich Stamler von seiner schuld wegen, was im ir man bekennen wert nach der stat recht. fol. 4.

Donrstag post conversio Pauli (Jan. 30).

Item Steffan Krumbpain als anwalt Lux Fuggers und seiner geselschaft hat Leonhard Kesselschmid dem jungen von den Barfussen von der pfand wegen, die er und sein geselschaft von im inhaben, ain zug geben untz uf den nechstkumenden mantag in der vastwochen, lest er dazwischen die pfand nit, so mag der Krumbpain die uff den nechsten aftermontag darnach durch die gesworenen kaufferin usrichten und verganten lassen nach der stat recht. fol. 23.

Montag post Oculi (März 3).

Item Steffan Krumbpain als anwalt Lux Fuggers und seiner geselschaft hat alle recht erlangt an die Stentzerin weberin witib; (meldet XII tuch [durchstrichen]). Item Jacob Stegmann weber als anwalt Ulrich Stamlers und seiner erben hat alle recht erlangt an die Stentzerin weberin witib; meldet X tuch. fol. 47.

Uf mitwoch nach s. Margarethen Tag (Juli 16).

Item Steffen Krumbpain als anwalt Lux Fuggers und seiner geselschaft hat alle recht erlangt an Hansen Castner weber; meldet 6 tuch.

Item . . . . . hat alle recht erlangt an Berchtold Grasser weber; meldet 8 tuch.

Item . . . . . an Ulrich Brugkmayrin; meldet XI tuch.

Item Bernhard Kag als anwalt Ulrich Fugkers und seiner erben hat alle recht erlangt an Leonhard Glahaimer; meldet 7 tuch, daran hat er 1 gulden.

Item . . . . . an Jorg Hörlerin webern; meldet 2 tuch.

Item . . . . . an Berthold Grasser; meldet 9 tuch uff ain rechnung. fol. 164.

1484.

Uf mittwoch post Valentini (Febr. 18).

Lukas Fugger und Gastel Haug geben sich vor Gericht gegenseitig Generalvollmacht von ihrer Gesellschaft wegen. fol. 41.

Uf montag sant Ulrichs Kirchweiche (April 26).

Item Cristoff Müller von Nördlingen hatt verkunden lassen, Caspar Behem von geltschuld wegen, so er bestimbt hat, nämlichen 676 guld rh. und 1 ort ains gulden uff aftermontag nach sant Ulrich Kirchweichen.

Item Lucas Fugger als ain vollmechtiger anwalt und procurator Waltpurgen Conraten Schneiders seligen eelichen verlassner wittiben seiner swester hat verkunden lassen Caspar Behem zu Fridberg umb die clagforderung und zuspruch als von schuld rechnung und andrer sachen, als er die in gericht benennen und bestimen wird beruerende dry gerichtstag, nämlich affermontag, mitichen und donrstag nach sant Ulrich kirchweichen. Und ob der ainer nit ain gerichtstag sein wird, uff den nechsten gerichtstag darnach. fol. 83.

1485.

Montag nach dem Sonntag Misericordia (April 14).

Item zwischen Michel Ridler und Ulrich Fugger[1] als clager ains und Barbara Jousen Kramers seligen elichen verlassne wittib als antworterin des andern teils ist ain underschid und urtail von

[1] Michael Ridler und Ulrich Fugger lassen in dem gleichen Jahre den Hans Glitzenstein verganten. Gerichtsbuch fol. 61.

ainem raut usgangen also lutend, das ains rauts erkanntnissen pillig gehort und ferrer geschich, was recht werd.

Die verlessen worden ist etc.

Item uff ains rauts erkantnus, so uff den underschid vor gericht verlessen worden ist, hat Barbara Jousen Kramers seligen witib wider Micheln Ridler und Ulrichen Fugger zug und tag als recht ist genomen, daz si nach lut ains rauts erkanntnus fürbringen will des zu recht gnug ist, daz ir die gartenbrief umb des Burgen garten sagend umb ir schuld pfendt und in pfandweise gesetzt worden sei. fol. 67.

Item zwischen Barbara Keckin von wegen ihr selbs und Anna Keckin witib irer mutter als clagerin ains und Michel Ridler und Bernhard Kag als anwalt Ulrich Fuggers als antworterer des andern tails ist ain urtail usgangen und zu recht gesprochen, daz die brief, so die clagerin ins recht gelegt hat, bi iren krefften billich beleiben und daz sich die gemelten gelter als Michel Ridler und Ulrich Fugger der XX guld rhein., so in dem Brief bestimbt seien, understen und einnemen mugen.

Uff afftermontag nach dem sontag Misericordia domini (April 15).

Item Barbara Keckin hat von wegen ir selbs und als ain gewalthaberin irer mutter Keckin wittib XX guldin rein. den geltern mit namen Michel Ridler und Ulrich Fugger nach lut der urtail zu iren handen geraicht und geantwurt. fol. 67 b.

1486.

Donrstag post Francisci (Oct. 5).

Item Bernhard Kag als anwalt Ulrich Fuggers und seiner erben hat alle recht erlangt an Hansen Turner den jungen den weber, hat in gewet pro $13^1/_2$ gulden uff ein roch. fol. 228.

Uf donrstag post Nicolay (Dez. 7).

Item Bernhard Kag . . hat alle recht erlangt an Conrat Müller genannt Schillt; hat in gewettet uf montag sant Leonhards tag des hailigen um 11 barchanttuch halb ochsen und halb leon der statt Augspurg werung und zaichens uff ain rechnung. fol. 252.

1487.

Uf donrstag nach sant Antonien dez hl. Appts (Jan. 18).

Prozeßhandel zwischen Stephan Krumbein und Hans Balderstein. Krumbein spricht von seiner Herrn (Lukas Fugger) Gewölb; er reitet in dessen Geschäften wiederholt hin und her.

Beilage zum Gerichtsbuch 1487.

1488.

Uf donrstag vor vocem jocunditatis (Mai 10).

Item Marcus Morlin schreiber als ain vollmechtiger anwalt und procurator der erbern und weisen Ulrich Fuggers, Andresen Weissen, Hansen Heckels und Aulbrecht Schnitzers des secklers hatt alle recht erlangt an Michel Gassler, der hat im gewettet pro 9 gulden etc. fol. 105.

1490.

Uff donrstag vor Reminiscere (März 4).

Item Hans Stauch weber als anwalt Anthoni Kunigs hat alle recht erlangt an Six Erker weber; meldet VII tuch, daran hat er geben ein zeryssen tuch. fol. 70.

Uf donrstag vor Jubilate (April 30).

Item Christoff Müller und Anthoni Kunig beid swäger samentlich und sunderlich geben iren vollen Gewalt Hansen Stauchen dem weber. fol. 130.

Uf donrstag vor Vocem iocundidatis (Mai 13).

Item Ulrich Fuggers bot genant Steffan Kan hat vor gericht gesworen einen gelerten aid wie recht ist, daz er Mangen Sauloch den verkundbrief zu Nurmberg, werd morgen 14 tag, selbst personlich geantwurt habe nach mitentag. fol. 141.

Montag post Bonifaci (Juni 7).

Item Laucass Fugger der ellter geiht fur sich und sein gesellschaft sein vollen gewalt Hansen Stauchen dem weber gegen und wider alle und yeglich sein und seiner gesellschaft schuldner und gelter. fol. 171.

Aftermontag sant Veits tag (Juni 15).

Item Bernhard Kag als anwalt Ulrichen Fuggers und seiner geselschaft hat alle recht erlangt an Mangen Sauloch, der hat im gewettet pro II C gulden vor ostern gerichtet nach laut sein besiegelten schuldbriefs, geschehen uff aftermontag post Cantate in vogtzding uff dem hauss. fol. 186.

1491.

Uf donrstag sant Sebastians tag (Jan. 20).

Item Hans Stauch weber als ain anwalt Lucas Fuggers und seiner geselschaft hatt alle recht erlangt an Michel Müller weber meldet (?). fol. 14.

Uff sonntag zu latin genant Misericordia domini (April 17).

Item Jorig Hebenring burger zu Augsburg geit seinen gewalt dem erbern Marxen Merlin burger zu Augspurg wider Ulrichen Fugger von seinen hausbrieff wegen, die da sagen über sein haus hofsach und gesasse hie zu Augspurg bei unser Frauen bruder gelegen, die Hans Hebenring sein vetter oder sein hausfrau den obgenanten Ulrich Fugger versetzt haben sollen, dermassen ob der Fugger oder sein anwalt fur gericht kom und erscheine und dieselben hausbriefe und die haus angreifen und rechtfertigen wurd oder vermainten zethun, daz dan der genant Marx Mörlin sein anwalt macht und gewalt han und geben salle von sein wegen zug, vertrag als recht ist uff in gütlich oder rechtlich zu erlangen.
fol. 102.

Uf mitichen vor unsers herren auffart abent (Mai 11).

Item Matheis Graber loder bekennt in gericht, daz er schuldig sey Laucassen Fugger und seiner gesellschaft II augsburger loder und V gulden und 17 ganz gross. fol. 145.

Montag vor Bartholomei apostoli (Aug. 22).

Item zwischen Jorgen Luger als anwalt Thoman Granders, Thoman Freyhaimers, Lux Herwartz sune, Gasteln Haugen und Lux Fuggers und ir aller gesellschaft(en?) als clager ains und Henslin Betzen uf den Creutz als antworter des andern taills ist ain urtail usgangen und zu recht gesprochen, daz der obgenant Hans Betz die phandschaff des hus, so er von Wilhelm Eyselin dem weber inhat, inbehalten ... sülle. fol. 27.

1492.

Uf aftermontag nach Johannis Baptiste (Juni 26).

Item Bernhart Kag als anwalt Ulrich Fuggers und seiner gesellschaft hat vergantet nach der statrecht mit namen ain haus hofsach und gesäss hie zu Augspurg by unser Frauen bruder closter, so im von Hansen Hebenring und Affra seiner hausfrauen versetzt ist worden. Ist vergantet umb 263 gulden rh. nach ist Conrat Kirchmair beliben. fol. 164.

1494.

Uf montag post Urbani Bappe (Mai 26).

Item Hans Stauch der weber als ain anwalt Ulrich Fuggers und seiner gesellschaft hat vergantet nach der statrecht mit namen ainen garten hie zu Augspurg vor dem routen Tor am Wangenhalls gelegen inhalt der brief etc., so Steffen Weinlins des webers gewessen ist; vergangen umb XXV gld. rh. und 1 ort ains guldens und ist Ulrich Appt dem maler beliben, welliche sum der anwalt an seiner herschaft schuld verrait und abgezogen hat, und den Steffan Weinlin selbs anboten und verkundt als recht ist.[1] fol. 128.

1495.

Uf sambstag vor Petri et Pauli apostolorum (Juni 27).

Item zwischen dem erbern und weisen Thomann Tonnstedt von Lunden uss Engelland als clager ains und dem ersamen und weisen Laucassen Fugker für sich und sein gesellschaft als antworter des andern tails ist der handel und das recht in ru aufgehebt und angestellt worden untz uff dem nechst komenden montag also und in sollicher gestallt, daz si von baiden partheyen die burgermaister und ain ersamen raut ersuchen und bitten sollen umb vier ains rats zu den handel zegeben und daz si also in mittler zeit vor den ain gutlichait mit einander suchen und halten sullen, und werden si in der gutlichait mit ainander gericht, das hat sein bestand; beschicht das aber nit, so sol Fugker uff den nechstkomenden afftermontag wieder alda vor gericht erscheinen und alsdann zwischen baiden partheyen in allen den rechten zu rechter gerichten zeit und in dem wesen sten, wie es uff heut gestanden ist, und jeder tail sovil gerechtigkeit haben als er uff heut gehabt hette. fol. 174.

1499.

Uff donrstag nach dem hailigen pfingstag (Mai 23).

Item der jung Laucas Fugger hat ain zug gegen Ulrich Swartzen dem elltern erlangt von heut über 14 tag die nechsten von des gewet seiner schuld wegen, wo er in dazwischen nit entricht oder zu sein benugen mit im abkombt, daz er im dann furter nach verschinens der 14 tag mit gericht muge zu hauss gen und sich verpfenden lassen nach dem statrecht. fol. 122.

1500.

Uff aftermontag nach sant Veits tag (Juni 16).

Item Laux Fugger der ellter hat alle recht erlangt an Thoman Maler wagenman; meldet bi 14 guld ung; ist verwetet.

---

[1] Was sich auf Ulrich Fugger und Gesellschaft weiter in den Gerichtsbüchern bezieht, bleibt hier unberücksichtigt.

Uff aftermontag vor sant Afren tag (Aug. 4).

Lucas Fuger ernennt Hans Stauch zum Bevollmächtigten. fol. 238.

1501.

Uff montag unser Frauen aubent zu Lichtemess (Febr. 1).

Item Marx Fugger Laucass Fugkers sun wettet dem Weining messerschmid abzutragen nach der stat recht und wie recht ist, daz er in gewundt und geschlagen hat; dedit 1 guldeu. fol. 27.

Uf mitichen sant Johanns Baptiste aubent (Juni 13).

Itnm Hans Räm vor unser Frauen thor erclärt zu dem jungen Laucass Fugker die maynung, wie dass der genannt Fugker zu Nurmberg von dem jungen Anthoni Bymel ain stuck attlass carmusin, das 30 nurmberger ellen gehebt, empfangen und eingenommen hab, dess hat er getrut, daz derselb jung Lux Fugker darumb pillig mit im abkomen sulle. fol. 162.

Uff aftermontag post Udalrici episcopi (Juli 6).

Item Marx Fugker contra Hans Geiger pro 35 Kreitzer; hat er im gelihen. fol. 176.

Uf montag vor Egidi (Aug. 30).

Item Laucass Fugker bey dem Tauntzhauss clagt zu Jorigen Mülich des Hector Mülich sun, wie das er in kurtz vergangen tag von dem berlach heruff sei gangen und anheim hab wollen gann, da hab der genant Jörg Mülich ain ploss messer in der hand gehabt und gesagt, sollt ich dem besswicht den kopf abhauen, so hett ich ain lust zu und ich wollt mir nit sunder darum furchten. Darumb er gerichte zu im begerte im darumb wandel und abtrag zethun nach disser stat recht etc. fol. 264.

Jörg Mülich dt 1 ort, zug bis in der nechsten ainung.

Uff mittwoch vor Galli (Oct. 13).

Item Cristoff Scheurlin burger zu Nurmberg geit dem achtbaren und wolgelerten maister Eberharten Engelmoer procurator des gaistlichen hoffs zu Augspurg in der anhängigen sach zwischen sein und Laucassen Fugker mit allen und yeden iren anhängen und umbstenden und insunderhait Gottharten Stamblers und Martin Winters oder irer gesellschaft gelltschulden hab und gut samtlich oder sonderlich zuverbieten sein gantzen vollkommen gewallt, clag ainem ersamen raut oder irem stattgericht oder andern gepurenlich enden und stetten vorzufüren und widerred zu hören etc. fol. 316.

Montag sant Bartolmeus aubent (Aug. 23).

Zwischen dem anwalt der gellter aller, den jung Lux Fugger selig in zeit seines Lebens schuld worden und noch ist, als clager ains und Hans Fritzen dem becken als antworter des andern tails ist ain urtl ausgangen, daz er die hab und gut, so er innhab, die im von wegen des genanten Lucass Fugkers seligen nach seinem toud eingeantwurt worden sei, hinder den vogt zusambt der andern hab und gut die hinter dem vogt ligt und mit gericht beschriben und beschlossen worden sei, hinter den vogt legen und thun sulle etc. fol. 254.

1502.

Uf mitichen post Antoni (Jan. 19).

Item Matheus Fugker der jung clagt Lux Fugker seinen vater umb sein angefallen mütterlich erb, gerat, das er darumb mit im abkomme, nachdem er seinen witiben stant verkert hab.
fol. 14.
vergl. fol. 192.

Uf after montag nach sant Ulrich Kirchweich (April 5).

Jung Hans Fugger gibt seine volle Gewalt Antoni Kunig.
fol. 101.

1503.

Mittwoch post Erhardi (Jan. 9).

Item Laserus Bannermacher (aus Nürnberg) hatt alle Recht erlangt an Matheus Fugger; verwettet pro XV gulden.
fol. 2.

Dieser hofft zahlen zu können, wenn er sein Erbe von Lukas angetreten hat. fol. 51.

Uf montag sant Antoni aubent (Jan. 16).

Item Felicitas Müllerin Christoff Müllers eeliche Hausfrau bekennt Hans Schentz 15 Gulden schuldig zu sein und verpflichtet sich zur Abzahlung. fol. 8.

Sambstag post Jubilate (Mai 13).

Jorig Wirsung hat zum recht verkunden lassen Matheus Fugger

Sambstag post Jacobi (Juli 29).

Lux Fugger ist Liephart XVI gulden schuldig. fol. 210.

1504.

Uf mitichen post Michaelis (Oct. 2).

Item Laux Fugger wetet den e. Bernharten, Hansen und Cristoffen den Röhlinger gebrüdern uf ein rechnung in 8 tagen ussrichtung zu thun vor dem Stattvogt etc. fol. 236.

Uf mitichen post Michaelis (Oct. 2).

Item Lucas Fugger wettet herrn Ulrichen Artzt als anwalt der alten Wielandin witib umb 700 und bei 36 guld nach luts schuldbriefs vor dem vogt etc. fol. 237.

Uf montag nach sant Franciscen tag (Oct. 7).

Item Hanns Contzelmann ist uff den obgenanten tag vor gericht erschinen und hatt an statt und von wegen seiner schwester der Laucass Fuggerin disse red und meldung getan: nach dem Laux Fugger ir eewirt etlichen personen uff heut verwettet hab, so seye sy aber verwisen umb 1500 guld. rinisch irer morgengab und widerlegung nach lut irs heyratsbriefs, darumb sy ir zü seiher zeit ir einred und gerechtigkeit vorbehalten haben wöllte.

So meldet Hector Mülich im namen seiner schwester der Mathey Fuggerin, das ir auch 2000 guldin heyrat gut und widerlegung ussstonden, desshalb si hett denselben Fugger mit fronboten suchen lassen, aber den nicht finden mügen, darumb sy ir einred zu irer zeit noch vorbehalten haben wölle. fol. 239.

Uf sambstag post Galli (Oct. 19).

Helena, Mathäus Fuggers Witwe, läßt Lukas Fuggern zu 3 Gerichtstagen entbieten zu Augsburg und Schwabmünchen (Helena hat Adam Zelter wieder geheiratet). fol. 255. (fol. 261).

Uf aftermontag post Martini episcopi (Nov. 12).

Item herr Ulrich Artzt burgermeister hatt alle recht erlangt an Lucas Fugger, meldet 700 und by 36 gulden etc.

Item Peter Spett als anwalt der Barbara alten Wägelerin hatt alle recht erlangt an Lucas Fugger; verwetet pro 183 guld. fol. 269.

Item Hans Gauer als anwalt Bernhart, Hansen und Cristoffen der Rechlinger gebrüder hat alle recht erlangt an Lucass Fugger etc. fol. 270.

Uf Mitichen nach Elsbethen tag (Nov. 20).

Magdalene Fuggerin, Lukas Fuggers Tochter, giebt ihre Vollmacht Cristoff Müller von ihres mütterlichen Erbteils wegen. fol. 180.

1505.

Aftermontag Urbani (!Mai 27).

Hans Fugger und Madlena Fugger ernennen Marcus Mörlin zum Prozeßbevollmächtigten in der Erbschaftssache. fol. 130.

Montag vor Erasmus (Juni 2).

Item Clara Conzelmann, Lukas Fuggers Ehewirtin, ernennt Gabriel Ridler zum Prozeßbevollmächtigten gegen die Kinder erster Ehe. fol. 146.

Montag post Bartholomaeus (Aug. 25).

Ulrich Fugger ist Bevollmächtigter der Barbara Fugger, Michel Maidels zu Krakau Ehewirtin, in der Erbschaftssache. fol. 228.

1506.

Der Bote des Hans und der Magdalena Fugger hat den Ladebrief gegen Lukas diesem ins Haus zu Graben geschickt. fol. 10.

1507.

Montag post Reminiscere (März 2).

Klage zwischen Lukas Fugger und seiner Ehewirtin. fol. 51.

Aftermontag post Jubilate (April 28).

Klaganwälte der Clara Fugger sind gegen Lukas
Hans Vastnacht,
gegen die vier Stiefkinder
ihr Sohn Egidius Fugger. fol. 96.

Beilage 8: Urkunden zur Geschichte der Fugger aus den Kopialbüchern II. Serie im K. K. Statthalterei-Archiv zu Innsbruck.

Über diese Kopialbücher II. Serie, welche von 1466 bis 1523 in 47 Bänden die „vom Landesfürsten allein ausgegangenen Urkunden oder an denselben gerichtete Schreiben, die Jahr für Jahr nach Gruppen in einem Bande vereinigt wurden“, enthalten, vergl. Michael

Mayr, das K. K. Statthalterei-Archiv zu Innsbruck S. 40. In Mitteilungen der dritten (Archiv-) Sektion der K. K. Zentral-Kommission zur Erforschung und Erhaltung der Kunst- und historischen Denkmale. II. Bd. (1894).

1487. Nov. 17. Meran.

Sigmund sichert den Bürgen des Vertrags zwischen ihm und den Fuggern Schadloshaltung zu.

Wir Sigmund von gottes gnaden ertzherzog zu Oesterreich, zu Steier, zu Kärnten und Krain graf zu Tirol bekennen für uns unser erben und nachkommen: als sich dann unsere lieben getreuen Hans Ramung unser rath und salzmaier zu Hall, Andre Römer, Hans Fueger, Leonhard Jöchl, Christian Tännzl unser diener, Hans Sigwein, Georg Peerl, Eberhard Kaufmann und Andre Jaufner auf die bericht zwischen unser und der Herrschaft von Venedig des gmeinen guets halben zu Botzen, Primer und an anderen enden gegen unseren besonderen Jacob Fugger von Augsburg, der sich dann darum an unserer statt und von unsertwegen der bemelten herrschaft inhalt derselben bericht genug zu tun verfangen, auf unser ersuchen und begehren widerumb verschriben haben schadlos zu halten und im des nach unserer verwilligung auf die silber, so die bemelten Tännzl, Fueger, Perl, Sigwein und Jaufner machen, versichert haben, also wo wir zu den zielen und zeiten inhalt der thaeding nicht halten und der bemelt Fugger seiner verschreibung nach genugsam thun müsse, das er alsdann dieselben silber solang einnehmen mag, unz im von dem wechsel derselben um hauptgut und schäden ein ganz völliges benügen beschicht. Darin sich dann ein landschaft gemeinig und unverschidenlich gegen innen zu merer sicherheit, damit solches also stet gehalten werde, auch verschriben und inn darumb all ir hab und gut verpfändet hat, und damit aber dieselb unser landschaft des auch schadlos gehalten werde, so sagen wir inen hiermit und in kraft dieses briefs zu, das wir die summe, wie die auf jede zeit und ziel getädingt ist, ausrichten und sy des ganz schadlos halten wollen. Wo wir das aber nit thäten oder thun möchten, so geben wir den obgenanten Fünfen hiemit gewalt und macht, dem bemelten Fugger die silber, so sie machen nach ausgang der verschreibung, so ander darauf haben, zu geben, solang unz im von unserm wechsel derselben silber am hauptgut und schäden ein völliges benügen beschicht. Ob aber durch krieg, gottes gewalt oder ander zufäll solch silber nit gemacht möchten werden, so sollen sie sich des halten auf unsere renten nutzen und gülten aller unser ämter unverschiedenlich und die nutzung derselben einnemen, solang unz in und allen den, so in sollicher sach hafft sein, ein benügen beschicht, darin auch kein unser amtmann irrung oder hinderniss thun soll in kein weise, wann wir solches hiemit mit in ernstlichen verschaffen und gebieten. Ob wir aber auch ander verschreibung darüber ausgeen lassen oder geschäft thäten, die sollen wider solches kein kraft haben, alles getreulich und on geverde. Mit urkund dies briefs geben in Meran am samstag vor S. Elsbethen tag 1487.

Sammler für Geschichte und Statistik von Tirol II S. 275—277. Der betreffende Kopialband fehlt.

1488. März 7. Innsbruck.

Die Fugger werden für eine Forderung von 5792 guld. auf Silber aus der Münze zu Hall verwiesen.

Sigmund

bekennen für uns unser erben und nachkommen, daz wir unserm besondern Ulrichen Fugger von Augspurg und seiner gesellschaft mit raitung zu tun und schuldig worden sein 5792 gulden rein. und 10 kr., und damit sy der gewiss und habhaft werden, so haben wir sy darumb auf unser mins zu Hall versichert und gewisen, versichern und weysen sy auch darauf wissentlich in kraft ditz briefs, also daz in oder iren erben hinfür all wochen 100 mark silber Swatzer prant, ye ain mark für 8 gulden rein zuraiten, aus derselben müns geantwurt und mit der bezalung nach den Ostern schirst angevangen soll werden, untz zu voller bezalung der bemelten summa 5792 gld. und 10 kr. on gevärde. Und emphehlen darauf unserm gegenwurtigen und ainem yeden unserm künftigen münsmaister zu Hall, daz du in oder iren erben all wochen die 100 mark silber antwurtest etc. fol. 76 b.

1488. März 29. Innsbruck.

Verschiedene Gewerken dürfen sich für eine Forderung an Sigmund aus dem Wechsel des von ihnen gewonnenen Silbers bezahlt machen.

Sigmund

bekennen: als dann unser getreuer Hanns Fueger unser ratte, Cristan Täntzl unser diener, Hanns Sigwein unser burger zu Hall, weiland Jörg Perl und Andre Jauffner gemainer unser landtschaft in vergangner zeit vier tausend gulden rein. dargelihen, und nachdem aber solh gelt an unser und unsers haus Östereich nutz kumen und gewendt ist, damit si aber des widerrumb habhaft und betzalt werden, das wir si und ir erben auf ire silber, in mass hernachvolgt, wissentlich in kraft ditz briefs verwisen und versichert haben: namlichen, so die erst verschreibung, so dann unser getreuer Jacob Fuckger unser diener hat, als zu benuegen der herrschaft Venedig kauffleut aus ist, und ee die ander desselben Fuckgers verschreibung, so er auf die silber hat, angee, das si sich von dem wechsel derselben irer silber, so sy also dazwischen machen, betzalen mugen, wo si sich aber in solher zeit nicht gäntzlichen betzalen mochten, dass sy sich alsdann nach ausgang der vorgemelten jüngsten verschreibungen von dem wechsl irer silber, sovil in unbezalt ausstueend, untz zu voller betzalung der bemelten IIII M gulden rein. betzalen sollen on gevärde; und empfehlen darauf unserm gegenwärtigen und ainem yeden unserm künftigen münsmaister zu Hall, das du die bemelten unser räte, diener und smeltzer oder ir erben sich also, wie obgemelt ist, betzalen lassest etc. fol. 78 a.

1488. April 23. Innsbruck.

Anleihe bei den Fuggern, die zur Sicherstellung ihrer Forderung von 2266 Gulden auf Primörer Silber verwiesen werden.

Sigmund

bekennen: als uns dann unser besonder Ulrich Fugger von Augspurg und sein gesellschaft yetz unserm begern nach 2266 guldin rein. 4 ℔ 4 kr. gelihen haben, die auch in unsern scheinbaren nutz kumen und gewendt sein, und damit sy des aber wider betzalt und vergnugt werden, datz wir sy auf unnser silber in Prymer verwiesen haben, verweysen sy auch darauf wissentlich in kraft ditz briefs, also daz inen diselben silber für und für, ye ain mark silber für 8 guldin rein. und 21 kr. zuraiten und Prymer prant, gereicht und geantwurt werden sullen, solang untz sy der bemelten summa gentzlich entrichtet und bezalt werden on gevärde, und empfelhen darauf unserm getreuen Hannsen Lässl unserm gegenwertigen und einem yedem unserm kunftigen verweser in Prymer, daz du dem bemelten Fugger und seiner gesellschaft die silber untz zu voller betzalung solcher summa, wie obsteet, raichest und in die allweg gen Venedig antwurtest, wann was du ine also geben und uns mit iren quittungen beweysen wirdest, darin sagen wir dich ledig, und sollen dir in deiner raitung gelegt und abgetzogen werden, und ob wir ander geschäft in der zeit ausgeen liessen, dich dies nicht irren lassest; das ist unser ernste meynung etc. fol. 77 b.

1488. Juni 9. Innsbruck.

Sigmund entleiht bei den Fuggern insgesamt 150000 fl; davon sind 6 Monate lang je 5000, dann 12 Monate lang je 10000 fl. zu bezahlen. Dafür wird ihnen für 120000 Gulden der Wechsel von allem Schwazer Silber ein Jahrlang zugestanden, für 30000 Gulden aber aus der Haller Münze wöchentlich je 200 Mark Silber bis zu voller Bezahlung der Schuld.

Sigmund

bekennen für uns unser erben und nachkumen: als wir in vergangen kriegsleuffen in grosse schuld gewachsen uns auch sunst merckliche sachen, daran uns, unserm haus Osterreich auch landen und leuten nicht klein gelegen, vil zugefallen sein, dem und unser sonder beger und ersuchen nach sich aber unser besonder Ulrich Fugger von Augspurg mitsambt seiner gesellschaft gutwillig bewisen und sich mit ettlichen unsern ambtleuten und räten, so wir treffenlich dazu verordent, uns etwas merklich geldes datzu leyen auf ettlich zeit gutlich betragen und veraint haben, in mas hernach folgt: dem ist also, daz uns der bemelt Ulrich Fugger und sein gesellschaft all monat von datum ditz briefs untz auf sant Marteinstag negstkomend darleyen sollen 5000 guldin untz auf 30000 guldin, und ob die zeit sich datzwischen nit auf sovil strecket, so sollen sy uns in dem letzten monat vor demselben sant Marteinstag das übrig untz zu voller betzalung der 30000 guldin dargeben und leyhen, und von demselben sant Marteinstag darnach für und für ein gantz jar das negst darnach yeden monat 10000 guldin alles reinischer, das sich in einer summa zusambt der 30000 guldin trift anderthalbhunderttausend guldin und die unserm obristen ambtmann oder camermaister als zu unnsern handen allweg wie obsteet on lenger verzichen antwurten ungevarlichen. Und damit aber er, sein gesellschaft oder ir erben des widerumb habhaft und bezalt werden, so gereden und versprechen wir wissenlich in kraft ditz briefs bey unsern fürstlichen wirden, sagen wir das auch hiermit zu: so die verschreybungen vormalen ausgangen der silber halben unsers perckwerks zu Schwatz verschinen sein, das inen alle und yegliche silber alsdann, so in demselben unserm perckwerck gemacht, dasselb jar aus und aus geraicht und geantwurt werden sollen, ye ain mark silber Swatzer prant für 8 guldin rein. zu raiten, davon sy allweg den smeltzern, so die silber machen lassen, von yeder mark hinausgeben sollen 5 gulden und die übrigen 3 guldin rein. ynnbehalten an den summen gelts, so sy uns also darleyhen werden, doch mit der beschaidenheit, des sy sich auch gutwilliglich begebeben haben, datz sy von demselben sant Marteinstag das jar hinaus all wochin zu fürdrung unser müns in unser müns zu Hall antwurten 200 mark silber. Davon soll inen auch ob sy mer daryn geben wollen, des sy wol macht haben, der slagschatz als ein ort des guldins von der marck silber verfolgen; was aber daruber am slagschatz ist, sol uns beleyben. Darzu das die 30000 guldin, so er und sein gesellschaft uns wie obsteet vor sant Marteinstag schierst leihen werden, daz jar hinaus, so sy mit den 10000 guldin auf die monat zu leyhen anfahen, stillsteen, und nach ausgang desselben sollen inen die, auch ob inen und an iren dargelihen gelte einicherlay unbezahlt were, und wir des durch raitung bericht, mit silber bezalt werden, nemblich das inen alsdann all wochen gentzlich on abgang 200 mark silber und nit mer geantwurt werden untz zu voller bezahlung der bemelten 30000 guldin zusambt dem, ob inen sunst wie obgemeldet ist ichts austende allweg on lenger vertziehen. *Während der genanten zeit soll niemand auf silber gewiesen werden. Bernhard Behaim, Münzmeister zu Hall, wird entsprechend angewiesen. Für die 30000 Gulden bürgt die Landschaft Tirol an demselben Tage.* fol. 78b.

Eine Gegenurkunde Ulrichs Fugger vom gleichen Tage befindet sich Innsbruck im Schatzarchiv als Nr. 7231.

1488. Juni 9. Innsbruck.

Dem Ulrich Fugger wird für eine Forderung von 4844 fl. die Lieferung von Silber aus Primör gen Venedig zugestanden.

Sigmund

bekennen für uns unser erben und nachkomen: als unser besonnder Ulrich Fugger und sein gesellschaft auf unser vleyssig ersuchen und begern, auch zu unsern merklichen notdurft als bar gelihen haben benantlich 4844 guldin rein. . . . so haben wir sy auf unser silber in Prymer verwisen . . ., also daz inen dieselben silber für und für, ye ain mark silber, für VIII guldin rein. und 1 ℔ perner zuraiten Prymer prant, gen Venedig geraicht und geantwurt werden sollen, solang untz sy der bemelten summa gentzlich und gar entricht und bezalt werden, doch uns hierinn vorbehalten, ob sy seid ostern her des gegenwärtigen 88ten jars silber aus Prymer zu Venedig emphangen hetten, die solln an der obgeschriben summa gelts in dem vorbestimmten anslag herabgezogen werden alles getreulich und on geverde. fol. 80 b.

1488. Juni 17.

Sigmund

verfügt freies Geleit für Ulrich Fugger und Gesellschaft für das vertragsmäfsig überlieferte Silber und Gold, doch ohne Schaden für die landesherrlichen Zölle. fol. 80.

1488. August 6. Innsbruck.

Ulrich Fugger wird für eine neue Forderung von 4000 fl. auf Silber aus der Innsbrucker Schmelzhütte verwiesen.

Sigmund

bekennen: als uns dann unser besonnder Ulrich Fuggker von Augspurg und sein gesellschaft yetzo aber auf unser vleyssig begern und ersuchen zu unsern merklichen notdurft gelihen haben benantlich 4000 guldin, die auch in unsern nutz kommen sein, damit sy der aber widerumb betzalt und habhaft werden, daz wir sy auf unser silber, so in unser schmeltzhütten hie zu Innsprugg gemacht werden, in kraft ditz briefs verwisen haben, also wann ire verschreybung, so sy vor darauf haben, ausgeet, das als dann zu stund angevangen und inen all 14 tag ain stuck silber, die mark auf 14½ Lot rein geprennt und für 8 rein guldin zuraiten, geraicht und geantwurt sollen werden.

Rudolf Harber, Hauskämmerer, wird entsprechend angewiesen.

fol. 82 b.

1488. August 28. Innsbruck.

Den Fuggern sollen alle Silber aus der Haller Münse gegeben werden, doch zahlen sie an die Baumgartner von Kufstein wöchentlich 200 Mark, bis diese für eine Forderung an Sigmund befriedigt sind.

Sigmund

bekennen für unser erben und nachkomen: nachdem wir unsern getreuen Hansen Pamgartner von Kuefstain unsern diener und sein gesellschaft verwisen und versichert haben umb etwas geldes auf unser muns zu Hall, also daz wir in all wochin, untz sy derselben summa, so sy uns vor dem vertrag, mit unserm besonderen Ulrichen Fugger von Augspurg und seiner gesellschaft beschehen, gelihen haben, entricht und betzalt werden, antwurten sullen 200 mark silber laut der brief deshalben von uns ausgangen. Und damit dem bemelten Fugger, Pamgartner und iren gesellschaften an irem vertrag nit irrung beschech, auch die 200 mark silber wie obsteet geantwurt werden wochenlich, so haben wir uns mit demselben Fugger und seiner gesellschaft weiter betragen nemblich, daz im und derselben seiner gesellschaft die silber all, so in der vorgenanten müns geantwurt, zusambt den silbern, so in verschriben sein, gegeben werden sullen, davon sy allweg den schmeltzern, so solich silber antwurten, fur yede mark fünf guldin und dem Pamgartner und seiner gesellschaft geben sullen als von dem wechsel yede wochen 200 silber alweg, yede mark Swatzer prant für 8 guldin reinisch zu raiten, untz der vorgenant Pamgartner und sein gesellschaft der schuld wie obsteet entricht und betzalt sein; und was dem bemelten Fugger und seiner gesellschaft an dem wechsel abgeen, er dem Pamgartner der 200 mark silber halber ichts darüber antwurten und sich mit raitung erfinden, darumb sollen unser silber, so wir hie in unser hütten machen lassen, geantwurt werden, dagegen uns von yeder mark silber 5 guldin beleiben und in die übrigen 3 guldin alles reinischer zusteen sollen, solang untz sy deshalben auch entricht und benuegig gemacht sein, doch erst anzufahn nach ausgang der bemelten Pamgartners und seiner gesellschaft betzalung. Und damit die vorgenante unser müns gefurdert werde, haben sich die vorgenannten Fugger und sein gesellschaft uns zu gevallen begeben, was in von silbern als uber die 200 mark den Pamgartnern berurend und so in vor nit verschriben sein vorsteen, die lassen zu vermünsen mit der beschaidenhait, daz in dagegen von yeder derselben mark über die 8 guldin als fur den slagschatz zusteen und verfolgen soll ain ort ains rein guldins, doch inen sunst an dem vordern vertrag und verschreibung in allweg unvergriffentlich und on schaden alles getreu und on gevärde.

Rudolf Harber, Hauskämmerer, und Bernhard Behaim, Münzmeister, werden entsprechend angewiesen. *fol. 83 b.*

1488. August 28.

Sigmund empfiehlt die Fugger weltlichen und geistlichen Fürsten aufserhalb seines Landes. *fol. 24 a.*

1488. Dez. 13. Innsbruck.

Christian Tänzl wird angewiesen, dem Jacob Fugger von den Silbern, die er gewinne, 700 Mark zu überliefern.

Sigmund

schaffen mit dir unserm getreuen Christan Täntzl, unserm diener, daz du unserm getreuen Jacoben Fugker unserm diener antwurtest und gebest von den silbern, so du machen wirdest, 700 mark silber und mit betzalung derselben, so den vordern verschreibungen gnueg beschehen ist, anvahest, dafür er dir fur yede marckh 5 guldin geben wirt und die drey gulden, so uns also des wexls derselben silber halben über die 5 gulden zusten, zu beleiben, zu betzalung 2100 gulden rein, die er uns dargeliehen hat, so du das getan hast, sagen wir dich darumb ledig und sullen dir in deiner raitung durch sein quitung gelegt und abgetzogen werden on gevärde.

fol. 76 b

1489. Sept. 5. Linz.

Des Königs Vollmacht für Gossembrot und Reck, mit Lukas Fugger ein Wechselgeschäft abzuschliefsen.

Wir Maximilian

bekennen offenlich mit diesem brief und tun kund allermenniglich, daz wir unsern und des reiches lieben getreuen Sigmunden Gossenbrot burgermaister zu Augspurg und Hannsen Reckhen unserm thuerhüter unsern ganntzen vollkomen gewalt gegeben haben also, daz sy in unserm namen und von unsern wegen mit unserm und des reichs lieben getreuen Lucasen Fucker zu Augspurg und seiner gesellschaft umb die 6700 guldin reinisch, so ir factor Cunrad Numan von unserm marggraven zu Antdorf emphahngen hat, einen wechsel uns dasselb gelt zu unsern handen zu raichen und zu antwurten machen sullen und mugen. Und was sy hierin handlen und tun, daz ist unser guter will. Wollen das auch stet und vest halten, in massen wir das selbst gehandelt und getan hetten ungevarlichen. Mit urkund diss briefs, besigelt mit unserm zu ruckh aufgedrucktem secret. Geben zu Linntz etc. 1489,

Jahrgang 1491. fol. 89 a.

Dasselbe Stück fol. 93 a mit Datum Dez. 5. Es gehört zum Bande mit Urkunden aus dem Jahre 1491.

1489. Sept. 23. Innsbruck.

Sigismund macht bei den Fuggern neue Anleihen von 12 000 und 25 000 fl. Die letztere Summe soll an Herzog Georg von Bayern überwiesen werden. Die Fugger werden durch Verweisungen auf Schwaser und Primörer Silber sicher gestellt.

Sigmund

bekennen fur uns unser erben und nachkomen: als wir in vergangnen kriegsleuffen in grosse schulde gewachsen, uns auch sunst mercklich sachen, daran uns und unserm haus Osterreich vil gelegen ist, zugevallen sein, haben wir uns demnach umb pessers unsers nutz und frumens willen mit unserm besundern Ulrichen Fugger von Augspurg und seiner gesellschaft auf ettlich weg noch weiter betragen und veraint in mass hernach folgt. Dem ist also, daz der bemelt Fugger und sein gesellschaft alle silber, so in unser muns uns auf Weichnachten schierst komend gevallen, wie vor nemen und uns yetz und auf sand Lucien tag schirst kumend darleyhen sullen 12000 rein. guldin zu dem vordern stillstenden gelt der 30000 guldin, die sy uns von unsers lieben herren fronleichnamstag untz auf auff sand Marteinstag des 88 ten jars dargelihen und was sich nachmalen auf die andern monat der 10000 guldin halben verloffen hat, wie sich dann das mit raitung den briefen nach von uns vormalen ausgangen erfinden wirdet. Weyter so sullen sy dem hochgebornen fursten unserem lieben oheimen und swager hertzog Jörgen von Bayern etc. in unserm namen auf sant Veitstag schierstkumend uns gentzlich on schaden ausrichten und betzalen benantlich 25000 rein. guldin, die wir seiner Lieb laut der täding zwischen unser baider durch unsern gnädigen lieben herrn und vettern den römischen kunig gemacht zu tun und schuldig beleyben. Und damit aber der bemelt Ulrich Fugger sein gesellschaft und ir erben der bemelten 12000 guldin rein. zusambt der vorderen stillsteenden summa geltz, die mit inen zu Weychenachten schirstkumend abgerait sol werden, auch der 25000 gulden alles rein. zu betzalung gegen dem bemelten unsern lieben oheimen und swager hertzog Jörgen von Bayern wiederumb habhaft und betzalt werden, so gereden und versprechen wir bey unsern fürstlichen wirden, sagen inen das auch hiemit zu also umb die 12000 guldin auch des vordern stillsteenden gelt, sullen im und seiner gesellschaft von dem negsten weichnachtag ein gantz jar all wochen daran fünfzig mark silber gegeben werden und was inen nach verscheinung desselben jars unbezalt ausstunde, des sollen und wollen wir sy in dem ainsundneuntzigisten jar entrichten und benugig machen, nemlich alle wochen inen alsdann zuantwurten 100 mark silber untz zu gantzer betzalung des bemelten vorderen stillsteenden gelt und der 12000 guldin alles aus unser muns zu Hall und yede mark silber Swatzer prandt fur 8 guldin rein. zu raiten. Dann umb 25000 guldin darumb sol dem bemelten Ulrichen Fugger und seiner gesellschaft zwischen hie und Bartholomestag schierstkomend aus Prymer 500 und in derselben zeit aus unser hütten hie 1000 mark silber geantwurt werden, die mark silber in Prymer für 8 guldin ain pfund perner 6 kreuzer und aus unser hütten hie für 8 guld rein zu raiten. Wo aber inen solh silber aus Prymer oder der hutten hie auf den bemelten sand Bartholomestag nit gar geantwurt, das doch in kain weg sein (sol), so sol in doch so vil also abgeet, aus der vorgenanten unser münz zu Hall erstatt werden, und was inen auf dieselb zeit an den vorgenannten 25000 guldin unbetzalt aussteet, des sullen und wullen wir sy auch entrichten und benugig machen, nemlichen all wochen die nächsten darnach 50 mark silber aus unser hütten hie zu geben oder wo des mangel wurde, sy des aus unser müntz erstatten untz zu voller betzahlung vorberurter 25000 guldin. Weiter sullen und wullen wir inen auch von den nechsten weichnachten ein gantz jar das negst darnach yede wochen 200 mark silber in kaufweyse, yede mark silber Swatzer prandt für 8 guldin zu raiten, zu kaufen geben und zusteen lassen. Aber was ausserhalben der silber geschmeltzt werden, sullen in unser müntz gevallen, und ob sy die silber, so inen also gegeben werden in kaufweyse oder ander schuld nicht verfueren wollten zu ainem oder mermalen, so mugen sy die in unser müntz vermüntzen lassen doch auf unsern gewonlichen preg und korn, und inen sol alsdann umb yede mark silber ein ort über die acht guldin gegeben werden.

Die Tiroler Landschaft verbürgt sich für diese Abmachung.

fol. 5b.

1490. April 20. Innsbruck.

Maximilian, der in die Rechte und Pflichten Sigmunds getreten ist, erklärt, den Fuggern 46000 schuldig zu sein. Für diese Summe verweist er sie auf die Münze zu Hall.

Maximilianus

bekennen für unns unser erben und nachkomen und tun kund offentlich mit diesem brief: als der hochgeborn Sigmund etc. unser lieber vetter und furst mit unsern und des reichs getreuen Ulrichen Fugger von Augspurg und seiner gesellschaft in vergangner tzeit ein vertrag gemacht under anderm ynnehaltend, in all wochen ein gantz jar 50 mark silber und nach ausgang desselben, wes er und sein gesellschaft unbetzalt ausstunden, 100 mark silber zuraichen, und als sy nachmalen dem bemelten unserm lieben vettern und fürsten zu seinen mercklichen nöten und geschäfften aber und weitter dargelihen und geantwurt haben benantlich 22000 guldin rein, darumb sein Lieb sie auf die bemelt unser müns all wochen mit

75 mark silber zu entrichten untz zu gantzer betzalung, des sy seiner Lieb laut des ersten vertrags dargelihen und betzalt haben auch der bemelten 22000 alles rein. guldin versichert und verwisen hat alles laut der verträg, schuld- und geschäftsbrief deshalben daruber begriffen und ausgangen, und dieweil aber die sachen numals an uns gewachsen sein durch frey ubergab aller herrschaft land und gepiete des benanten unsers lieben vettern und fursten uns beschehen, haben wir demnach mit dem bemelten Ulrichen Fugger und seiner gesellschaft obgemelter vertrag halben und was sunst durch sy dargelihen oder betzalt ist abraiten lassen, und inen aller sachen zutun und schuldig worden sein 45197 rein guldin 5 kreutzer, und darauf nachdem sy uns der 200 mark silber, die wir inen hiefür all wochen aus unser müns laut obgemelter verträg antwurten sollen ein zeit in kaufweyse unserm begern und ansynnen nach erlazzen haben, wir sovil auf obgemelte summ geslagen, daz wir den bemelten Fugger und seiner gesellschaft in einer entlichen summ untz auf den Ostertag nächst verschinen zu tun und schuldig worden sein benantlich 46000 guldin reinisch, und damit der bemelt Ulrich Fugger und sein gesellschaft derselben widerumb habhaft bezalt und entricht werden, so haben wir sy der auf unser müns zu Hall versichert und verwisen, versichern und verweysen sy auch darauf wissenlich in kraft ditz briefs, nemlich datz inen, iren erben oder nachkomen hinfür von dem bemelten Ostertag negstvergangen anzufahen und darnach für und für all wochen aus bemelter unser müns geraicht und geantwurt werden sollen benantlichen 125 mark silber Swatzer prant yede mark für 8 guldin rein und nicht höher zu raiten, so lang und vil untz sy ir erben oder nachkomen bemelter 46000 gulden reinisch entricht betzalt und benugig gemacht sein etc. *Anweisung an den Münzmeister Bernhard Behaim, entsprechend das Silber auszufolgen.* *fol. 70 b.*

1491. März 24. Innsbruck.

Grofse Anleihe Maximilians bei den Fuggern. Maximilian verpflichtet sich alle Verbindlichkeiten, welche Sigmund übernommen hatte, zu erfüllen.

Maximilian

bekennen: als uns der hochgeboren Sigmund ertzherzog zu Osterreich unser lieber veter und fürst der land, herrschaften und gepiete, so sein Lieb ingehabt aller, aus vätterlich lieb und sonder naigung, so dieselb sein Lieb zu uns als seinem nächstgesiptem frund tregt, ubergeantwurt, darumb wir uns under anderem begeben und uns gegen bemelten unserm lieben vetern und fürsten verschriben, was schuld sein Lieb gelassen, die zu entrichten und zu betzalen. Demnach auch, damit wir seiner Lieb und der hochgeporn Katharina geporn von Sachsen ertzherzogin zu Österich etc. unser lieben muemen und fürstin seiner gemahel alltzeit laut unsers fruntlichen vertrags ausrichtung und betzalung thuen mugen, und andern mercklichen unsern obligenden gescheften nach und sonderlich solich ubergegeben unser land und herschaften belangend und uns zuvorab zu nutz frumen und gut haben wir uns nach zeitigem rat und guter furbetrachtung mit unseren und des reichs lieben und getreuen Ulrichen Fugger von Augspurg und seiner gesellschaft umb etwas summa geldes, in mass hernach volget, gutlich veraint und betragen: nemlichen das derselb Ulrich Fugker und sein gesellschaft mitsambt dem gelt, so sy uns heer auf unser camer yetz nachstvergangen mitfasten geantwurt und dargelihen haben, auf sand Jörgen tag nachstkumend mer dargeben und leyhen sollen, das sich auf baid bemelt fristen 55000 gulden treff, und von demselben sand Jörgen tag nach anzal der zeit untz auf Weinachten schierst weiter und mer darleihen sollen benantlichen 65000, das sich in ainer summa pringt und macht 120000 alles reinischer und guter guldin. Und damit aber bemelter Fugker und sein gesellschaft der widerumb bezalt und entricht werden, so haben wir sy darumb auf alle und yede silber, so in unsern wexl gen Hall gehorn und geantwurt werden sollen ausserhalben der silber, so Hansen Vechlin von Memmingen und seiner gesellschaft verschriben sein, verwisen und versichert, verweisen und versichern sy auch darauf wissentlich in kraft ditz briefs, also daz solche silber alle und yede wie obstet, was der unz auf die nechsten Weinachten in unsern wexl und silberlosung gehorn, inen oder iren erben zu irn sichern handen und gwalt geraicht und geantwurt werden. Doch so sollen sy albeg gen yeder mark zu betzalung der smeltzer, so die silber antwurten, fünf guldin reinisch betzalen und die drey guldin als den wexl von der mark inbehalden. Und so bemelter Vöchlin und sein gesellschaft betzalt, was dann silber ledig werden, sollen bemeltem Fugger und seiner gesellschaft, wie die andern auch ervolgen albeg zu betzalung irs darleihenden und dargelihen gelts. Und als wir bemeltem Fugger und seiner gesellschaft auf Weinachten demnach bey 60000 guld. rein. zu thun und schuldig werden ungeverlich, hat er sich uns zu gefallen begeben, zugesagt und gewilligt, daz diselben still steen und sy uns darüber leyhen sollen und wollen 120000 alles rein und guter guldin: nemlich in dem monat Februarii des 92ten jar angefahen und darnach fur und fur albeg auf den 1 tag ains yeden monats in sonders, das sich ain gantz jar durchaus trift, heer auf unser camer an irrung und genzlich an unsern schaden zu antwurten 10000 guldin reinisch. Dagegen sollen im und seiner gesellschaft aber alle silber, so in unsern wexl und silberlosung gen Hall gehorn, geraicht und geantwurt werden, sich von dem wexl genannter silber zu bezalen und albeg, wie vor auch steet, gegen überlieferung für yede mark silber fünf guldin in die losung antworten. Und nach ausgang der lesten zeit und zil sol mit vorgenantem Fugker und seiner gesellschaft gerait und was inen solichem vertrag nach alsdann unbezalt ausstund, so sol inen all wochen 200 mark silber fray an ainicherley losung und darzue 100 mark, doch sollen sy für dieselben 100 mark allain albeg 800 rein guldin dargegen betzalen und ausrichten, solang und vil untz sy bemelter irer austenden schulden gentzlich entricht betzalt und vergnuegt sein, alweg yede mark silber auf 14½ lot Swatzer prandt ungeverlich geprandt und yeden guldin rein. nicht höher dann für 60 kreutzer zuraichten. Doch so sol bemelter Fugker mitsambt seiner gesellschaft unser müns zu Hall das jar aus yede wochen mit 100 und das ander jar mit 10000 mark silber zu vermünzen furdern. Wo er aber mehr vermünsen wolt, soll im auch gemünsset werden, doch auf unsern korn und gewondlichen slag wie bisher. Und was sy also vermünssen, soll inen allweg ain ort auf die mark silber über die acht guldin verfolgen und zusteen.

Darauf folgt die Bürgschaft der Tiroler Stände. fol 6 a.

1491. März 25. Nürnberg.

Der König leiht bei Georg Fugger 7000 fl. und verpflichtet sich, wenn bis zur Frankfurter Herbstmesse keine Rückzahlung erfolge, ihm Tiroler Silber anweisen zu lassen.

Maximilian:

als uns dann unser und des reichs lieben getreuen Jörg Fuckher und seine gebrüder auf unser begern uns zu unser notdurft von etlichen personen 7000 guldin rein. in der yetzigen vastenmeß zu Frankfort aufzubringen und sich dafür als gewern und selbschuldner dieselb summa auf die nechstkunftigen herbstmess zu Frankfurt zu bezalen an unser stat zu verschreiben zugesagt und verwilligt haben; auf das gereden wir und sagen zu wissentlich in krafft ditz briefs, das wir unser erben und nachkommen die gemelten Jörgen Fuckher und sein gebrüder oder ir erben derselben

7000 guldin rein. auf die Herbstmeß schierist kommend on allen iren costen und schaden und on alles verziehen gnedigklich entrichten betzalen und sy damit solcher irer gewerschaft und verschreibung entledigen sollen und wollen. Wo inen aber solhe betzalung auf gemellte zeit nicht beschehe, so sollen und wollen wir den beruerten Fukhern und iren erben um die gemelt summa 7000 guldin rein. sovil silber nach antzal derselben summa gelts geben und damit auf die nechsten Weihenachten anfahen in allermaß, als sy dann yetzmals umb ain summa gelts und silber ain vertrag mit uns getan, und ine solle auch als dann zu Innsprugg ain verschreibung in der gestallt, wie sy dann yetzmals haben, auf sant Jorgen tag schirist darumb aufgericht und gegeben werden on geverde. Mit urkund ditz briefs geben zu Nürnberg etc.

fol. 12 b.

Am 21. Juni 1491 verspricht Max dem Ulrich Fugger als Mitbürgen für diese 7000 fl., dafs sie an der Summe, welche Ulrich auf Grund des Vertrags mit den Statthaltern zu Innsbruck (S. 124 f.) versprochen hat, abgezogen werden dürfen.

fol. 13 a.

1491. Mai 1. Innsbruck.

Ulrich Fugger wird für eine neue Forderung von 8000 fl. auf Silber aus Primör verwiesen.

Maximilian

bekennen: als unser und des reichs lieber getreuer Ulrich Fugker von Augspurg und sein gesellschaft uns auf vleyssig unser beger und ersuchen zu mercklicher unser notdurfft über den vertrag, so wir vormalen mit inen gemacht, weiter und mer dargelihen haben benantlich 8000 guldin reinisch . . . . ., so haben wir sy auf die silber, so uns in Prymer gefallen oder wir selbs darin machen lassen werden, versichert und verwisen . . . . ., daz man inen diselben, sovil der zwischen hie und Weihnachten gefallen, und was da mangel sein, im die ubertheur zuvoller betzalung egenanter 8000 guldin mit silber aus unser hütten hie geraicht, bezalt und geantwurt werden sollen, ye ain mark silber Swatzer prandt in der hütten hie für acht guldin und in Prymer das auch für acht gulden und dazu ain ort zuraiten.

fol. 21 a.

1491. Mai 4. Nürnberg.

Georg Fugger wird von dem König für eine Forderung von 10000 fl. auf Ablaſsgeld des Raymund Peraudi aus Schweden verwiesen. Sicherstellung des Peraudi gegenüber der päpstlischen Kammer.

Maximilianus

recognoscimus et notum facimus per presentes: cum noster ac sacri Imperii fidelis dilectus Georgius Fuckher pro redempcione certorum castrorum in confinibus regni nostri Hungarie et Turcorum positorum e manibus quorundam Turcorum, qui ea nobis pro certa florenorum summa exhibere spoponderunt, decem milia florenorum Ren. ad manus nostras sub forma mutui dederit et venerabilis Raymundus Peraudi electus et confirmatus Gurcensis sanctissimi Domini nostri referendarius et orator ad preces et ad instanciam nostram eidem Georgio de dictis pecuniis infra quinque menses integros a data presencium computandos de pecuniis, que ex indulgentiis in regno Suecie provenerunt et ad manus suas porrigi debebunt, satisfacere promiserit idemque legatus alia viginti quinque milia ducatorum et quasdam alias pecunias quam plurimas, prout de hiis in quittanciis constat, similiter ex indulgenciis provenientes ad manus nostras consignari fecerit, quod nos in verbo nostro regio dicto Raymundo promisimus ac promittimus per presentes, si et in quantum sanctissimus dominus noster Innocentius ste Ro. eccl. summus pontifex per se et cameram apostolicam dicta decem milia florenorum in Suecia per ipsum Raymundum aut suos procuratores levare et ipsi Georgio Fucker reddere prohibuerit, aut alias quoquo modo, ne in termino prefato eedem pecunie ipsi Georgio Fucker reddantur, impedimentum fecerit, similiter si de dictis viginti quinque milibus ducatorum ipse summus pontifex cuiusdam procuratorii tenore contentari noluerit neque eam summam florenorum a nobis solvendam expectare voluerit, tum et de aliis pecuniis nobis per ipsum Raymundum et suos procuratores et commissarios exhibitis et traditis cum prefato sanctissimo domino nostro aut camera apostolica componere et sese concordare aut earum occasione quittanciam integram de suis perceptis obtineri non potuerit, quod nos ipsum Raymundum erga ipsum sanctissimum dominum nostrum, cameram apostolicam et quoscunque alios occassione dictarum pecuniarum nobis per eum ipsum aut suos commissarios prestitarum servabimus indemnem et eidem de huiusmodi pecuniis omnibus infra annum a data presencium computandum realiter et in effectu solucionem integram faciemus dolo et fraude quibuscunque remotis. Harum tenore literarum sigilli nostri appensione munitarum datum in civitate Nurembergensi die quarta mensis May anno etc. 91.

fol. 47 a.

1491. August 13. Nürnberg.

Maximilian bekennt, dafs Jacob Fugger für ihn dem Georg von Eberstein, Rat und Hauptmann, 3382 rh. Gulden, die der König diesem noch schuldig war, entrichtet habe. Jacob tritt nun in die Rechte der Eberstein ein. *fol. 6 a.*

1492. Dez. 19. Innsbruck.

Ulrich Fugger und Gebrüder versprechen dem König ein Jahrlang monatlich je 6660 fl. zu zahlen. Dafür wird ihnen das Schwazer Silber, welches in die Losung gen Hall gehört, zugewiesen.

Maximilian:

daz wir uns mit .... Ulrichen Fugker von Augspurg und seinen gebruedern umb die silber so in unsern pergkwerk Swatz gemacht und in die silberlosung gen Hall geantwurt werden .... also veraint .... haben .... dem ist also ....: und nemlich daz er und sein geprueder uns yetz zu Weihnachten anzufahen und darnach albeg auf den 1. tag eins jeden monats ein ganz jahr aneinander bar auf unser kammer ausrichten und antwurten söllen benantlichen 6660 guldin rein. Und damit aber bemelter Ulrich sein geprüder und ir erben des widerumb habhaft und betzalt werden, so sollen inen verfolgen obgemelt silber samentlich und yedes insonnders mit der beschaidenhait und ausgedingten worten, daz sy gegen yeder marck silber auf 14½ lot Swatzer prandt ungeverlichen geprenndt unsern schmeltzern zu Swatz 6 guldin rein. ain phund perner und 8 kr. geben und albeg bezalen und halben tail solher silber nicht schuldig sein zu vermünsen, sondern die verfueren und damit irem willen und gevallen nach handlen mügen, und sollen inen halber tail solher silber yede marck für 8 guldin ein ort und nicht höher gerait und angeslagen werden. Und was uns über die 6 guldin ain phund und 8 kr. an bemeltem halben tail laut des anslags bevorstet sol inen an den monat gelten der 6660 guldin rein. gelegt und abgezogen werden. Und der ander halb tail sol inen auch zusteen mit der losung gegen den schmeltzern umb yede marck silber, wie vorsteet. Doch daz sy denselben halben tail in unserer münß zu Hall auf das alt korn und gepräg vermünzen lassen im jar, so inen das am fuglichsten sein wil ungeverlich das zu halden. Damit dennoch unser münzmaister münzer und arbeiter das auch erleiden mügen und was gefelt von der mark über die 6 guldin ain phund und 8 kr. sovil sich des albeg trift, sol bemelten Fugkern mitsambt dem kretz und anderem in der münss, so von silber kumbt, und nyemandt anderem zusteen, und ob inen von dem halben tail der silber, das sy wie obstat verfueren mugen, irs monatsgelts nicht vollkommenlich betzalung beschehen möcht, daz dann das von dem andern tail, so uns also vorbesteet erstat und inen abgetzogen werd, darumb sy, wann inen daz gemaint und gefellig ist, zu quatemper tzeiten mit unsern ambtleuten hie auf unser camer albeg ungeverlichen ir überslagen thun mugen. Und ob sy icht wenig oder vil von silbern, die sy laut ditz vertrag verfueren möchten, vermünsen lassen wellen, die sollen inen auch auf das gewönlich unser korn und präg wie obstat vermünst werden. Und nemlich ist weiter beredt, wo wir oder bemelt Fugker und sein gesellschaft des (!) allzeit zu yedes gefallen und freyem willen steen den vertrag vor ausgang des jars als 2 monat vor Weinachten des nachstkünftigen also des 93 jar ainer dem andern nicht absagt, so sol dieser vertrag für und für und so lang, untz nachmalen albeg doch zu außgeendem jahr zway monat vor abkundt ist, von yedem tail gehalden werden und in allweg, daz die sachen zu ausgeendem eines yeden jars gerait und welcher tail dem andern mit raitung schuldig wird, ausrichtung und bezalung vervolge. Und als uns jetz bemelter Fugker 4000 guldin rein. dargelihen hat, die sollen, so lang dieser vertrag weret, still steen beleiben und erst in der letsten raitung oder betzalung gelegt und betzalt werden alles getreulich und ongeverde. — *Es folgt der Erlafs an den Münzmaister zu Hall und die Bürgschaft durch die Stände.*

fol. 50 a.

1493. Juni 21. Innsbruck..

Maximilian:

Der letzte Vertrag mit den Fuggern wird dahin abgeändert, dafs die Fugger nur den vierten Teil des Silbers zu vermünzen brauchen. Sie leihen Maximilian abermals 6000 fl., die mit den früheren 4000 fl. bis zur letzten Rechnung still stehen sollen. Sonst gilt der frühere Vertrag. *fol. 3 a.*

1493. August 3. Innsbruck.

Neue Anleihe König Maximilians bei den Fuggern. Das Monopol der Fugger wird verlängert und ihnen eine neue Vergünstigung zugestanden.

Maximilian:

als wir ettlich verträge mit unsern und des reichs lieben getreuen

Ulrichen Fugger von Augspurg und sein gepruedern der silber halben in verschiner zeit gemacht, und nachdem sy uns aber yetz auf unser vleyssig beger weiter 10000 fl. rein., in mass sy sich des mit unsern statthaldern räten und anwälden hie veraint und vertragen, dargeliehen haben, nemlich dass dieselben 10000 guldin als die 10000 fl., so sie uns laut zwayer voriger verträg dargelihen haben, still steen und in mass wie dieselben 10000 fl. bezalt werden sollen, das wir inen auch wissentlich in craft ditz briefs gereden und zu halden zusagen und weiter, datz die vorigen verträg, da unser yedem tail vorbehalden ist, albeg zween monat vor weinachten ainer dem andern abzusagen von nächsten weinachten ein ganz jar hiemit zugesagt sein, doch sollen die umb dieselben weinachten, als von den nächsten weinachten über ain jar zween monat vor zu oder abgesagt und nachmalen gehalden werden, wie bemelt verträg das begreiffen, und darzu inen von dato ditz briefs, dieweil die yetz dargelihen 10000 fl. still stehen, all wochen 100 mark silber, yede marck in der antzal der 100 mark nicht höher dann für 8 guldin rein. aber sunst die andern silber gerait und sy damit in anderweg gehalden werden zu verfüeren oder zu vermünzen, wie bemelt vorigen verträg inen von uns gegeben das alles eigentlich inhalten und begreiffen etc.

Item: wiewol die gesellschaft der Fugker laut des vorigen und ditz vertrag allain den vierttail aus den silbern zu vermünzen schuldig sein als 10000 mark silber, doch Jacob Fugker den stathaltern yedes jar auf 15000 mark silber zu vermünzen ungefärlichen zu lassen zugesagt. fol. 5 a.

1494. Mai 31.

Silber- und Kupfervertrag zwischen König Maximilian und den Fuggern, die 40 000 Gulden dargeliehen haben und eine Monatsrente von 6600 Gulden versprechen.

Maximilian

bekennen: als ... Ulrich Fugker von Augspurg und sein gepruedet uns auf unser fleyssig beger und ersuchen zu merklichen unsern geschäfften also bar dargelihen haben benentlichen 40000 fl. rein., die auch in unsern scheinparn nutz komen und gewennt sein, und damit aber sy oder ir erben der widerumb entricht und bezalt werden, so haben wir sy darumb auf all und yede silber, so in unserm perkwerk Swatz gemacht und in unser münz zu Hall geantwurt werden, versichert und verwisen, versichern und verweisen sy auch darumb wissentlich in kraft ditz briefs, darzu uns mit inen gütlich betragen: Nemblich daz bemelten Fugkern oder iren erben nu hinfür aus unser schmelzhütten bey Innsbruck unser silber und nach verscheynung der verschreybung, so weiland Hansen Paungartners gesellschaft auf derselben unser hütten hie der kupfer halben hat, die dann auf nachstkommend Weynacht ausgeet, alle kupfer, sovil wir der darynn schmeltzen und machen lassen, vervolgen, dargegen sy allweg unserm hauskamerer ganntze bezalung und ausrichtung thun sollen, yede mark für 8 fl. und 10 kr. und den zendten kupfer für 5 fl. aller rein. zu raiten. Und darzu daz inen all und yede silber, so in unserm perkwerk Swatz gemacht, yede mark an baiden enden auf funfzendhalb lot ungevärlich fein geprant und nicht höher dann aus unsern hütten wie vorgemelt ist zu raiten, gereicht und zu iren handen geantwurt werden. Dagegen sollen sy unsen schmeltzern zu Swatz albeg gegen yeder mark silber ausrichten und betzalen 6 fl. rein. und 20 kr., so lang untz dieselben unser schmeltzer nicht entricht sein irer schuld, so sy auf den silbern haben in dem kauff gegen weylend Hansen Paungartners gesellschaft als umb 30 000 zendten Swatzer kupfer laut der brieve darüber ausgangen. Und als uns bemelt gebrueder die Fugker nu hinfür diesem unserm vertrag nach auf den ersten tags ains yeden monats und mit der ersten bezalung auf den ersten tag des monats Julio schirist antzufahen und darnach für und für 6600 fl. rein. antwurten, derselben sollen sy oder ir erben entricht und bezalt werden von dem wechsel, so uns über der schmeltzer von Swatz bezalung auf yeder mark silber bevorsteet als ain guldin rein. und 15 kr. Und ob inen von der übermaß des wechsels irs monatsgeltz nicht volkumenlich betzalung beschehen möcht, und sich das in raitung, die allweg zu quatemper zeiten ungevärlich, sover das uns oder den Fugkern gemaint oder gevelich ist, beschehen sol, erfunde, so söllen sy desselben, so oft sich das begibt, sunst von unser camer zu Ynnsprugg entricht und betzalt werden. Und so der smeltzer von Swatz bezalung aus ist, so sol alsdann den Fugkern oder iren erben von dem wechsel unser silber von Swatz 1 fl. rein und 20 kr. haymgeen und aufgehebt werden, untz sy irs dargelihen gelts der 40 000 fl. rein. bezalt sein und der überschuß wechsel geen zu betzalung des monatsgelds für und für, wie vorgemelt ist. Und sol diser unser vertrag nicht lenger gehalden werden, untz bemelt Fugker oder ir erben vorgemelter 40 000 fl. rein., so sy uns wie obsteet, dargelihen haben, entricht und betzalt sein. Doch behalden wir uns hierynn bevor, ob wir in mitler zeit die silber unserm gevallen oder der notdurft nach anders wenden oder keren wolten, des wir macht haben, so sollen wir inen albeg ain viertail iars vorhin verkunden und dabey anzaigen, wo sy des gelts, sovil inen als dann unbezalt austuend, habhaftig und bezalt werden, und alsdann uns nach ausgang desselben viertail iars und beschehner bezalung die silber und kupfer wiederumb zusteen. Weiter so sollen die Fugker, dieweil dieser unser vertrag wert, den viertail von silbern von Swatz in unser münz zu Hall, wann und zu welcher zeit inen im iar das eben und fueglich ist, vermünssen lassen. Darzu ist inen zugeben, ob sy mer vermünzen wolten, daz sy das auch thun mugen albeg auf unsern slag und gewonlichen korn. Und sovil sy also vermünssen vom viertail der silber oder sunst, sol unser münssmaister zu Hall gegen yeder mark silber inen hinaus geben 8 fl. rein und 15 kr. zusambt dem kretz und vorbestand von silbern, daz den Fugkern auf raitung auch zusteen sol. Alles getreulich und an geverde.

Den Statthaltern wird die Sache empfohlen.

Für jeden Schaden werden sie auf die Bürgschaft der Stände verwiesen. *fol. 3 a f.*

1494. Juni 2. Bürgschaft der Stände für diesen Vertrag. *fol. 9 ff.*

1494. Juni 11.

Maximilian macht bei den Fuggern eine neue Anleihe von 30000 Gulden, die in 6 viermonatlichen Raten bezahlt werden sollen. Sicherstellung der Gläubiger durch Silber und Kupfer aus der Innsbrucker Schmelzhütte.

Maximilian

bekennen: als wir uns mit .... Ulrichen Fugker von Augspurg und sein gebrudern von neuem mit zeytigem rat und guter fürbetrachtung veraint und betragen haben, das sy uns zugesagt haben in zwayen jaren den nächsten nach dato ditz briefs 30000 guld. rein. darzuleihen und die auf unser camer zu Ynnsprugg zu antworten, nemblich albeg über 4 monat fünftausend guldin rein., und damit aber sy oder ir erben der widerumb habhaft werden, so sollen inen all und yede silber und kupfer, so wir in unser hütten bei Ynnsprugg schmelzen und machen lassen, vervolgen in der beschaidenhait und maß, daz sy albeg gegen überliberung der silber, die mark für 8 fl. und 10 kr. und den zenten kupfer für fünf gulden aller reinischer zu raiten, unserm hauscamerer halb gelt antwurten und das ander ynbehalten söllen untz auf gantze bezahlung bemelter 30000 guldin reinisch, und damit sy aber irer gutwilligkait, darynn sy sich vor und yetz gegen uns erzaigen, gnad befynden, so sollen inen 800 fl. rein. an den 30000 guldin in diesem kauf nachgelassen werden, alles getreulich und an geverde. Und empfehlen darauf unserm getreuen lieben Rudolf Harber unserm rat gegenwurtigen und einem yeden unserm künftigen hauscamerer zu Ynnsbrugg, daz du bemelten Fugkern oder iren erben mit uberliberung der silber und kupfer, sobald dieselben kupfer von weylend Hansen Paumgartners gesellschaft ledig sein, haldest und sölhem vertrag lebest, doch uns vorbehalden, daz wir dannoch, wann uns gemaint ist, dieselben unser kupfer zu giessung puchsen und anders getzeugs ynnerhalben behalden mugen. Das ist unser ernstliche maynung. fol. 5b.

Nachtrag.

1490. März 5. Innsbruck.

Erzherzog Sigmund versichert die gemeine Landschaft, daſs sie wegen der Verpflichtung zu Rückzahlnng der 25000 fl. an Herzog Georg von Baiern und wegen des mit Ulrich Fugger von Augsburg und seiner gesellschaft vereinbarten Silbervertrags zu keinerlei Schaden kommen soll. (Orig. Hall, Stadtarchiv.)

In Archivberichte aus Tirol von Emil von Ottenthal und Oswald Redlich III (Mitteilungen der dritten Archiv-Section der K. K. Central-Commission zur Erforschung und Erhaltung der Künste und historischen Denkmale V). Wien u. Leipzig 1903. S. 79. Nr. 496.

Beilage 9: Aus den Tiroler Raitbüchern zur Geschichte der Fugger.

Über die Tiroler Raitbücher, die von 1460 bis 1757 mit 444 Bänden reichen, vergl. M. Mayr, Das K. K. Statthalterei-Archiv zu Innsbruck, S. 41: Sie enthalten Jahr für Jahr im ersten Teil die sämtlichen Einnahmen des landesfürstlichen Kammermeisters, der sich am Titel gewöhnlich selbst nennt, im zweiten alle Ausgaben für den Hofhalt, für die Regierung, für Sold, Provisionen, Gnadengehalte usw.

1487. fol. 19b u. 20a.

Innemen

(Sept. 21.) (von) Jakob Fugkers gesellschafft

Hab ich von empfangen an freitag Mathei, so er meinem gnedigisten herrn darleicht auf silber, die Cristan Tennzl machet 3000 gld.

(Sept. 26.) Aber am mittwochen vor Michaelis an den 10000 gulden, so er darleicht auf Christann Tennzltz silber 4500 gld.

(Oct. 28.) Aber von im emphangen an sannt Symon und Judas tag, so mir herr Jacob von Spaur an Meran geschikt hat 3000 gld.

(Nov. 19.) Aber von Fuckers gesellschaft am montag vor Katherine empfangen, so er meinem Gnedigisten zu leihen zugesagt hat auf die silber in Prymer, und ich bey Albrechten Rindsmaul auf cammer gen Triendt geschikt hab 4000 gld.

(Dez. 20). Aber hab ich vom Fugker durch herr Jacoben von Spaur an sant Thomas abent emphangen an dem anlehen meines gnedigen herrn auf silber zugesagt inhalt meiner quittung 2040 gld. rh. 2 lb. 4 gr.

1488.

Innemen von Hansen Ramung als obristen Amtmann. fol. 1a u. b.

(März 11.) Empfangen an eritag nach Adriani, so im Fugker zu notturft der Cammer gelihen hat benantlichen 1400 gld.

(April 23.) Aber so hat mir Hans Ramung obrister amtmann am mittwoch vor Geori geantburt, so Fugker dargelihen hat zu notturft der cammer benantlichen 1500 gld.

Aber eodem die von im empfangen per Cunradten Halbhirn an seiner schuld durch ain wechsel zu Venedig 133 gld. 20 gr.

Aber eodem die durch Mattiesen Rumler apotheker an seiner schuld durch ainen wechsel zu Venedig benantlichen 133 gld, 20 gr.

Innemen von Jacob Fugkers gesellschaft fol. 12a ff.

Juni 9.) Empfangen am montag vor Viti durch Ulrichen Fugker auf den vertrag, so meins gnedigisten herrn Rätte inhalt einer verschreibung mit im tan haben auf mein quittung 2000 gld.

(Juni 17.) Aber an eritag nach Viti geantwurt zu notturft der camer inhalt meiner quittung 1000 gld.

(Juli 4.) Aber auf Ulrici geantwurt an dem vertrag mit meinem gn. herrn getan, also das er seinen gnaden leihen sol zwischen hie und weichnachten alle monadt V M guld., untz XXX M in der zeit gewert werden, und hebt sich an in dem monadt July anno LXXXVIII °, daran hat er geben wie hernach volgt: bar geld so undter zwier oben eingeschrieben sind III M guld, so hat er geben herr Ulrichen von Freundsperg zu notdurft des puntts ze Schwaben zu ganzer bezalung des ersten monadts benantlichen 2000 gld.

(Aug. 2.) Aber hab ich am Sambstag nach vincula Petri von Fugkers gesellschaft emphangen wie hernach volget: zum ersten bar gelt 4513 gld., danach ain quittung von meiner gnedigen frauen schnider umb samet 44 gld., ainem goldschmid zu Venedig 136 gld., Barthlomeen Gerold ze Fuessen umb swein, so kuchenmaister von im genommen hat 307 gld.; facit in ainer summa inhalt mainer quittung 5000 gld.

(Aug. 23.) Am Sampstag vigilia Bartholomei empfangen uber die 3000 gld., so er vormals am pfincztag vor Laurenti auf die silber so im vom hauskamrer verschriben sind geantwurt hat, benantlich 1000 facit auf mein quittung 4000 gld.

Aber durch Ulrichen Fugker empfangen an der zalung des monadts Egidi inhalt meiner quittung 1500 gld.

(Sept. 29.) Aber hat Jacob Fugker geantburt am montag sant Michelstag auf 1500 guld., die er den fuessknechten zu Flandern geschikt und 400 gld. so er zu Venedig umb swebel ausgeben hat, dennocht zu ganzer bezalung des monadts Michaelis inhalt mainer quittung 3100 gld.

(Nov. 4.) Aber an eritag vor Martini wie hernach volgt: zum ersten hat er von meiner wegen ausgericht herrn Steffan von Kelhaym an seiner provision 80 gld., so hat mir Hans Sauter von seinen wegen geben 300 gld. und durch Jörgen von Trebsen vogt auf dem Magtperg 141 gld. 2 lb. 10 gr. So hab ich von sein wegen von Sigmunden Yseregker empfangen 4000 gld., aber eodem die von Walthern Zeller hofschneider geantburt ain quittung 300 gld. Mer ain quittung von herr Hans Jacoben von Bodmen umb ain pferd 70 gld. und pargelt darauf geantburt 108 gld. 2 lb. 2 kr. zu ganzer bezalung inhalt meiner quittung 5000 gld.

(Nov. 4.) Fukgers gesellschaft hat mir aber eritag vor Martini geantburt an den 5000 gld., so er auf Martini geweren sol zu ganzer bezalung der 30000 gld. 4200 gld., aber per Thoman Teyninger auf zerung des tags zu Augsburg 500, Sigmunden Neidegker umb wachs 300 gld.; facit in ainer summa inhalt meiner quittung 5000 gld.

(Dez. 20.) Aber am samstag sant Thomas abent empfangen die zalung auf das monadt Lucie wie hernach volget: an quittungen und bargelt zum ersten 2305 gld. 3 ℔ perner. Aber bargelt 3000 gld. So hat er geschikt auf die herrschaft Rotenburg 1004 gld. Von Fridrichen Strassl ain quittung an sainer schuld umb traid 1000 gld., Matheusen Hofmann umb ochsen 600 gld., aber von Josen Ortlieben ze Botzen 191 und mir an barem gelt 1899 gld. 2 ℔ perner; bringt alles in ainer summa auf mein quittung 10000 gld.

(Januar.) Fugker hat mir aber geantburt zu der zalung des monadts Erhardi wie hernach volget: am ersten so hat er ausgericht Utzen von Habsperg so er mir auf cammer gelihen het innhalt ains wechselbriefs 2500, Hansen Ramung obristen ambtmann die er auch dargelihen hat 660 gld., der stat Kempten zu ganzer bezalung irer schuld um traid 606 gld. 5 kr., Hansen Dieperskircher kuchmeister 900 gld. Aber auf zwei seiner quittungen 500 gld., aber Urban Weidenbach fuetermeister 1216 gld., herr Jacoben von Spaur 50 gld., Wilhalmen Auer stalmaister 24 gld., Hansen von Hausen vorstmaister 24, Hansen Paumgarter ze Kuefstain zu der ersten frist an seiner schuld so er auf die silberlosung dargelihen hat 1093 gld. 45 kr., so hat er mir bargelt geantburt 2426 gld. 10 gr.; bringt alles in ainer summa benantlichen 10000 gld.

Ebda. 478 b.

Potenlon (gezahlt an)

(Dez. 10.) Jacoben Fugker zu Augspurg an phintztag vor Thome apostoli, so er ainem poten, der die 1000 gld. gen Rotenburg am Negker gefuert hat, auf zerung und potenlon inhalt seiner quittung 4 gld.

1489. fol. 9 ff.

Innemen

(Februar) Jacob Fugkers gesellschaft

hat mit geantburt zu notturfft der camer die zalung des monats Scolastice wie hernach folget, zum ersten bargelt 7000 gld., so hat er ausgericht Hansen Paumgartner von Kuefstein an seiner schuld 1000 gld., aber durch Hansen Sauter 400 gld., so hat mir der obrist ambtmann von seinen wegen geantburt 1600 gld. tuet in ainer summa auf main quittung 10000 gld.

(März.) Aber die tzalung des monadts Gregori — 10000 gld.

(April.) Aber hat er mir geantburt die zalung des monadts Tiburcy: am ersten ain quittung von Lucassen Fugker auf sold gen Flandern 2550 gld., Hansen Dieperskircher kuchmaister auf vier quittung 1900 gld., Urban Weidenbach futermaister auf zwa quittung 1039 gld. 3 lb. 2 gr., herr Jorgen von Absperg 335 gld., Sigmunden Neidegker auf keller 200 gld., Walther Zeller hofschneider 300 gld., Sixten Furter umb ain vass wein 35 gld. 14 gr., Cunradten Geiger 100 gld. und an barem gelt 3540 gld. 8 gr.; tut in ainer summa auf mein quittung 10000 gld.

(Mai.) Aber die zalung Pangratii am ersten herzog Jörgen von Bairn an den 4600 gld. um traid, so im mein gn. herr zu tun ist, die erst frist auf Pangratii 2300 gld., Hansen Dieperskircher kuchenmaister 1000 gld., Urban Weidenbach fuetermaister 1200 gld. rh. und Hansen Sauter umb allerlei tuch, so Walther Zeller hofschneidermeister von im genommen hat, 350 gld., aber Hansen von Honburg durch Sigmunden Neidegker an sainer hofgab 78 gld. und in barem geld eodem die 5072 gld.; tut in ainer summa auf mein quittung 10000 gld.

(Juni.) Aber geantwurt die zalung auf Viti 2385 gld. 3 tt 6 gr. dem fuetermaister zu ganzer bezalung der schulden herzog Jorgen traids, aber Hansen Dieperskircher kuchenmaister 155 gld., aber herr Cristoffn Schachner auf zerung und ander gescheffi zu Rom 325 duc., facit 433 gld. rh. 1 tt 8 gr., aber Jacoben Fugker selbs umb vastnspeis inhalt ains auszugs 1300 gld., so hat er mir eodem tempore bargelt geantburt 5725 gld. 4 tt 10 gr.; tut alles in ainer summa auf mein quittung 10000 gld.

(Juli 11.) Empfangen am Sambstag vor Margarethe von Jacoben Fugker die zalung des berurten monadts an quittung und gelt, von Lucassen Fugker ain quittung auf sold gen Flandern 1300 gld., Jacoben Fugker selbs zu ganzer bezalung der vastenspeis 1339 gld. rh. 2 tt 4 gr., aber so er Ernsten von Welden auf sold gen Flandern geben hatt 4000 gld. und auf heut bargelt 3360 gld. 2 tt 9 gr. tut in ainer summa auf main quittung 10000 gld.

(August.) Aber die zalung des monadts assumptionis, ain quittung von herr Ulrichen von Freuntsperg auf zerung gen Frankfurt 538 gld. etc.; tut in ainer summa 10000 gld.

(September.) Aber vom Fugker empfangen die zalung auf exaltationis crucis, quittung von herr Cristoffn Schachner zerung ze Rom 266 gld. 46 gr. — —, her Ulrichen von Freundsperg 300, — — Walthern Zeller umb tuch 500, — — — — tut in ainer summa auf main quittung 10000 gld.

(October 1.) Aber vom Fugker empfangen an pfintztag nach Michaelis an den 12000 gld., so er darleyhet nach laut des jungsten vertrags, ain quittung auf sold gen Flandern 1300 und bargelt 3700 tut in ainer summa auf main quittung 5000 guld.

(October.) Aber hat er mir geantburt die zalung des monadts Galli — — — — — — — — — — — — in ainer summa 10000 gld.

(November.) Emphangen aber vom Fugker die zalung des monats Martini: am ersten bargelt 6000 gld., aber auf Söldner gen Flandern 3900 gld., mer ain quittung von Matthisen Spann von Augspurg umb tuch, so Walther Zeller von im genommen hat 171 gld. 3 gr.; tut in ainer summa 10071 gld. 3 gr.

Aber hat mir Fugker geantburt zu ganzer bezalung der 12000 guld. des jungsten vertrags am ersten bargelt 4280 gld., aber auf sold gen Flandern 1616 guld. — — — — — — — — — — — — tut in ainer summa 6929 guld.

(Dez. 21.) Hat mir am montag Thome zu notturft der cammer geantburt an den 20000 gld., die er meinem gnedigisten Herrn abermals nach laut ains vertrags darleyhet auf mein quittung 2000 gld.

(Jan. 27.) Aber hat mir Jacob Fugker geantburt zu notturft der cammer an mittwochen nach sant Paulstag conversionis an den 20000, die er meinem gnedigisten herrn darleyhet — — — aber so er Ennderl Greiffen zu Venedig auf zerung zum kunig gen Napeles geben hat 25 duc., drey fur vier facit 33 gld. rh. 20 gr., aber so er Jorgen Dieperskircher geben hat an der schulden des anlehens von der waltrast 50 duc., facit 66 guld. rh. 40 gr. — — — vom capitel zu Brichsen 100 gld. — — — und bargelt durch Hansen Sauter 596 gld. — — — — tut in ainer summa 7730 gld.

Schuld (gezahlt an) fol. 62a.

Jacob Fugker von Augspurg

(Juni 13.) Emphangen am sambstag vor Viti an seiner verraiten schuld und remanentz umb allerley vastenspeis und ander zu notdurft meins gnedigsten herrn hof inhalt seiner quittung 1300 gld.

(Juli 11.) Aber am sambstag vor Margarethe zu ganzer bezalung seiner obgemelten verraiten schuld und remanentz umb vastenspeis und ander inhalt seiner quittung 1339 gld. 2 lb. 4 gr.

Hans Paumgartner von Kuefstain fol. 63 a.

(März. 13.) Emphangen am freitag nach Gregori durch Jacoben Fugker von Augspurg zu ganzer bezalung seiner schulden nach laut ains schultbriefs der auch hiemit von im erlöst ist inhalt seiner quittung 3093 gld. 4 ℔ 7 gr.

Sold und Provision.

Lucas Fugker und Jacob Fugker fol. 170 b.

(Juli 3.) an sant Margarethen tag empfangen durch Jacoben F. auf sold hinab gen Flandern inhalt seiner quittung 1300 gld.

(Juli 13.) Jacoben Fugker eodem die, so er Ernsten von Welden geben hat auf sold gen Flandern inhalt seiner quittung 4000 gld.

(Mai 12.) Lucassen Fugker an sant Pangratien tag auf sold gen Flandern inh. s. qu. 2550 gld.

(Sept. 31.) Mittwochen nach Michaelis 1300 gld.

(Nov. 19.) Aber an sant Elisabethen tag, so er Ernsten von Welden und Jörgen von Eberstain auf sold gen Flandern geschikt hat i. s. q. 5516 gld.

1490.

Innemen

Jacob Fugkers geselschafft fol. 12 f.

(Febr. 26.) hat mir am phintztag nach Mathie durch Hansen Ramung derselben zeit obristen ambtmann zu notturft der camer geantwurt an den 10 000 gld., so auf Geori nachstkumend gefalln soln inhalt meiner quittung am ersten, so mir der bemelt obrist ambtmann vormals hat dargelihen und sich yetz selbs der widerumben betzalt hat 700 gulden, Jorgen Puchler, so er zu Lintz hat dargelihen zu bezalung Hansen Kellners Kaiserlichen fiscals hausfrauen 300 gulden; aber herr Johansen Waldner, römischen canntzler, so er doctorn Cunradten Stürtzl zu Lintz auf zerung dargelihen hat 100 gulden, Danieln Compannern fuettermaistern auf den casten

500 gulden und eodem die an barem gelt geantwurt 900 gulden; tuet in ainer summa benantlichen 2500 gld. rh.

(März 11.) Jacob Fugger hat mir abermals am pfinztag vor Gregori zu notturft der camer an quittungen und barem gelt geantwurt wie hernach volget: auf quittung von Sigmunden Tinghauser umb wein 1200 gld., auf Soldner gen Flandern 1016 gld., Hans Greudner doctor 100 gld. und bargelt 2354 gld., tuet inhalt mainer quittung 4770 gld.[1]

(April 10.) Aber am sambstag vor Tiburcy geantwurt zu gantzer betzalung der 20000, so er meinem gnedigsten herrn darleiht und auf Geori gefallen sullen an quittungen und barem gelt wie hernach volget: am ersten Christoffen Herwart umb tuch und ander 363 gld. 3 ꝶ 4 kr., Ulrichen Möringer kuchenmaister 212 gld., Petern Imhof von Nurnberg von wegen Cunraten Harphls goldsmid von Venedig 244 gld., Danielen Companner fuetermaister 1580 gld. und bargelt 2600 gld., thuet inhalt mainer quittung 5000 gld.

Provision (gezahlt an) Jacob Fugger. fol. 114a.

(Febr. 26.) Am pfinztag nach Matthie emphangen, so er auf die sollner gen Flandern geantwurt hat, inhalt seiner quittung 1016 gld.

1491.

Der Tiroler Kammermeister K. Maximilians.

Innemen. fol. 10 ff.

(von) Jacob Fugger geselschaft.

(März 11.)	freitag vor Letare[2]	3 000 gld.
(März 26.)	sambstag nach annunc. Marie	12 000 gld.
	und	559 gld.
(April 26.)	eritag nach s. Jörgentag	22 100 gld.
(Juni 7.)	von da bis eritag nach Bonifacii	10 000 gld.
(Juni 30.)	pfinztag nach Petri et Pauli apol.	16 000 gld.
(Juli 1.)	freitag vor visitac. Marie	8 000 gld.
(Aug. 6?)	Sambstag (nach?) vincula Petri	8 000 gld.
(Sept. 3.)	sambstag nach Egidi	2 336 gld.
(Oct. 1.)	sambstag nach Michaelis	33 319 gld.
(Nov. 13.)	von da bis Montag nach Martini	7 300 gld.
(Dez. 13.)	von da bis Eritag Lucie	8 220 gld.
(Dez. 24.)	von da bis sambstag nach Thome	3 197 gld.

[1] Summanden und Summen stimmen nicht überein.

[2] Die Einzelposten sind von mir nicht mehr aufgeführt.

Ain ander vertrag gegen den Fuggern auf die silber, so durch hauscamrer und in Primer gemacht werden.

(Sept. 3.) sambstag nach Egidi 8000 gld. rh.
(April 29.) freitag vor Philippi und Jacobi 1310 gld.
2 ℔ perner 4 kr.

1492. fol. 1 ff.

Innemen von Jakob Fugker.

(Jan. 7.) von Weihnachtstag untz auf Sambstag nach Epiphanie 4192 gld. 1 kr.
(Jan. 7.) hier hat mir der bemelt Fugger und sein geselschaft an Sambstag nach Epiphanie domini ain quittung von Johannen Daxen postmaister auf Camer ubergeantwurt auf main quittung 284½ gld.
(Jan. 9.) Montag nach Erhardi 2720 gld. rh.
(Febr. 1.) Mittwoch vor unser lieben frauentag purif. 7700 gld.
(März 10.) Sambstag vor Gregori 8084½ gld.
(April 18.) Mittwoch nach Tiburcii 11 686 gld 1 kr.
(Mai 1.) Philipps und Jakobentag 6829 gld. 2 ℔ 5 kr.
(Juni 1.) Freitag vor Erasmi 10 844 gld. 3 ℔ 3 kr.
(Juli 14.) Samstag nach Margarethe 10 530 gld. 2 ℔ 6 kr.
(Aug. 18.) Sampstag nach unser lieben Frauen assumpt. 9001 gld rh.
(Sept. 4.) Pfinztag nach Egidii 10 861 gld.
(Oct. 16.) Eritag nach Galli 14 361 gld. 2 ℔ 2 kr.
(Oct. 17.) Mittwochen nach Galli 200 gld.
(Oct. 22.) Montag undecim milium virginum 1000 gld.
(Nov. 4.) Sonntag nach omn. Sanct. 2000 gld.
" " " " 3200 gld.
(Dez. 1.) Samstag nach Andree 2000 gld.
Eodem die 3200 gld.
(Dez. 22.) Samstag nach Thome apostoli 2500 gld.
(Dez. 24.) Vigilia nativitatis domini 2000 gld.
(März 6.) Eritag nach Sontag Esto mihi hat er Jorgen Gossenprot geantwurt auf loosung der Markgrafschaft Burgau 5700 gld.
(Dez. 22.) Samstag nach Thome apostoli 968 gld. rh.

Gescheft der ro. kn. Mt. selbs. fol. 32.

(April 18.) Jacoben Fugger von Augspurg am mittwochen nach Tiburcii ausgericht, als die romisch kn. Mt. bischoff Friedrichen zu Augsburg 53 Mark silbers aus gnedigen willen ye ain mark umb 5 gulden und ain ort zu geben verschaffen und den aufwechsel auff ain yede mark 3 gld. rh. von gnaden wegen nachgelassen hat, welchen aufwechsel ich oben bemeltem Fugger aus der camer erstat und betzalt hab und von im in mein innemen und ausgeben genommen, daz sich bringt in einer summa inhalt seiner quittung 159 gld.

(Aug. 20.) Reymunden Baraudi des stuels zu Rom legaten und bischoven zu Gurgk an montag nach Assumpcionis Marie durch Jacoben Fugger ausgericht auf gschefft der kn. Mt., so er vormals der bemelten kn. Mt. dargelihen hat inhalt seiner quittung von Jacoben Fugger ausgangen benantlichen 4000 gld. rh.

fol. 36b.

(Aug. 18.) Jacobn Fugger an Sambstag nach assumpcionis Marie zu aufwechsel von 500 ct. kupfers und 200 mk. silbers, so die vier rätt verweser des obristen ambts den Herwarten verkaufft und aber dasselbig kupfer und silber durch die Fugger den Herwarten bezallt ist, der aufwechsel auf einen yeden centen kupfers 1/8 guldin und auf ain yede mark silbers 20 kr.; thuet alles in ainer summa inhalt sainer quittung 316 guld. 3 ß 4 kr.

Jacob Fugger fol. 52b.

(April. 18.) empfangen mittwochen nach Tiburcii umb die vastenspeys, so er zu notturft der kn. Mt. hoff hie zu Ynnsprugg auf dise verganngen vasten bestellt und Ulrichen Möringen übergeantwurt hat, inhalt seiner quittung 746 gld. 1 kr.

(April 18.) An mittwochen nach Tiburcii emphangen fol. 229a, so er auf zerung und potenlon under aintzigen in geschefften der kn. Mt. ausgeben hat inhalt seiner quittung 11 gld. rh.

1493. fol. 1a ff.

Innemen zu notturft der cammer anno 1493.

(von) Jacob Fugger von Augsburg und sein Gesellschaft.

(Jan. 1.) Eritag circumcisionis 3200 gld. rh.

(Jan. 26.) Sambstag nach Conversionis Pauli 6660 gld.

(März 18.) Montag nach Gerdrudis an vier quittungen von Jörgen Gossenprot 8500 gld.

(März 23.) Sambstag vor unser lieben frauentag annunciacionis zu ganzer bezalung irer remanenz von Jacoben Fugger emphangen auf mein quittung 1663 gld. 6 kr.

(März 23.) Sambstag vor unser lieb. frauen annuntiat.

Zu bezallung des monats Marcii 6660 gld.

Aber eodem die zu bezallung des monats Aprilis auf camer an parem gelt und quittungen von in empfangen 6660 gld.

(Mai 5.) Sontag nach Invenc. crucis 7185 gld.

(Mai 28.) Eritag nach Urbani 6185 gld.

(Juli 1.) Montag vor Marie visitationis 6660 gld.

(Aug. 1.) Pfinztag vincula Petri 6660 gld.

(Sept. 1.) Sontag Egidii 6660 gld.

(Oct. 1.) Eritag nach Michaelis 6660 gld.

(Nov. 10.) Sontag vor Martini 6660 gld.

(Dez. 8.) Sontag Conceptionis Marie durch Conradn Meutting an parem gelt und quittungen 6660 gld.

1494. (Jan. 1.) Mittwochen Circumcisionis domini 6660 gld.

1493. (Aug. 3.) Am sambstag nach Vincula Petri hab ich von der bemelten gselschafft empfangen an den 10000 gld. rh., so sy der ro. k. Mt. ausserhalb des grössern vertrags mit inen bescheen auf etliche silber darzuleihen zugesagt haben auf mein quittung 2100 gld. rh.

(Sept. 14.) Aber am Sambstag nach nativitatis Marie an den obgemelten 10000 gld. zu notturft der camer empfangen auf mein quittung 2000 gld.

(Oct. 2.) Am mittwochen nach Michaelis 2000 gld.

(Okt. 10.) Aber am phinztag nach Francisci an den berürtn 10000 gld. rh. durch mein gnedigiste frau von Österreich auf cammer emphangen auf mein bekanntnuss 2000 gld.

(Oct. 19.) Mer am sambstag nach galli 1900 gld.

(Dez. 31.) Am eritag vor circumcisionis domini des ingenden 1494ten jars haben sy mir an den 15000 gld., so sy auf ainen besondern vertrag der kn. Mt. darleyhen sullen, zu notturft der camer geantwurt auf mein quittung 2200 gld. rh.

(Dez. 31.) Aber eodem die an quittungen auf camer von inen emphangen zu ganzer bezalung der 4000 gld., so sy der kn. Mt. Thome apostoli (Dez. 21) des 92 jars verschinen auf den silberkauff darzuleihen zugesagt auch mir auf dieselbig zeit an bemelter summa mit parem gelt auf camer ausgericht haben 968 gld. rh., dannoch über sollich 968 gld. auf heutigen tag wie hernach volget, herrn Marquarten Brisacher auf gschefft der kn. Mt. zerung und rustung gen Rom und Napls 700, doctor Ludwigen Brauen auf gschefft der kn. Mt. zerung gen Rom und Napls 600, herrn Rudolfen fürsten zu Annhalt auf gschefft der kn. Mt. 100, her Ernsten von Welden, so er der kn. Mt. dargelihen hat 332, herrn Lienharten Vetter an seinem zinss und dienstgelt 240, Nicolausen Cesarii auf geschefft der kn. Mt. durch Sylvester Steger 200, Jacoben Valkher vom Pusch auf gschefft der kn. Mt. umb vallkgen 700 und Conradn von Frankfort von Cöllen auf gschefft der kn. Mt. 60 gld.. bringt alles in ainer summa inhalt meiner quittung 3032 gld. rh.

---

fol. 56b.

Gnadtgeld und geschefft.

Müntzerknecht gemainklich zu Hall.

(Aug. 3.) Empfangen an sambstag nach Vincula Petri durch Jacobn Fugger, so inen der silber halben zuvermüntzen etwas zusagens beschehen zu geben verschaffen ist, doch von kainer gerechtigkeit sonder von gnaden wegen inhalt irer quittung 100 gld rh.

(Nov. 10.) Aber an Sontag vor Martini durch bemelten Fugger emphangen obgeschribner mass inhalt irer quittung 50 gld. rh.

Schulden. fol. 91a.

Florian Waldauff von Waldenstein.

(Juni 25.) An eritag post Johannis Baptiste durch Jacoben Fugger an seiner schuld auf sein quittung, der datum lautt an eritag in phingsten nächst verschinen (Mai 28) 250 fl.

(Juli 5.) Aber an freitag nach Udalrici empfangen durch Jacoben Fugger auf ain quittung von Conradn Meutting ausgangen der datum laut an Montag vor Ulrici nächstverschinen (Juli 2) 250 fl.

(Folgt eine Reihe von Zahlungen durch Jacob Fugger.)

1494. fol. 8ff.

Die Fugger leisten wieder eine Reihe Zahlungen, deren Art durch die früher angegebenen Fälle hinreichend charakterisiert ist. Wiederholt erscheint als Vertreter der Fugger Hans Suiter. Ich nenne nur folgende Fälle:

Sept. Sebastian Meurli postmaister zu notturft der post durch Jacoben Fugger auf das schreiben, so im Conrat Meitting der Fugger diener than hat, geben am mittwoch nach unser lieben Frauen tag, als sy geborn ist (Sept. 10) quittung 400 gld.

Petern Pissingern burger zu Augspurg auf zehen zellt, die an in zemachen gefrumdt sein durch Ulrichen Fugger burger zu Augspurg, geben auf montag nach des hailigen Creuz erhöhung tag (Sept. 15) 100 gld.

(fol. 99b.)

Jacoben Fugger burger zu Augspurg fur 4 ris klain und drey ris gross papier und umb ain schuldspuech, so er auf die raittung geantwurt hat, geben den andern tag (Juni 2) des monats Juni. quittung 13 gld. 27 kr.

fol. 321ff. Einnahmen der Kammer von Jacob Fugger und in dessen Namen von Hans Suiter:[1]

je am ersten Tage des Monats ab Februar 6660 gld.

Beilage 10: Aus dem Merkbuch des Münzschreibers Iseregger zur Geschichte der Fugger.

Das Material, welches in diesem im Innsbrucker Statthalterei-Archiv[1] verwahrten Buche vorliegt, ist leider nur lückenhaft. Iseregger verzeichnet das Silber, welches in die Münze einläuft. Da die Fugger seit 1488 eine beinahe monopolartige Stellung im Silberkauf gegenüber den Schmelzern einnahmen, so ging auch das für die landesherrliche Münze bestimmte Silber fast ganz durch ihre Hände. Die Münze bezahlte es gemäß dem Vertrage mit je 8 fl. 1 ort für die Mark. Die einzelnen Silberstücke waren gewogen und mit dem Zeichen des Schmelzers versehen. Gelegentlich habe ich die Zusammensetzung einer Silberlieferung der Fugger angegeben, aber im allgemeinen mich auf die Summe des Gelieferten beschränkt.

Aber die Fugger ließen auch von dem Silber, welches sie von den Schmelzern gekauft hatten, einen Teil für ihre Rechnung vermünzen und zahlten dann dem Silberbrenner eine Entschädigung, gewöhnlich einen Fierer für die Mark. Die Abrechnung zwischen Münze und Fuggern erfolgte durch Iseregger. Aus seinem Rechenbuche gebe ich im folgenden einen Auszug, der durch das vorher Gesagte verständlich wird. Für weitere Aufschlüsse verweise ich auf die eben erschienene Abhandlung von A. Nagl, Das Tiroler Geldwesen unter Erzherzog Sigmund. Numismat. Zeitschr. (Wien) 1907, 45 ff. bes. S. 110.

---

[1] Pest-Archiv XIV 979. Die wenig leserliche Aufschrift des Deckels besagt: Rechnung der kauf Silber und was in das selbe kkomen(?) ist. Angevangen anno 88.

fol. 1. Fugker anno 88 vermünzte silber.

Item kauft von Jacoben Fugker ain stuck silber, wigt 81 mark per 8 guld. 1 ℔ 3 gr.; facit 668 guld. 1 sh. 3 gr.

Die Herkunft der nun folgenden einzelnen Stücke ist angegeben.

Summa 1439 mark 14 lot. per 8 gulden 1 ort; facit 11878 guld. 4 sh. 10 gr. 1 perner.

fol. 2. Fugker auf ain neus an sambstag nach sand Ursula tag (Okt. 25) anno 88.

Die Herkunft der Stücke ist angegeben.

Summa der 19 stuk

1461 mark 5 lot

per 8 gulden 1 ort; facit

1255 guld. 4 sh. 1 grosch. 3 fierer 1 perner[1].

fol. 4. Vermerckt die silber, so die Fugger vermüntzen habend lassen angefangen zu Weichnachten des eingenden 89 jars, wie hernach volgt

von Hansen Grünhofer	112 mark	1 lot
vom Hofer	92 „	6 „
anno 89		
Anthoni de cabellis (!)	126 „	12 „
Fueger	71 „	12 „
Tenntzl	100 „	8 „
Jaufner.	61 „	14 „
Fueger	74 „	10 „
Hofer	114 „	12 „
Grünhofer	91 „	2 „

fol. 11. Gelont dem Sprungen[2] von den auswenndigen erkauften silbern anno 91.

Anthoni vom Ross ain prymerer silber 17 mark 10 lot 2 quent; Fugger ist Fueger 128 mark 9 lot, Fugger-Erlacher 124 mark 4 lot; Fugger-Hofer 104 mark 8 lot: tund in summa und ist abgerait an pfinztag Gerdruden 440 mark 15 lot 2 quentchen per 1 fierer facit

1 gulden 2 sh. 4 gr. 1 fierer.

Noch eine große Anzahl Stücke lassen die Fugger münzen mit angegebener Herkunft und zwar:

1020 mark 10 lot. 944 mark. 923 mark 3 lot. 780 mark 2 lot.

[1] 1 sh = 3 fierer = 12 perner.

[2] Silberbrenner.

fol. 13. Gelont dem Sprungen von den hernach geschriben stuken, so die Fugger zuvermüntzen geben haben anno 92.

Item von Weichnachten bis auf Lichtmess gelont dem Sprungen von 16 stuken: Grunhofer 101. 1[1] Paumgartner 120. 5, Jaufner 58. 7 etc. Tund in summa 1460 mark 2 lot; tut der lon die Mark per 1 fierer 2 mark 4 sh. 4 gr.[2].

Gelont dem Sprungen vom 14. Febr. biss auf adi 9 marci von 21 Stucken, so die Fugger zu vermuntzen geben haben, wegend 1997 mark 2 lot per 1 fierer; facit 3 mark 3 sh. 3 gr. 2 fl.

Gelont dem Sprungen von den hernach geschriben 9 stucken silbern vom hauscamerer von weichnacht bis auf adi 24 marci etc. tund in summa 788 mark 9 lot per 1 fierer facit 1 mark 3 sh. 1 gr. 3 fierer.

Gelont dem Sprungen von dem post 1202 mark 11 lot per 1 fierer facit 2 mark 2 fierer.

Gelont dem Sprungen von den hernach geschriben stuken, Sigwein 70. 12 etc., tund in summa 10 stuk wegend 838 mark 9 lot per 1 fierer, haben die Fugger zu vermüntzen geben; facit 1 mark 3 sh. 11 grosch. 3 fierer.

Gelont dem Sprungen von 5 stuken, habend die Fugger zu vermüntzen geben von 28 aprilis bis auf 9 maio, wegend 541 mark 1 lot per 1 fierer facit 9 sh. 1 fierer.

Gelont dem Sprungen von hauskamrer 3 stuk silber, sind 94. 15 | 116. 13 | 105. 11 | tund in summa 317 mark 7 lot.

Gelont dem Sprungen von den hernachgeschriben erkauften silbern . . . . summa 640 mark 14 lot; facit 2 gld. 8 gr. 1 fierer.

Gelont dem Sprungen adi 12 october von den hernachgeschriben 11 stuken, das erst Paumgartner 98. 9, Paumgartner 102. 15, Erlacher 123. 2, etc., tund in summa 1184 mark 5 lot per 1 fierer facit 1 mark 9 sh. 8 gr. 4 fierer, der ist dem Sprung bezalt.

Gelont dem Sprungen von . . . . ., tund in summa 122 mark 6 lot per 1 fierer.
(gelont am montag nach Symonis et Jude); facit 2 sh. 2 fierer.

Gelont dem Sprungen am freitag vor Martini von . . . tund in summa 1002 mark 9 lot per 1 fierer facit 3 gld. 1 sh. 8 gr. 2 fierer.

Gelont dem Sprungen an dem ersten tag dezember anno 92 . . . tund in summa 891 mark 14 lot per 1 fierer; facit 2 guld. 4 sh. 10 gr.

---

1 bedeutet 101 Mark 1 lot.

2 1 rh. gld. = 1/2 Mark = 5 ℔ perner = 1200 perner.

Gelont dem Sprungen von dem hernachgeschriben 7 stuken ... tund in summa 695 mark per 1 fierer facit 2 gld. 1 ℔ 7 gr.

fol. 25. Hienach volgt was Fugker gelt empfangen hat an den vorgeschriben silbern, so er vermüntzen hat lassen, angefangen an sand Augustin tag (Aug. 28) anno 88 und ich Sigmund Iseregker von irn wegen eingenommen hab.

Item . . . 400 guldin rein.

mer . . . 1000 „ „

mer . . . 1000 „ „ 2 sh. 4 gr.

mer . . . . 86 „ „

mer . . . 1400 „ „

mer . . . 1400 „ „

mer . . . 800 „ „

mer fierer . 100 „ „

mer fierer . 200 „ „

mer an sambstag sand Lucastag (Oct. 18)
1000 guldin rein.

mer an sand Ursula tag (Oct. 21)
1000

mer an sambstag nach Ursula tag (Oct. 25)
1000

mer an montag vor Simonis et Jude (Oct. 27)
1000

mer an sand Symon und Judaen tag (Oct. 28)
100 guld.

mer an sand Symon und Judas tag zu gantzer zalung der vorgeschriben XX stuk vom Fugker 992 guld. 2 sh. 6 gr.

An den vorgeschriben silbern, so der Fugker vermüntzen hat lassen von Samstag nach sand Ursula tag (Oct. 25.) bis auf (Lücke) hab ich empfangen aus der cammer wie hernach volgt.

an montag nach aller selen tag anno 88: 1000 guld., an montag vor Elisabeth 1000 guld., an pfinztag nach Elizabeth fierer 60 guld., an sand Kathrein tag in fierern 150 guld., an freitag vor Andree 1000 guld., an montag nach Andree 1000 guld. rein., an pfinztag vor Nicolai 1000 guld., an sand Nicolaus tag fierer 180 guldin, am pfinztag vor Lucie 2000 guld. rein., am eritag nach Lucie 1400 guld., am mittwoch nach Lucie 1000 guld. rein., am pfinztag vor Thome 1200 guld., an dem Weichnachtsabend 1000 guld. und aber an dem weinachtabend 65 guld. 4 ℔ 1 gr. 3 fierer. Damit alle ding zalt bis auf weichnachten.

fol. 27. Hienach volgt, was ich von der Fugger wegen von dem muntzmaister eingenomen hab der silber halben, so alle wochen vermuntzt sein worden, angefangen zu Weichnachten des eingenden 89 ten.

1.	Grunhofers . .	112 mark	1 lot	
	Hofer	92 „	6 „	
	tund in gelt 1686 guld. 3 sh. 2 fierer 3 perner; ist zalt.			
2.	Anthoni vom Ross	126 mark	12 lot	
	Fueger	71 „	12 „	
	tund in gelt 1637 guld. 3 sh. 1 gr. 2 fier. 2 perner; ist zalt.			
3.	Tenntzl . . .	100 mark	8 lot	
	Jaufner . . .	61 „	14 „	
	Fueger . . .	74 „	10 „	
	Hofer	114 „	12 „	
	Grunhofer . .	91 „	2 „	
	tund in gelt 3653 guld. 3 sh. 7 gr. 1 fierer ist zalt.			
4.	Tenntzl . . .	94 mark	1 lot	
	Hauscamrer . .	116 „	10 „	
	Anthoni . . .	102 „	6 „	
	Fueger	80 „	15 „	
	Die 4 stuk tund in gelt 3250 guld. 2 sh. 6 gr.; sind zalt.			
5.	Stöckl	85 mark	10 lot	sind zalt
	Grünhofer . .	97 „	10 „	
	Hauscamer . .	117 „	8 „	
	Hofer	94 „	10 „	
	Hofer	94 „	3 „	
	Rumel	77 „	13 „	
	Möltl	133 „	3 „	

Summa der 20 stuk (fehlt)[1].

Beilage 11: Aus den Prozeßverhandlungen Fugger gegen Mairhofer.

Im Fugger-Archiv liegt 2, 4, 1 ein Quartheft, welches die Klage des Fuggerschen Vertreters Georg Frauenstetters gegen Hans Mairhofer vor dem fürstlichen Gericht zu Salzburg, Mairhofers Antwort, dann Duppliken und Tripliken enthält. Worum es sich

[1] Die Aufzeichnungen gehen dann gleich zu 1496 über.

es sich handelt, geht zur Genüge aus der Beilage hervor. Die Fugger verloren den Prozeß.

Aus der Klageschrift des Fraunsteter. fol. 1.

Erstlich als Hanns Mairhofer mit Jacob Fugger abgerechennt, hat er gemelter Mairhofer den Fuggern in rechnung gelegt, wie er Conradten Eber geanntburtt hab zuschaidn an mitwochen nach Michaeli im 92 jar ain stück silber, hab gewogen 48 mark 7 lot 2 quentlein, hab die mark silber golt gehalten 1 qu $^1/_{16}$ $^1/_{32}$, und diss stück silber sei under anderen stücken no. 8 gewesen [1]. Umb sollich stück silber wil Eber nicht wissen haben und sagt, Mairhofer hab im daz nit geanntburt. Dieweil aber Mairhofer solichs in rechnung gelegt und ist im pezallt wie dann sein rechnung und handgschrift clarlich ausweist, getraut Fraunsteter als klager, daz Mairhofer den Eber umb solich silber pekanntlich mach, wo nit, daz er sollich silber schuldig sei zu pezalen, tut in seiner rechnung 515 lb 2 s 5 ₰. Ist klager erpetig sein rechnung und handgeschrift darumb furzulegen.

(Am Rande: Die posst findstu in der rechnung des 92 jars in act. 54, und ist diss stück silber von Jörg Wielanndt.)

fol. 2.

Zum Fünften hat Mairhofer in rechnung des 94 jars angeben, hab dem Eber geantburtt zu schaiden an montag nach Bartholomei diss jars ain stück silber von Velach, hab gewogen 22 mark 8 lot, hab die mark silber gold gehalten $^1/_{16}$ $^1/_{32}$ $^1/_{64}$; sagt Eber, Mairhofer hab solich stück silber wider genomen; getraut Fraunsteter, daz Mairhofer sollich stückh zu pezalen schuldig sei mit der summa, wie er daz in rechnung gelegt hat oder mach den Eber darum pekantlich. Ist auch erpotig als klager, dieselb sein rechnung darumb furzulegen.

(Am Rande: suech die posst in dem püchl c. ac. 103.)

Jörgn Fraunsteters gegenred wider Hansen Mairhofer eingelegt antburtt auf die klag gegeben, geantburt an mitwochen nach sand Margreten tag. anno 1505.

fol. 9b ff.

Günstig lieb herren. Ich Jörg Fraunsteter als gewaltrager in namen und anstat meiner herren Fugger hab in kraft des getanen hindergangs mein klag in ettlichen artikeln pegriffen in geschrifft fur euch eingelegt, darinnen Hans Mairhofer in seiner rechnung ettlich posten in sein ausgab meinen herren den Fuggern gelegt,

---

[1] 1 Mark = 16 lot = 64 quentlein.

die im auch gegen seinem einnemen auf sein angeben aufgehebt und abgezogen und doch im gruntt nit der massen wie Mairhofer angesagt hat erfünden sind. Dawider aber mairhofer auf solich mein klag von artikl zu artikl sein antwurt tan hat etc.

Die selb sein antbürt in den artikln punctn clausen und innhaltungen, die fur mich und meine herren tun, nym ich als von meiner gegenparthey für pekannt an, sovil die aber wider meine herren tun möchten, waz ich der in sunderhait nit verantburt und widerrede, die widersprich ich in gemain und will die verneint und dawider generalia contra gesagt haben etc. Insonderheit auf einen ydn artikl meiner gegnparthei antburt wil ich mein replica und gegenred tun hernachvolgender mass und sovil in geschichten ligt, mich der zu weysung erpotn haben, doch in kain über- flüssigkait.

Von erst hat Mairhofer ain protestacion tan, die raitpuecher daraus im ain auszug gegeben, den er nicht sol vollkumenlich angenom haben zupesichten, lass ich in seinem werdt und ich wil mich der urtail darumbn ausgangen petragen inhaltendt, daz aller und yglicher artikl, der sich klager im rechten zu geprauchen vermaint, dem antburter abgeschrift gegeben werden etc. Solichs ist peschechen, dem antburter auszug gemelter artikl in der klag pegriffen gegeben worden, als er selbs pekennt. Ob er den auszug hat annemen wolln oder nit, ligt nit in seiner, sunder in des gerichts macht, wann so ain urtail ergangen, ist er dem schuldig nachzufoligen etc.

Als weiter Mairhofer auf den ersten artikl meiner klag antbürten tut, wie er vom 89ten pis in daz 98 jar meiner herren der Fugger diener gewest ist und hab in aller sach Rauris, Gastein, Velach, Rotnmann, Schlamyng und ander ende des silberkaufs und ander notturfft gehandelt, nym ich als gewaltrager meiner herren der Fugger an. Sy haben sich auch zu im alles guts und aller treu versechn als er selbs schreibt, und solicher treu nach haben sy auf seine schlechte wort in der rechnung nit anders vermaint, dann es sollte sich, wie er in derselben raitung seinen herren die schuldner als den Eber und ander angeben hat, also pei inen erfinden. Ob aber meinen herren daz erfolgt und ersprossen hab, erfindt sich in gemelter meiner klag pegriffen. Und dieweil dann gemellte raitung von Mairhofer peschechen ist auf sein schlechte wort dem vertraun und glaubn nach, so ain herr zu seinem diener hat, an all ander pewärung und urkundt, die er desmals pei im pehalten und ain yede post und artikl solicher rechnung war und ausfundig zu machen nicht furgetragen noch uberantburt hat, so ist meinen herren bei Mairhofer vorgestanden, die erfarung sollicher seiner handlung und daz er die angezaigten schuldner gichtig und pekanntlich mach und dazyhen, daz er mit wortten angegeben, also mit den werchn erfülle und ausfündig mach. Dann sunst wo man auf glauben und vertrauen handlt, sollte der diener nit schuldig sein waz er seinem herren mit worten ansacht, soliches mit den werchn zu volfüeren und für gwis zu machen, so würde der herr in menig weg petrogen, und wär solicher glaubn und trauen dem herrn zu nachtail und dem diener ain ursach gefärlicher handlung sich zugebrauchen, daz wider die vernunft, pillikait und alle recht wär.

Der erst artikl.

Als er in derselbn antburt auf den ersten artikl weyter sagt, er hab des artikls halben ain raitung im 92. jar tan, die haben die Fugger desmals volkumenlich angenomen und wo sy ainigerlai abgangs des silbers gehabt, sy hettn daz in nachfolgunder raitung gemeldt.

Dawider sag ich: dieweil solich raitung alain auf Mairhofers fürgeben an pewärung und an uberantbürtung der urkund peschehen ainem überschlag geleich, und dadurch meinen herren den Fuggern vorpehalltn ist, erfarung zu haben, ob sich die posten, so Mairhofer in raitung gelegt, also halten oder nit. So dann meinen herren in solicher raitung die handlung anders dann sich die pei den angegeben schuldnern erfunden hat, gelegt und wie inen daz in erster raittung verporgen, also ist inen daz in nachfolgunder raitung auch nit wissen gewesen pis zu erfarung, daz sy mit dem Eber nach aller des Mairhofer getanen raitung solich stückh silber haben abraiten wölln. Darumben ist pillich den Eber umb solich silber anghais zu machen oder das Mairhofer meinen herren widergebe, daz sy im an ursach unpillich pezallt haben.

Als er schreibt, er lass sich nit pekumern, ob Eber über so lange jar des silbers in abred wäre etc.

Darzu sag ich, soverr Mairhofer in seiner raittung glaublich anzaigen tan und brieflich urkund oder quittung, so er umb den empfang solichs silbers von dem Eber zunemen schuldig gewest ist, meinen herren übergeantburt hette, möcht meinen herren die schuld zuegemessen werden. Dieweil aber Mairhofer solich urkundt, auch die register und Ebers handlung pei im behalten und meinen herren auf ir menigs ersuchen underricht und glaublich anzaigen nit hat tun wölln, als er sich des inhalt seiner handgeschrift in gemelter raitung zutund verpflicht hat, auch in albeg nach gestalt der sachen schuldig gewest, so ist es an im gestanden, daz er den Eber vor lengst nicht gichtig gemacht sunder sich wol vor sechs jaren mit recht darumben hat peklagen lassen und er sol solicher seiner versaumnus pillich selbs und nit mein herren nachtail tragen. So ist auch verlauffung ettlicher jar kein rechtmässig ursach, den Mairhofer von der klag zuendheben, dieweil sich solich meiner herren vordrung nit verjart hat.

Weytter sagt er in derselben antburt, es stee in der Fugger pevelh nit, den sy anfänklich im getan haben, quitung umb silber gellt oder golt, so er dem Eber antburt, von im zu nemen.

Ist schimpflich zu hören. Es hat nit nottan, ime in sunderheit zu pefehln quittung zu nemen, sunder es ist im als ainem factor und verständigen verweser zuegestanden, waz er mit den leuten handlt, sich und sein herren mit quittung und handgeschrift zuversehen, wie sich gepurdt. Wer wolt ymer glaubn, so er dem Eber silber oder golt geantburt hat, daz Mairhofer so ainfaltig gewesen wär, nicht dagegen quittung zu pegern, damit er den Eber seines empfangs erweysen möcht; und wo er das underlassen, trägt er pillich seiner nachlässigen handlung schaden und nicht mein herren. Und wo im mein herren quittung zu nemen verpotn hettn, das doch nit ist noch er selbs nit setzt, dennoch waren sy nit schuldig, ain ydes daz Mairhofer in raittung leget, zu gelauben, es erfunde sich dann mit warheit also gehandelt zu sein. Sunst hiett Mairhofer und ain solicher ursach sich mit unerfündigen ausgabn von seinen herren zu muessigen, daz alles wider vernunft und pillikait wäre, wan die gefärde sein in ainer ydn handlung und gemain red allweg ausgeschlossen. Es ist auch der kaufleut gebrauch nit als er anzaigt, unbewerter ding in den tag zu handln und dem sy gebn nit zu erweisen, so es not tut. Und wo dann ain kaufmann ain solichen prauch hat, sein guet auf ploss vertrauen an all urkund und handgeschrift auszugeben, so trägt er pillich selbs den schadn, wo ime darin misslingt und der gelauben nit gehalten wirdet; darumb hiet sich Mairhofer gegen seiner ausgab von dem Eber mit quittung pillich versechen, alsdann zu vermuettn ist, er daz getan hab. Wan er setzt selber in seiner antburt auf den andern artikl hernach, daz er von Eber noch quittung pei seinen handen hab. So trägt er des pillich nachteil und nit sein herren die Fugger, die sich zu im als irem factor und verweser pillich versechen haben, er würde sich mit ausgab des silberkaufs wol wissen zu halten, daz im und seinen herren daraus nicht nachtail erstünde. Ine red auch nit aus, als er fürgibt, daz in Jakobn Fuggers handgeschrift ime zugeschriben sein sol, wie er dem Eber daz gewicht des silbers und waz es an gollt hellt aufzaichn sol etc. Dann durch solich aufzaichnung ist im nit verpoten quittung zu empfachen, ja mer dardurch pefolhn, daz er pewärlich handln und die silber dem Eber verzaichnet geben sol. Wie kan er dan peypringen, daz er solichs getan, so er des kain urkund von Eber hat, daz er im solich stuck silber weder verzaichendt oder unpezaichent hab geantburt?

Als er weyter zur verantburtung diser clag auf den ersten artikl sagt, wie er die stuck silber Virgilien Fröschlmoser geantburt und nachmals mitsambt im die peruerten stuck silber dem Eber geantburt haben, lassen sich mein herren nit pekumern, wann er ist schuldig gewesen und noch, glaublich anzuzaigen, wo er daz silber, so er von seinen herren den Fuggern nach laut seiner raittung ingehabt und im pezallt ist, in der Fugger namen ausgeben hab. Er weis daz mit Fröschlmoser oder andren, daz zu recht genueg ist. Und dieweil er solichs in seiner antburtt mit schlecht worttn, wie in der getanen raitung und durch kain genugsams gleublichs anzaigen furgibt, so hat er solich klag, als er vermaint in diesem ersten artikl nit abgelaint, und getrau nach wie vor, Hans Mairhofer sei schuldig den Eber umb solich stuck silber bekanntlich zu machen oder daz, als hab ers dem Eber nit geantburt, meinen herren den Fuggern schuldig zu pezalen. Ich nym auch an, des Mairhofers pekanntnuss sovil die für mein herren ist, da er bekennt, daz er angezogens stuck silber mein herren in die rechnungen in sein ausgab gelegt hat, und zu mererm und völligerm anzaigen zeuch ich mich des in sein raitpuech seiner aigen handgeschrift des silberkauffs im 92 jars am 54 plat.

Der ander artikl.

Auf den andern artikl mainer klag erpeut sich Mairhofer zu weysen mit Ebers handgeschrift, daz Eber 600 gld. rein. von Mairhofer empfangen hab. Solich des antburters erpieten nym ich an, soverr er Ebers unwidersprechliche handgeschrift, das zu recht ge nueg ist, darumben furpringt, doch vorbehalten erlitten cost und schädn, darein er mein herren gefürt hat; wo nit, beger ich wie vor in recht zuerkennen; dieweil Mairhofer den Eber nit erweisen mag, daz er solich 600 guld. rein., die im mein herren in der raitung in sein ausgab auf sein ansagen gelegt und pezalt haben, zu pezalen schuldig sei, des ich mich zeuch in daz raitpuech seiner handgeschrift des silberkaufs im 95ten jar in dem puchlein bezaichnet mit dem puchstabn c am 103 plat in den ersten dreyen posten pegriffen.

Als aber antburter vermaint, so er den Eber in diesem artikl peweisen müg, daz er die 600 gulden von im hab empfangen und der unpillich abgestanden, daz im in den andern posten und artikln er geleicher weis abstee nit zuegelauben sei etc.

Daz mag Mairhofer gegen Eber gleichwol ausfueren. Dann wo sich Mairhofer gegen Eber mit quittung und handgeschriften in den andren posten wie in diesem artikl als er furgibt nit versechn hiet, des sollen meine herren Fugger unpillich endgelten. Wann Mairhofer ist der andern posten in der klag pegriffen so wol den Eber pekantlich zu machen als in diesem andern artikl die 600 gulden petreffendt.

Der drytt artikl.

Auf den dritten artikl der klag petreffendt 300 gulden rein., so Mairhofer pei dem Eber angeben hat, wie er solich 300 rein. gulden durch den Fröschlmoser dem Eber pezallt hab, sagt Mairhofer in seiner antburt, er hab die summa pezallt. Dann als Fröschlmoser darinnen angezogen werdt, mügen klager oder Eber den Fröschlmoser darumb furnemen ursach halben. Dann wie Fröschlmoser die in rechnung seiner ausgab gegen Mairhofer gelegt, also hab er Mairhofer die den Fugger weyter verrait.

Darwider sag ich: Ich gestee nit, mir ist auch darumben nit wissen, waz Fröschlmoser dem Mairhofer in raitung gelegt hat. So sind auch mein herren die Fugger nit schuldig dem Mairhofer sein rechnung gegen Fröschlmoser zu verantburten, sunder Mairhofer hat die 300 gulden rein. von seinen herren ingehebt und die in sein raitung und ausgab gelegt, die in von inen aufgehebt und pezallt sind. Er hab nun solich 300 gulden rein. dem Fröschlmoser oder Eber ausgericht, ist er schuldig darumben gleublich und genuegsam anzaigen zutuen. Wo nit, getrau ich in recht zu erkennen, daz er die meinen herren wider zugeben schuldig sey. Daz aber Mayrhofer solich 300 guld. rein. in raittung für ausgaben gelegt hat, pekennt er selbs auf diesen artikl und erfindt sich daz in seinem raidtpuechl bezaichent mit dem puchstaben a am sechsten plat.

Der vierd artikl.

Als antburter auf den vierden artikl seiner klag, petreffend die 440 guld. rein., so er in seiner rechnung auf den Eber gelegt hat, sein antburt tut, wie er nit gestee, daz er von Eber umb dieselben 440 guld. rein. mit silber und gollt nach laut des artikls entricht sei, aber wie er auf pefehl und handgeschrift daz gelt dem

Eber gegeben hab, darinnen auch Fröschlmoser verwonnt sei, mug er leiden, daz die furpracht werdt.

Dawider ist mein gegenred: Ich als gewalttrager meiner herren Fugger bin zu pewärung meiner klag umb dieselbe fordrung der 440 guldin rein. nit mer schuld furzubringen, dann daz Mairhofer in seiner ausgab derselben 440 gulden rein., als hab die der Eber von im empfangen gelegt hab, daz dann also ist. Des zeuch ich mich in sein aigne pekanntnuss dieser seiner antburt und darzu in daz raitpuch seiner aigen handgeschrift, in dem puchlen pezaichent mit dem puchstaben c am 103 plat in vier postn nachainander. Herwider ist Mairhofer schuldig, den Eber darumb pekanntlich zu machen. Ich mag auch wol leydn, daz Mairhofer pevelh und handgeschrift, darein er sich zeucht, von Eber oder Fröschlmoser furbring. Mag er damit erweysen zu recht genueg, daz er daz gelt, wie er in seiner rechnung gesetzt, in namen der Fugger dem Eber entricht hab und pei dem Eber kain widerred hat, daz er solichs gelt den Fuggern schuldig peliben sei, sol Mairhofer des geniessen. Wo nit, und ob Mairhofer mit Eber deshalben ain irr hette, so sind mein herren nit schuldig im solich irr und handlung gegen Eber auszufueren, sunder er Mairhofer ist schuldig solich gelt pei dem Eber gichtig und richtig zu machen, wie er daz in seiner rechnung für richtig angeben hat.

Der fünft artikl.

Zum fünften des stückli silber halben von Velach, daz Mairhofer in seiner rechnung auf den Eber gelegt aber, Eber gesagt, er hab im daz, dem antburter, widergeben, darzu antburter sagt, wie Eber in daz nit hab widergeben, es müg zu recht nit peypracht werden.

Ist mein gegenred: Dieweil solich stuck silber inhalt des Mairhofers handgeschrift, darein ich mich zeuch, wohin daz kumen sei, in der rechnung nit für richtig gehalten, so ist Mairhofer noch heut schuldig, dasselb anzuzaigen, wohin er daz den Fuggern geantburt hab oder daz zupezalen. Es wil auch mein herren nit pekümmern, ob Eber dasselb stück silber pehalten oder dem Mairhofer wider geantburt hab. Wann Mairhofer ist schuldig gewesen umb solich sein ausgab von dem Eber handgeschrift urkund oder quittung zenemen, damit sein herren die Fugger den Eber hetten des einnemens erweisen mügen. So er aber solichs nicht getan und die handlung mit Eber irr und unrichtig gemacht hat, ist er soverr er seiner ausgab in gemelter raitung deshalb geniessen wil, daz mit

Eber richtig zu machen oder zu bezalen schuldig. Zudem so ist Mairhofer im selbs widerwärtig, wann in seiner rechnung hat er daz stuck silber von Velach als hab er daz dem Eber geantburt in sein ausgab gesetzt, des zeuch ich mich in dise sein antburt und das raitbuech seiner handgeschrift des silberkaufs im puechl pezaichent mit dem puchstaben c am 58 plat, und solichs stuck silber ist vom Wüxensteiner und im quinterlin numero quarto, darinnen die irrung nach seinen ansagen sind aufzaichend, darein er sich oft zeucht, stett geschriben, daz Mairhofer dem Eber under andren silbern hat geantburt ain stück, wigt 22 mark 8 lot, und daz er Mairhofer dasselb stück hab widergenomen vom Eber und sei mit andern silbern wider gen Velach gefürt wordn. Darnach hat sich erfundn durch Sewastian Rem, daz solich stuck gen Venedig nit komen ist. Zeuch mich des in dasselb quinterndli in den artikl anfachent mit: Item an mitwochen nach Bartholomei etc. und in desselbn Sewastian Rem sendprief seiner handgschrift, den ich hiemit einleg.

So dann Mairhofer in dem quinternlin darein er sich zeucht selbs pekennt, daz er daz stück silber von dem Eber wider genomen, und doch nit peypringen mag, wohin er solich silber seinen herren den Fuggern zu nutz geschickt oder geantburt hab, damit es inen nicht verloren werdt, so ist er schuldig noch heut solichs silber zu pezalen. Es ist auch in gemelter rechnung soliche post für unrichtig erfunden und inhalt Mairhofers handgeschrift, die ich zu seinen zeiten fürpringen wil, den herren vorpehalten, daz Sewolt Patron des Mairhofers diener, der in namen Mairhofers gehandlt hat, darumben anzaigen tun sol, wo das stuck hinkomen sei. So dan weder er noch Mairhofer nit anzaigung tan haben, sol es dafür gehalten werden, als hab Mairhofer daz stuck in sain ausgab unpillich gelegt und sei daz zu pezalen wider schuldig.

Der sechst artikl.

Als ich zu dem sechsten anstat meiner herren Fugger zu Mairhofer klagt hab, wie derselb Mairhofer ettlich als der Fugger schuldner nämlich Hansen Kröndl, Lorenzen Zeiler und Paulsen Görtschacher in seiner rechnung angeben uberzuantburten, welch schuldner als sich nachmals in uberantburtung der schuldprief erfundn, nicht in namen der Fugger, sunder in namen Mairhofers auf seinen vortail und gewynnung gemacht auch auf sich und sein erben hat schreiben lassen, darinnen der Fugger nicht gedacht ist.

Darauf hat Mairhofer geantburt, die schuld kumen all aus handlung des silberkaufs, so er von der Fugger wegen gehandlt hab und wie die Fugger Paulsen Görtschachers schuld halben gut gefallen gehabt, die er auf iren und Fröschlmosers pevelh gemacht hab. Und daz auch die gemelten schuldner in der rechnung für einnemen angenomen sind inhalt ains quinternly etc. und daz es nichts tue, daz antburter die schulden auf sich hab stellen lassen.

Dawider ist mein gegenred, daz ich nicht gestee, wie Mairhofer fürgibt, daz gemelt schuldn in handlung und gewynnung der Fugger gemacht sind. Alsdann daz die schuldprief, so Mairhofer lang nach getaner rechnung mir ubergeantburt, so ich hiemit einleg, darein ich mich zeuch, klarlich ausweysen, daz Mairhofer seiner herren der Fugger darinnen nichts gedacht und die schulden auf sich und sein erben hat schreiben lassen. Als ich aber die schuldprief auf in und sein erbn und nicht auf die Fugger lautendt gefunden, hab ich im die ze stund an pei Cristoffn Häring widergesant, die er aber nit hat annemen wellen. So hat Mairhofer fur sich selbs mit plei, darumben die schuldn zum tayl gemacht sind, gehandelt und seinen herren die gewynnung aus dem plei nyndert verrait. Wie wol er setzt, die Fugger haben an Pauls Görterschachers schuldn gut gefallen gehabt, daz mir doch nit wissen ist, aber gesetzt und daz nit pekannt, daz die Fugger gefallen gehabt, so haben sy daz alain tan, soverr die schuldn in irm handl gemacht und die schuldprief, als Mairhofer angesagt hat, auf sy und ir erben geschriben wären. Und haben im darauf solich schulden in sein ausgab legen lassen, aber desmals nit gewust, daz Mairhofer mit solichen fürschlegen umbgangen ist, ein schuld zu legen, die er in seinem vortail gemacht und im selbs und nit seinen herren zuezogen hat. So er nun vermerkt, daz die schuldn nit gewindlich sind, so wollt er die auf sein herren wenndn. In summa, ob die schuldn all in der Fugger handlung gemacht wärn, das man doch nit gestet, daz auch die schuldprief nicht inhalten, so dann Mairhofer die pehendikait praucht und die schuldn auf sich alain und sein erben hat schreiben und wenden lassen, so mügen die Fugger solich schulden nit einbringen noch die schuldner in craft der schuldprief zu pezalung pezwingen, darinnen die Fugger nicht begriffen sind. Und so dann mein herren die Fugger durch Mairhofer verhindert und an inen nit gestanden ist, daz sy solich schuld hietn einpringen mügn, so ist Mairhofer schuldig, solich schuldn meinen herrn zu pezalen. Ich nym auch an sein pekanntnuss, daz er solich schuldner in die raitung gelegt, als daz auch sein handgeschrift aines eingelegten zetl in seiner rechnung mit dem zaichen des puchstaben, a darauf er mer schuldn ubergibt, in mer posten ausweyst.

Der sybend artikl.

Zum sybenden der abgeng halbn an Velacher silbern, so die Fugger dem Mairhofer in der rechnung bezalt haben, vermaint Mairhofer in seiner antburt nicht schuldig zu sein aus ursachen: wann Sewolt Patron hab die ding gehandelt und solichn abgang einbracht laut ains zetl des Patron handgschrift.

Ist mein gegenred: daz meine herren Fugger dem Patron den silberkauf nit pefolhn noch Patron den Fuggern dasselb zu verraiten noch zu verantburten nicht verpflicht gewest ist. Sunder Mairhofer der hat solich abgeng laut des zedls verrait. Im sind auch solich silber und abgeng ganzlich pezallt, wie man daz in seiner rechnung klarlich sechen mag. Deshalb er schuldig ist anzuzaigen und die, pei den die abgeng aussten solln, darumbn pekanntlich zu machen, und dieweyl er daz nit tut, so werdn im solich abgeng, so sich nit erfundn, unpillich pezalt und er die schuldig wider zu pezalen. So ist auch Patron Mairhofers diener gewesen, hiet Patron als diener und von wegen Mairhofers den Fuggern die eingebrachten abgeng pezalt, so wär Mairhofer derselbn bezaltn abgeng müssig wordn. So daz aber nit peschechen, so ist Mairhofer schuldig seins dieners handlung zuversprechen und zuverantburten. In summa Mairhofer hat sich in derselbn raittung laut seiner handgeschrift verschriben, waz schuld Sewolt Patron zu Velach und andern enden den Fuggern ubergeben hat von Mairhofers wegen, die sol Mairhofer gichtig und richtig machen. Hat Patron der abgeng einpracht, die mag Mairhofer an in gleichwol erfordern, wann er ist meinen herren schuldig darumb zu antburten. Er hat auch die und nit Patron verrayt.

Der achtend artykl.

Zum achten der 690 ℔ plei halben, so Mairhofer in seiner rechnung des perkwercks in der Gastein des 97 jars für ain ausgab gesetzt, als ob er die dem Sewolt Patron pezalt soll haben, vermaint Mairhofer, es sei zu vermuetten, daz solich plei in die summa, wie das im quinternlen mit no. 4 pezaichent Hansen Keller handgeschrift ist, zu anderem plei kumen, es peschech denn ime Mairhofer ein ander lauter anzaigen, alsdann wölle er sich der warhait und erberkait gmäs gepürlich halten.

Darauf ist mein gegenred: Nachdem Mairhofer selbs pekennt, die 690 ℔ plei des 97 jars meinen herren in rechnung gesetzt, daz er sy von Sewolt Patron empfangen und pezalt hab, ist wissentlich, daz gedachter Patron diser zeit in kurz vor noch nach für sich selbs noch ymands andren kain andres dann der Fugger plei gehabt und daz auf meinen pefelh verwallt, davon vorgeschriben 690 ℔ plei kümen und durch Mairhofer nit pezalt sein, des ich mich dann zeuch auf Sewolten Patron handgeschrift, so ich hiemit einleg mit dem puchstabn B, darinnen schreibt Patron, wo Mairhofer solich 690 ℔ plei von im empfangen, als er dann in seiner rechnung setzt, so sei es von der Fugger plei genomen. Mairhofer hab im auch dafur nichts pezalt. So gestee ich auch nit, daz gedachts plei laut des quinternli mit den herren under anderm plei verrechent ist, wie Mairhofer anzaigt. Dann es find sich klar und lauter in dem puechlein des puchstabn c in der jungsten rechnung zu Augspurg peschechen am 4. plat, wie und durch wen er solich posten plei im quinternli begriffen albeg empfangen hab. Und dieweil sich solichs klar erfindt, daz Mairhofer die 690 ℔ plei in seiner rechnung des perckpuch am 87 plat, darein ich mich zeug, mein herren für ein ausgab gesetzt und im pezalt, ist und durch Mairhofer nicht vernaint noch widersprochen mag werden, er hab solich plei von Sewolt Patron empfangen und auf Patrons handgeschrift, hoff ich, es werde erkannt, daz Mairhofer solich plei meinen herren zu pezalen schuldig sei.

Der neund artikl.

Zum Neundten, als ich klagt hab, daz Mairhofer daz plei, so er in seiner herren perkwerch in der Gastein und Rauris gebraucht und umb ir gelt kauft, seinen herren höcher, dann er das erzeugt, in rechnung gelegt und im den gewin an gemelten plei zuegezogen hat, darauf Mairhofer geantburt, er hab das umb kain unzimlichen pfening in raitung gelegt sonder alain die unkost, knecht zerung und zu zeyten den abgang, und er hab daz auf kaufmannstreu und pitt in seinem namen kauft seinen herren mer zu nutz dann zu schaden.

Darwider ist mein gegenred: anfangs daz Mairhofer meinen herrn auf ir perckwerck den gewin des plei in rechnung gesetzt hat, ist er in gemelter seiner antburt bekanntlich. Solich sein pekanntnuss nym ich an, sovil für mein herren ist. Daz im aber gewin zu nemen von meinen herren nit gepurdt hat, ist wol zu ermessen, wan er ist ir verpflichter und versöllter diener gewesen und hat mit irem gelt und guet gehandelt. Und ob Mairhofer gleichwol zuegeben gewesen wär, mit dem plei seinen aigen gewerb auf gwin und verlust zu treyben, so hat im doch nicht getzimbt est ist im auch von meinen herren, der er diener gewesen ist, nit vergunt, gegen inen gewerb auf gwin zu haben noch von inen gwin zu empfachen, sunder alles daz er zu irem perkwerch plei und anders nodturftig gewesen ist, daz hat er zu treuer hant umb ir aigen gelt, daz er under handen gehabt hat, erkaufn und wie er daz erkauft auch waz mit zerung knechten oder in anderwegen darauf gangen ist, also und nit höcher noch auf gwin oder in ainem anschlag in seinen vortail und nutz verrechn solln als ainem getreuen diener wol zuestett, auch sich mein herren zu im nit anders versechen hettn, denn er hiet daz plei in rechnung gelegt in massen er daz erkauft und erzeugt hat, daz aber sich nit zumal erfindet, von im nit peschechen ist. Ich gestee im auch nit, daz mein herren Fugger ainicherlei kauf oder anslag umb solich plei mit im gemacht, sunder im ir perkwerch als irm diener auf treue, erberge rechnung pefolhn und vertraut haben. Ist auch nit zu gelauben, daz er solichen anslag des pleis meinen herren zu nutz getan und er mer schadn denn nutz daran genomen haben solle. Dann er hat solich plei meinen herren so hoch angeslagen als andern, den er daz plei auf gewin verkauft hat. Ist nit zuvermuten, so er solichen gwin von meinen herren genomen, daz mein herren daran nutz und vortail und er schadn empfangen haben. Und wo im daz plei verlust, als er furgibt, tragen, er hiete nämlich solich verlust auf sich nit geladn sunder seinen herren gesetzt. Daz er aber daz plei umb merer und höcher gelt eingelegt, dann er daz umb der Fugger gelt gekauft hat, erfindet sich in der handlung, so er mit Paulen Görtschacher von Villach gehabt. Davon er zu Villach ain cennten plei umb 13 sh. 10 den. angenomen hat. So ist auch wissendt, daz man solich plei von Villach in die Gastein mit fuer und maut pringen mag den centen mit 21 kreutzer, trifft der centen unz in die Gastein 2 rein. guld. und 4 d.

So hat er daz Prymerer plei auch kauft, den centen gen Prauneggen geantburt umb 8 ℔ perner; tut 1 ℔ 4 sh. 24 ₰. Des zeuch ich mich in sein rechnung des puchlein pezaichent mit dem puchstaben c an daz 4, 7, 89 und 90 plat, darinnen funden wirt der kauf und nachfolgundt der Fugger pezalung ainer merklichen summa gelts. Weiter zeuch ich mich des in Martein Sachsen Perchtolden Veyrabend kinder verweser in Primer handgeschrift pezaichent mit dem puchstaben c, der Hansen keller solichs pleis, so er den Fuggern geben, ain rechnung zuegeschriben, wie Mairhofer dasselb plei im namen der Fugger empfangen und die Fugger pezallt haben. Ist daselbs gar klar und lauter angezaigt. Aber Mairhofer hat solichn kauf den Fuggern auf ir perckwerch zum schmeltzen nyndert gesetzt, sunder den im selbs zuegezogen und von den Fuggern den gewin genomen. Und hat den Fuggern ires perckwerchs in Rauris und Gastein in raitung eingelegt den centen plei umb 17, 18, 19 pis in 20 sh. den., des ich mich auch zeuch in dieselben puecher seiner rechnung von jar zu jar darumbn fürzulegen, des getrauen, Mairhofer werde meinen herren den Fuggern den vortail gemelts pleys, sovil er des zum schmeltzen ires perckwerchs verpraucht und ab in genomen und empfangen hat, schuldig zu pezalen.

Der 10 und 11 artikl.

Als Mairhofer auf die zween lessten artikl meiner klag, be treffend Liendl Hueber holtzmaister, Hansen Schnabl und Christan Räbl als schuldner antburt gibt, wie er sich kains vortails noch gewinnung gepraucht sonder zu nutz und furdrung seiner herren arbait solichen arbaitern fürgelihen hab etc.

Ist mein widerred: daz solich sein antburt zu ablaynung meiner klag nit genug tut, wann Mairhofer hat mit pfennbarten auf sein selbs gewin gewerb triben dieselben kauft und den arbaitern in daz perckwerch angehengt und vorhinausgeben umb ain höcher gelt, und so sich nun erfindt in den zetln laut seines auszugs, so ich hiemit in derselben rechnung ligundt einleg, als er dann in seiner antburt nit abstett sunder pekennt, welhe pekanntnuss ich annym, sovil für mein herren ist, daz er die schuldn Liendl Hueber holtzmaister mit gelt und wert gemacht hat. Dieweil er dann der nutzung des wertz geniessen wil, ist auch pillich, daz er die verlust der schuld umb solichen werdt auch trag und nit mein herren die Fugger. Wann die Fugger haben auf ir perckwerch alain gelt und kainen werdt gegeben. So ist gedachter holtzmaister umb solich schuld nit gehört und mit tod vergangen, möcht Mairhofer sagen deshalben, waz in verlust.

Desgleichen seind die zwen holzknecht Schnabl und Räbl ime umb speis schuldig pelieben, mag er gleichwol daz gelt umb seine verkauften pfennbart und speis einpringen und wartte seiner kaufmannschaft selbs aus. Dann die Fugger seind seiner pfennbart verlust nit schuldig zu tragen, so er in den gewin nit hat voligen lassen, und getrau zu erkennen, daz Mairhofer solich schuldner auf seinen vortail gemacht, in rechnung eingelegt und von meinen herren pezalt, schuldig sei meinen herren wider zu pezalen.

Günstig lieb herren. Ir findet aus Mairhofers antburt, die er zu einem yden artikl meiner klag tan hat, gar lauter und klar, daz die ursach, so er furgibt, warumben er meinen herren Fuggern die angezogen posten in sein ausgab gelegt, die im mein herren auf sein plosses angeben also pezalt haben, ganz ungegrünt sind und für rechtmessig noch gnugsam nit sollen noch mügen geacht werden. Und wo sy zu der zeit der rechnung also von Mairhofer erklärt und fürtragen wärn, so hietn doch meine herren auf solich ungegrüntte ursach und anzaign im solich posten kains wegs gelegt noch pezallt. Als sich dann nunzumal, so Mairhofer solich sein ausgab, die er in der raitung mit plossn worten angeben, gen den leutn, den er soll die ausgab tan haben, nit mag volfüern, solich ir pezalt gut tamquam indebite solutum, daz ist unverdiente pezalung, wider ervordern und repetieren, zu gleicher weis als wo ich ain gelichens gelt pezal und sich nachmals erfindt, daz mir der, den ich pezalt hab, nichts gelichen hat, mag ich mein pezalung wider an in erfordern. Also hierin, so mein herren dem Mairhofer daz gelt pezalt, daz er von iren wegen dem Eber und andern schuldnern, als er angibt, sol ausgericht haben. So nun aus seiner aigen antburt und aus andern geschriften und geschichten sich erfindet, daz solich sein ausgab dermassen, wie er angeben hat, nit peschechen ist, noch weislich sein mag, wann er hat derselbn ausgab kain genntlich (!) schein noch anzaigen, item es erfindet sich auch in den schuldpriefen, die er den herren hat ubergeben sölln, zudem daz er sich in gestimbter rechnung mit seiner aigen handgeschrift verschrieben hat, daz solich schulden in der herren namen nit gemacht sind, all angegeben schulden gichtig zu machen, damit die herren die nit verlierendt, als er dann daz sunst an alle verschreibung und verpflichtnuss zuthun schuldig ist. Wer wollt in seiner vernunft imer anders gedenken, dann daz Mairhofer schuldig wer, seinen ansagen ain genugen zu tun und waz er an sein stat, wie er angeben hat, nit pringen mag, daz er darumben pillich ain zaler, fürstandt und gewerer sein soll. Darumben ist er daz guet und gelt, daz im in raitung unvergolten bezalt ist, schuldig widerzugeben. So ist den Fuggern in ainer solichen dickhen rechnung nit wol müglich gewesen, aller und ydlicher des Mairhofers handlung zu der zeit der raitung erindert zu werden, sunder ir raitung mit Mairhofer als irm diener ist gestanden auf trauen und glauben und der mass angenommen, als sölle, waz Mairhofer angeben hat, sich daz also erfinden und durch in genugsam peypracht mügen werden, wann der herren gmut noch willen ist nit gewesen, solich posten silber und gelt, so sy im pezalt haben, vergebens zu schenken, sunder aus ursachen, daz er daz also für sy den leuten ausgericht solt haben, wie er hat angesagt. Und sollt ain diener, daz er seinen herren mit worten ansagt und in raitung legt, des nit verantburter sein, so würde der herr mannigfeltig petrogen, wurde maniger seinen herren mit worten zalen, daz doch wider vernunft recht und alle pillikait wär. Darumben getrau ich mit recht zuerkennen, wievor zu ainem ydn artikl meiner klag begert ist mit ablegung der erlitten kost und schädn.

Jörg Fraunsteter, Ulrichen Fugger
und geprüder factor in Gastein.

Vermerkht die Anforderung Jörgn Fraunsteter von wegen der Fugger gegen Hansen Mairhofer auf das kurzist hernach pegriffen.

Item die V artikl den Cunrad Eber petreffend silber auch gelt pringen in summa	2053 gld		1 ₰
Item die schulden, so Mairhofer den Fuggern im rechnung angeben laut der schuldprief im und seinen erben zugehörig, die es clarlich ausweysen, treffen	621 gld.	6 ß	17 ₰
Item der abgang an Velacher silber laut Sewolts Patron handgeschrift, der dotzumal Mairhofers diener ist gewesen und es von Mairhofers wegen gehandelt hat, treffen .	62 gld. rh.		
Item in 97 jar setzt Mairhofer den Fuggern 6 zenten 90 ℔ plei für ausgeben, hab es dem Sewolt zallt, dafür 16 ℔ (!) 3 ß ₰. Aber find sich pei dem Sewolt, daz solich plei, so er dotzumal gehapt, der Fugger sei gewesen und Mairhofer hab im deshalben kain pezalung tan, wie daz Sewolt Patron handgeschrift ausweyst, tut	16 gld.	3 ß ₰	
Item mer hat Mairhofer den Fuggern für ausgeben gsetzt in dem perkhwerch in der Gastein 98 fl. 5 ß 22 ₰; solln im 3 holzknecht schuldig sein umb tuch speys und anders. Ist peschechen in seinem vortail, erbt er auch pillich die schuld	98 gld.	5 ß	22 ₰.

Item mer auf der Fugger perckwerch eingelegt plei 1492 ℔ zu[1] 15 sh. d., mer 6067 ℔ zu 16 sh. d., mer 6983 ℔ zu 17 sh. d., mer 25132 ℔ zu 18 sh. d., mer 18385 ℔ zu 19 sh. d., mer 23269 ℔ zu 20 sh. d.; tut alls 81328 ℔, trifft an gelt 1881 guld. 4 sh. 8 ₰, pis auf das 97 jar. Rechnen wir, daz in ain zenten den andern zu hilf disen zeyt aufs höchst über 2 fl. rh. nit kost hab, also hett im solich plei nit mer kost dann 1626 gld. 4 sh. 14 ₰, treff daz er die Fugger übersetzt hett . . . . 254 gld. 7 sh. 24 ₰

Item so slachen wir an im Rauriser handl, daz er verpraucht hab in seiner herren handel zum schmeltzen 5 jarlang ain jar 500 centner plei, doch lassen wirs ain jar 400 centner sein, nachdem wir dieselben puecher nit peyhendig haben umb mer glimpf willen, treff 5 jar 2000 centner, schlach wir an, daz er an ydm zentner seine herren übersetzt hab umb 3 sh. d., doch wie es di rechnung ausweyst, treff 750 gld. rh., davon gepurd 1 den Fuggern der dritte, tut . . 250 gld. rh.

Summa des Ebers 5 artikl treffen 2053 gld. 1 ₰, darumb er in sol pekanntlich machen.

Summa der andren posten tund . . . 1303 gld. 7 sh. 3 ₰

Tut alls . . . . 3356 gld. rh. 7 sh. 4 ₰

Was wir dem Eber söllen hernach.

Item wir söllen dem Eber sovil sey wir im per resto schuldig beliben, als Jacob Fugker im 92 jar mit im abgerechent hat thut fl. 352.

Item wir sullen im von 4662 mark silber, so er geschaiden hat, nachdem und die wienisch mark grosser ist wann die zu Niermberg, so rechn ich 5 sh. von der mark, und was er silber geschaiden hat last er mir darein, thut fl. 1162 sh. 10.

Item mer bin ich im schuldig von resten, die er zu mer mal geschmeltzt hat und sind in summa gewesen bei 48 ctn. tut fl. 48.

[1] d. h. 1 centner.

Item er hat zalt Paulen Schner fl. 1.

Item mer sollen wir im von 740 mark fein silber, die nit golt halten haben, die zu samen brant, 1/2 sh. von der mark, träff fl. 18 sh. 10.

Mer von 48 mark fein silber aus kupfer körnet, davon im geben 1 sh. von der mark, thut fl.. 2 sh. 8.

Anhang.

Urkunden.

1. *1368. April 20. Ulrich Fugger geächtet.*

An dem nehsten donrstag vor sant Geori tag wurden Utz Han dez Kobels dez webers knecht (Ulin Fugger dez Langen dez webers knecht) und Haintzlin Walkircher von Utingen mit geriht und mit urteyl in diu aecht getaun darumb, daz si Hansen Koren-man ze tod haunt erschlagen in diser stat frid aun schuld und aun reht, und ist daz beschehen von der clager wegen, die hernach geschriben staund. *(Das Eingeklammerte ist durchstrichen.)*

Augsburg, Stadtarchiv: Achtbuch fol. 27 a.

2. *1379. März 3. Hans Fugger als Kläger erwähnt.*

An dem donerstag vor Reminiscerei st Betzlin Flosman, etwenn knecht waz datz dem spitaul, mit geriht und urteil in die aeht getaun, dorumb er Hartmann den Staiger ze tod erslagen haut in dirrer stat frid aun schuld und on recht von clag der nach geschriben Agnes sin swester umb iren bruder Ulrich, der alt Fries umb sin encklin, Hans Fucker umb sinen ohein, Haintz Fries umb sinen ohein, Luitold Fries und Peter Fries umb iren ohein.

Augsburg, Stadtarchiv: Achtbuch fol. 31 b.

3. *1389.*

Hans Fugger im Leibgedingbuch der Stadt Augsburg als Pfleger erwähnt. *S. oben. S. 14 Anm. 2.*

4. *1394. August 6. Ulrich Fugger erschlagen.*

Anno Domini MCCCLXXXX quarto an dem nechsten donrstag nach sant Oswaltz tag ist Chunrat Kystler der plaicher mit geriht und urtail in die acht getaun von clag wegen Hansen Uolrich Chunratz und Agneslin Ulrichen des Ffuckers säligen kinde umb iren vatter, den der obgenant Kystler ze tode erslagen haut, Hansen und Clausen die Ffucker umb iren pruoder, Agnesen die Ffuckerin umb iren wirt, Chunis umb sinen vetter und Chunraten Staiger umb sinen oheim darumb, daz der obgenant Chunrat Kystler den egenanten Ulrichen den Ffucker in diser stat frid aun schuld und aun reht zu tode erslagen haut.

Augsburg, Stadtarchiv: Achtbuch fol. 35a.

5. *1402.*

Eintrag im Baumeisterbuch über den Brand des Hauses der Fugger an der Klebsattelgasse.

S. o. S. 16 Anm. 4.

6. *1423. Januar 15.*

Der Rat der Stadt Augsburg an Hans von Knörringen wegen eines Hintersassen der Fuggerin:

. . . . Ersamer lieber lantvogt. Uns hat fürbracht unser burgerin die Fuggerin mitsambt irem hindersessen Utzen Präuning von Purtenbach, den sy da beslüsset mit tür und mit tor, wie das kurtzlich ein paur von Bayrn genant der Prötzel von Holtzhausen ain ros bey dem egenanten Prüning für dübig als mit recht angefallen und im auch dasselbe also für sein aigen gut und darzu sein schäden mit recht daselbst abbehept habe, und sagt uns, wie das euer fucht und amptman der Schadutz dieselben summ pfennig bey dem egenannten Präuning verbotten habe etc.; wann aber das also der paur von Bairn mit urteil und mit dem rechten auch soliche summ gelts für sein schäden dem Praüning abbehept hat, das er im die geloupt und verbürget hat zu bezalen hie zu Augspurg und ems, als urtail und recht geben hat, bezalen musst oder er wär des, als er uns seyt, zu grossem schaden komen. Hierumben so getrauen wir euer freuntschaft, ir wöllend derselben zuspruch und verbietens, so der euer geton hat, ledig sagen den egenanten Praüning, der doch dem, als urtail un recht geben hat, genug tun muss, als ir selben wol verstet. Vermainten aber euer amptlut daruber iht rechtes oder sprüche zuo im ze haben, dorumb wel er in eins freundlichen rehten sein an den stetten, da ers billichen tun sol. Geben an freytag vor sant Anthonien tag 1423.

Augsburg, Stadtarchiv: Missivbücher II fol. 95b Nr. 487.

7. *1430. Juli 27.*

Der Rat der Stadt Augsburg an Erzbischof Johann von Salzburg in Sachen der Mautverführung des Hans Fugger: [1]

. . . . Gnädiger herre. Als uns euer Fürstl. Gnade geschriben hatt, wie Hanns Fukker unser burger iuwerem pfuntmauter Hannsen Praun die pfuntmaut ze Saltzburg verfuret habe etc. Darauf ewer gnad begert mit unserm vorgenanten burger ze schaffen, daz er solich pfundmaut noch an verziehen ausrichte etc., das wir wol verstanden und denselben unsern burger daruf ernstlich zered gesetzt haben. Der hatt uns geantwurt, daz in sölich verclagen von dem obgenanten iuwern pfundmauter zemal fremd nnd unbillich bedunke, wan er nit wisse mit im ichtzit zetunde oder verfuret haben, wol hab er seinen kouff umb wolle vor ettwievil zeiten mit Cunraten Ebner von Salzburg getan und mit (?) im verlassen im dieselben wolle ze senden und ze antwurten, der im auch vor ettwievil zeiten die wolle gen München geantwurt habe, und schied dozemal von Salczburg, daz er den pfundmautter nie gesach. Habe denne der Ebner, der im die woll also hingevertiget habe, anders getan denne billiche, daz sy im laid. Und darumb gnädiger lieber herre, wan der egenant unser burger die sachen ungevarlich und als vorgelautet gehandelt und nicht mit dem obgenanten pfundmauter ze schaffen hatt, so bitten wir euer hochwirdikait mit ernstlichem vleyss, ir wöllent den obgenanten euern phundmautter gnädiklich underweisen unsern vorgenanten burger sölicher spruch ze vertragen . . . .

Geben uf donrstag nach Jacobi apostoli anno 1430.

Augsburg, Stadtarchiv: Missivbücher III f. 106a Nr. 443.

8. *1432. Jan. 3.*

Der Rat der Stadt Augsburg an Richter, Bürgermeister und Bürger der Stadt Salzburg in derselben Angelegenheit. [1]

Als ir uns von eurs mitburgers Conratt Ebners und Hansen Fuckers unsers burgers mauttverfürens wegen geschriben und gebetten habt mit im ze schaffen, sölliche abzetragen und euch ussrichtung zetund, als denn gesprochen sein söll etc., haben wir wol verstanden und den egenanten Fucker darauf zered gesetzet, der hat uns geantwurt, wie er wär unczher des nicht saumig gewesen,

---

[1]) Die Daten S. 21 sind hiernach zu berichtigen.

wär das an in abervordert worden und wöll auch dem heut bey tag, wie gesprochen worden sey, gern nachkomen und gnuog tun ungevarlich, doch alsferne daz ir im ain zeit nemlich hiezwischen und ostern zunächst ain gut sicherhait und gelait nach aller notturft geben zuschreiben und bey disem boten senden wöllend. In derselben zeit vermaynt er sich selbz, so er eeist mug, in euer stat zu euch zefügen sich zu verantworten nach aller notdurft und die sachen abgetragen, als sich gepurt on geverde. Alsdenn so wöll sich euer lieb gen im so günstlich und freuntlich ertzaigen und beweysen, als wir daz ain sunders getrauen zu euch haben, das stet uns mit willen umb euch freuntlich zuwiderdyenen. Geben an donrstag vor dem heiligen obristen tag zu Weihennächten anno 1432.

Augsburg, Stadtarchiv: Missivbücher III f. 163a Nr. 710.

9. *1432. März 6.*

Der Rat der Stadt Augsburg an den Erzbischof Johann von Salzburg in derselben Angelegenheit.

. . . . Gnediger fürst und herre. Es kumpt zu euern fürstlichen gnaden unser burger Hans Fugger zaiger ditz briefs als von des mauttzols wegen, den er eur gnaden phuntmauttern Hannsen Praun zu Saltzburg richten und sich mit im veraynen sol nach der gütlichen täding und ussspruch, so durch ettlich unser burger und ratgesellen vor ettwyfil zeiten in unser stat beschehen ist zwischen Conratten Ebner und im, als denn das söllich spruchbrief darüber gegeben clarlich inhalten. Wann nu euer fürstlich gnad von demselben unserm burger gar aigenlich vernemen wirt, wie sich die sachen seinhalb so gar ungevarlich und slechticlichen gemacht haben und ganz uf der mainung gewesen ist, das der benannt Ebner denselben pfuntzol sölt gericht und im sein wolle geantwort haben on schaden, als wir desglichen euern gnaden vor auch zugeschriben haben etc. Hierumbe so bitten wir euer hochwirdichait mit ernstlichem fleyss denselben unsern burger in den obgeschriben sachen gnediclich zuverhören und im umb unser willigen dienst willen gen dem benanten pfuntmautnern mit rat und hilf dyemüticlich zuerschinen gnad und freundschaft zu heweysen und hierin zetund, als wir der und aller gnaden ein unzweifenlichs ganz getrauen haben etc.

Geben an donrstag vor dem suntag Invocavit in der vasten anno 1432.

Augsburg, Stadtarchiv: Missivbücher III f. 168 Nr. 734.

10. *1435. Januar 12.*

Der Rat der Stadt Augsburg an Bürgermeister und Rat der Stadt Ulm wegen eines Fuggerschen Hintersassen zu Burtenbach

Uns hett unsers burgers des Fuckers hindersäss Jacob Bartenslag von Burtenbach einen landgerichtsbrief furbracht, des wir euer lieb ain abschrift hierinne verslossen senden, daran ir wol vernemen werdent, wie euer burger Hanns Märklin den mit frembden gerichten understett anzelangen etc. *fordert Abhilfe.* Geben uff Mittwoch nach sant Erhartz tag anno 1435.

Augsburg, Stadtarchiv: Missivbücher III fol. 351 b. Nr. 1451.

11. *1436. Febr. 9.*

Hans von Knörringen Landvogt zu Burgau verkauft im Namen des Burkard von Knörringen, Pflegers der Dorothea von Knörringen, die Holzmark, die bei Lützelburg gelegen ist, und das Wiesmat genannt „der Grab“, und eine andere Holzmark mitsamt den sechs Hufnern an Franz Bäsinger Münzmeister und seine Frau Dorothea um 228 Gulden rh.

Augsburg, Stadtarchiv: Spitalarchiv tit. 1 95 Nr. 11.

12. *1442. October 4.*

Verwarnung verschiedener Kauf- und Wagenleute durch den Augsburger Rat.

Item uff Francisci anno 1442° ist uff herzog Otten[1] schrifft aber ernstlich mit den kauffluten und furleuten vil und mengerlay geredt, sunder wie nicht uber den hüchelberg gefaren werd uber des rauts zuschryben, dadurch der statt grouss schmach und schad wol zu stan mocht und daz ain raut füro ye nit mer lyden wolle, sunder nu füro truken gut, wenn man die strauss rumbe uf den hüchelberg und niendter anderswa faren sull und die kouflut und wagenlut sind hernach alle mit namen benennet.

Jörich Nördlinger, Symon Zeller, Bartolome Ridler, Gabriel Ridler, Ravensburger, Erhart Wauhrus, Lienhart Ayslinger, Mickoloher, Frantz Bäsinger, Jacob Hämerlin der Jungere, Hans Buol, Cunrat Häslin, Ludwig Mutting, Laurenz Krepser, Hainrich Koch, Wilhelm Gremlinger, Hainrich Kunig, der alt Welser, Bartholome Wellser, Jörig Räm, Wilhalm Räm, alt Hans Mutting,

---

[1] Gemeint ist Otto I. von Pfalz-Mosbach (1410—1461).

Marx Ridler, Jung Mörlin, Peter Egen, Laurentz Egen, Hainrich Nördlinger, Cuntz Erringer, der elter Lubicher, Hans Zimbermann, Endres und Jacob Fugger, Doman Ehem, Hans Schmid, Hans Louginger, Örtlin, Schryer, Jörig Fundan, Stephan Gross, Renner weber, Tenndrich, Cunrat Raut, Sigmund Gossenbrot, Hans Langmantel, Hanolt, Fritz Kun, Jörig Mülich, Ulrich Illsung, Schutter, Claus Strauss, Ludwig Hörnlin, Hans Bechem wirt, Fritz Lang, Heinrich Sycz kürsener, Franz Glöggler, Hans Faihinger, Hans Meuting der Jüngere.

Augsburg Stadtarchiv: Ratsprotokolle II f. 28.

13. *1444. April 22.*

Fugger als Bürge für Franz Bäsinger.

Cunrat Bäsinger, Symon sin bruder, der Fugger und der Hug, der Reinman, Gabriel Sydenschwancz und Jörig Bäsinger sind Frantzen Bäsingers bürgen worden uff all sin und siner kinder hab und gut in der statt und davor an ligendem und an varendem gen den geltern hie zu Augspurg, so burger sind etc. umb die zwen tail der angeschriben schulden und darzu umb allez yngelegt gut und pfleggut, wie daz ain raut mit den summen und allen sachen seczet.

Nach dem Abdruck aus den Ratsprotokollen der Stadt Augsburg in Chroniken der deutschen Städte: Augsburg II 100 Anm. 2.

14. *1447. April 30.*

Konrad Bäsinger, Jakob Fugker, Gastel Haug und Hans Reumann verkaufen ihre Güter zu Lützelburg, darunter ein Wiesmat genannt „der Grab", an das Heilige Geist-Spital zu Augsburg um 1100 Gulden rh.[1]

Augsburg, Stadtarchiv: Spitalarchiv Tit. 1 95 Nr. 12.

15. *1466. März 9.*

Der Rat der Stadt Augsburg an Hans von Schwenningen wegen eines Hintersassen des Lukas Fugger.

---

[1] Der Vergleich dieses Stückes mit Nr. 11 ergibt, daß es sich um Besitzungen des Franz Bäsinger handelt, welche die Bürgen verkaufen, um die Gläubiger mit dem erlösten Gelde zu befriedigen. Hier ist ausdrücklich Jakob Fugger als der dem Franz Bäsinger neben den Brüdern Konrad und Simon Nächststehende genannt, wodurch Nr. 13 glücklich ergänzt wird.

Unser burger Lucas Fugger hat uns anpracht, wie im sein armmann und hintersäss Erhart Leitenmair zu Burtenbach zu erkennen gegeben, daz sich in vergangner zeite zwischen dem vesten Cunraten von Eittenhausen euerm bruder und sein in dem wirtzhause zu Burtenbach ain zerwurfnus erhube, *ersucht, da die Sache in Güte erledigt, dem Leitenmair nichts nachzutragen.* Geben uf dem suntag oculi anno 1466.

Augsburg, Stadtarchiv: Missivbücher VI f. 29 Nr. 72.
Vgl. auch dort Literalien nach Datum.

16. *1472. März 7. Rom.*

Brief des Markus Fugger an Heinrich Holzwart in Waldstetten wegen eines Butterbriefs.

Honorabili viro domino Henrico Holtzwart plebano in Waldstetten fautori suo optimo.

S. P. D. Amantissime domine Henrice. In recessu vestro ab Urbe mihi de signatura lacticiniorum fienda dixistis et ut post signaturam quam primum vobis notificarem, quantum pro concordia exponendum esset. Itaque relacionem ipsius Peck habeo, quod signatura vel signata supplicatio super re prefata sit in manibus domini abbatis huius rei promotoris, qui non habita summa centum ducatorum nullo pacto ad registrum mittat. Constabit itaque centum quinquaginta ducatos, sicut ex prefato Peck recepi. Quos si mittetis, diligenciam et operam meam polliceor. Mittetis autem cautissime, si fratri meo vel alicui ex meis dabitis et pro eo unicam ad me cedulam recipietis. Valete, ex Urbe VII marcii anno L XXII.

Vester Marcus Fugger.

Originalbrief im Kgl. Haus- und Staatsarchiv Stuttgart, Stift Ellwangen fasc. 94.

17. *1472. Nov. 14. Galliate.*

Herzog Galeazzo Maria von Mailand an seinen Geheimen Rat über den Plan des Fondaco.

Pro mercatoribus Theutonicis.

Consilio secreto.

Questi Todeschi, quali ne hanno domandato de potere fare uno fondico de loro mercantie ad Milano, cioé Pandolfo Henrico Franzo, Giliolo Franzo, Henrico Fuotrer, Zorzo Fuotrer, Matheo Fuchaer, Luca Fuchaer, Jacomo Franco, Sebastiano Stefaner, li remettemo ad vui, li quali volemo intendiate et sapiate le condicione et capituli, che dimandano per lo havere questo fondico, perché intendemo ne sequirà utilità ad noi et ad quella nostra città de Milano, et così ancora ne hanno domandate lettere nostre con le quale possino exigere loro debitori nel dominio nostro: li quali intesi bene diligentemente siamo contenti, che quelle condicione che se gli possono fare honestamente et che ad voi parirà se gli debano potere concedere, si gliano concesse, expediendoli presto, perchè non ne patiscano incomodità. Et questo farete con participatione deli nostri magistri ordinari et extraordinari, quali haverete ad questa expeditione. Dat. galiate die XIIII° Novembris 1472.

Aus Schulte, Gesch. des mittelalt. Handels und Verkehrs II 66 Nr. 103.

18. *1473. Juni 9. Augsburg.*

Wappenbrief Kaiser Friedrichs III für Ulrich, Markus, Peter, Georg und Jakob Fugger.

Wir Friderich von gottes gnaden romischer Keyser zuo allentzeitten merer des reichs zuo Hungern, Dalmasien, Croacien etc. Kunig, hertzog zuo Osterreich, zuo Steyr, zuo Kerndten und zuo Crain, herre auf der Windischen March und zu Portenau, grave zuo Habspurg zuo Tyrol, zuo Pfiert und zuo Kyburg, marggrave zuo Burgaw und lanntgrave in Elsass bekennen und tun kunt offenlich mit disem briefe, das wir gutlich angesehen und betracht haben solich erberkeit redlichkeit und vernufft, damit unser und des reichs lieben getrewen Ulrich, Marx, Peter, Jörig und Jacob geprudere die Fugger vor unser keyserlichen Maiestatt gerumet sein, auch anneme und willig dienst, dartzu sy sich uns und dem heiligen reiche hinfur zetun willig erbieten, und haben darumb mit wolbedachten muot, guotem ratte und rechter wissen den vorgenannten Ulrichen, Marxen, Petern, Jorigen und Jacoben den Fuggern und iren elichen leibserben diss nachgeschriben wappen und cleinet mit namen einen schilde geteilet nach der leng in der mitte das vorderteil gelb und das hindter blau, stende in yedem teil aufgericht ein lylien verwechselt mit des schildes farben und auf dem schild ein helme mit einer gelben und blauen helmdecken getzieret, darauff zway puffenhorner mit seinen orn, das vorder gelb und das hindter blau, stende dartzwischn auch ein lylien von farben und teilungen gleich dem schilde, als dann dieselben wappen und cleinette in dem schilde und auf dem helme in der mit diss gegenwurtigen unsers keyserlichen briefs gemalet und mit farben aigentlicher ausgestrichen sind, von neues gnediclich verlihen und gegeben, verleihen und geben in die auch also von neues und römischer keyserlicher machtvollkomenheit wissentlich in crafft diss briefs und meinen setzen und wollen, das die obgenanten gepruodere die Fugger und ir elich leibserben die vorgeschriben wappen und cleinett nu furbasser haben, die furen und der in allen erlichen sachen und geschefften zu schimpf und zu ernst auch in insigeln, bettschafften und cleinetten und sust an allen enden geprauchen und geniessen sollen und mugen als ander wappensgenossen irer wappen und cleinet gepranchen und geniessen von recht oder gewonheit, von allermeniclich ungehindert. Und gepietten darumb allen und yegclichen fürsten, geistlichen und weltlichen, graven freyen herren, rittern, knechten, hauptleuten vogten, vitztumben, pflegern, verwesern, schultheissen, burgermeistern, amman, richtern, retten, kunigen der wappen, erhalten, persewanden, amptleuten, burgern und gemeinden und sunst allen andern unsern und des reichs undertanen und getreuen ernstlich und vesticlich mit disem briefe, das sy die obgenanten Ulrichen, Marxen, Petern, Jorigen und Jacoben den Fuggern und ir aller elich leibserben an den vorgeschriben wapen und cleinetten und disen unsern neuen gaben, damit wir sy also begnadt haben, nicht hindern oder irren in dhein weise, sonder sy der in vorgeschribner mass gerulich gepranchen und geniessen lassen, als lieb einem yeden sey unser und des reichs swere ungnad zuvermeiden, unschedlich doch andern, die villeicht die vorgemelten wappen gleich fuorten an irn wappen und rechten. Mit urkund diss briefs mit unserm keyserlichen maiestatt anhangendem insigel besigelt. Geben zuo Augspurg am mittichen nach dem heiligen phingstag nach Cristi gepurt viertzehenhundert und im dreiundsibentzigisten, unser reiche des romischen im vierunddreissigisten des keyserthumbs im zwayundzwantzigsten und des hungerischen in fünftzehenden jarenn.

Registrata Lucas Singer.

Ad mandatum proprium domini imperatoris.

Siegel fehlt. In der Mitte der Urkunde das ausgemalte Wappen.

Orig. F. A. 49, 1.

19. *1474. Januar 4. Mailand.*

Vollmacht des Lukas Fugger für seinen Vertreter in Mailand.

In nomine domini anno a nativitate eiusdem millesimo quadringentesimo septuagesimo quarto indictione septima die martis quarto mensis Januarii Luchas Fochar de Hiuspurg filius quondam domini Andree Teutonichus porte Romane parochie sancti Nazarii in Brollio fecit constituit et solempniter ordinavit et facit constituit et solempniter ordinat dominum Andream de Bonsignoribus de Busti filium quondam domini Johannis dictarum porte et parochie ibi presentem . . . . . . spetialiter ad procuratorio nomine suprascripti constitutentis . . . . quidquid dictus constituens habere debet a quacumque persona quacunque causa et occasione tam cum carta scripto libro scriptura ac ratione et ac literis cambii vel aliter.

Al. Schulte, Geschichte des mittelalterl. Handels und Verkehrs II 89 Nr. 169.

20. *1475. Mai 15.*

Geleit im Mailänder Gebiet für Lukas und Matthäus Fugger.

Dux Mediolani: cum in aliqua dubitatione esse videantur nobiles Lucas et Matheus Fuchir de Auspurch de Allamania cives et merchatores nostri Modiolani, ne sibi ac bonis et mercibus suis communiter vel divisim, que in dies in dominio nostro reperiuntur, aliqua molestia inferatur et propter id a nobis salvum conductum peterent . . . tenore presentium . . . plenum largum et liberum salvum conductum fidemque publicam . . . damus et impertimur . . . datiis pedagiis . . . dumtaxat exceptis.

Datum Papie XV Mayi 1475.
Erneuert 1479 Jan. 28.

Al. Schulte, Geschichte des mittelalt. Handels und Verkehrs II 55 Nr. 62. Nr. 66.

21. *1478. April 16. Gras.*

Kaiser Friedrichs III. Befehl an den Rat der Stadt, die Güter einiger Bürger (darunter Georg Fugger), welche Veiten von Niederthor, einem von ihm denominierten Domherren auf Anstiften Marx Fuggers Hinderung gemacht, zu Handen zu nehmen, bis sie sich selbst mit dem Kaiser vertragen haben.

Augsburg, Stadtarchiv: Suppl. II. der Herwartschen Sammlung.

22. *1478. Grabschrift für Markus Fugger.*

Romae in templo Germanorum de Anima.

Hic iacet venerabilis Dominus Marcus Fugger de Augusta, canonicus Augustensis, beatae Mariae Ratisbonensis et S. Johannis Freisingensis ecclesiarum praepositus, decretorum licentiatus magister registri supplicationum scriptor et huius hospitalis provisor, qui aetatis suae 30 annorum 24 dierum obiit 19 aprilis 1478.

Forcella, Iscrizioni delle chiese e d'altri edifici di Roma 3, 439. Im liber confraternitatis de Anima S. 271 ist als Todestag der 17. April angegeben. A. Schulte, Fugger in Rom I 11.

23. *1478. August 17.*

Leistung der Brüder Ulrich, Georg und Jacob Fugger zum Wiederaufbau der Kirche St. Ulrich in Augsburg.

Wir Hainrich von gots verhengknus abte zu dem gotshaus s. Ulrichs und s. Affren zu Augspurg und mit im wir dise nachbenenten Thoman Oheim, Hans Lauginger, Hans Renhart, Hans Wassermüller und Ulrich Ehinger burger daselbs und alle sechs paumaister der obgenanten pharrkirchen und minster unsers hailigen hausvatters sant Ulrichs hie zu Augspurg bekennen offenlich mit dem briefe fur uns und unser nachkomen vor allermenigclich, wann die erbarn und weisen Ulrich Georg und Jacob die Fugger gebrueder burger zu Augspurg betracht und angeseheu hand den loblichen kostlichen furgenomen paue der vermelten pfarrkirchen und minsters sant Ulrichs, der dann als er angefangen ist, one hilff und gotsgaben fromer leut nicht wol volpracht werden mag, sonder die gnad und ablass des lieben gotshaus zuerwerben und empfengklich zu werden, hand sy aus sondern gnaden des allmechtigen gots auch ir vorfarn selig ir und ir nachkomenden seelen zu trost und hilffe ewiger gedechtnus und seligkait angesehen und den nachbestimpten iren willen und maynung zepauen bestellen und pauen lassen mit uns ain gutliche abredung und ainigkeit gemacht und beschlossen, wie nachvolgt: anfangs also, das wir vermeldten paumaister oder unser nachkomen, ob wir nit enworn, zwen pogen die nechsten an dem zwerchpogen vor sant Ulrichsckor von der canzel in der abseiten herab gen sant Simprechts grab machen und von gehauen stain, inmassen der erst zwerchpog zunechst vor sant Affren chor mit gehauem stainwerckh aufgesetzt worden ist, so erst gesein mag aufrichten pauen oder zepauen bestellen sollen on abgang getreulich one geverde, darumb die vermelten drey gebrueder uns sibenzig guldin geben sollen, der sy uns mit aufrichtung des briefs jetzo also par gegeben und bezalt hand viertzig guldin an golde und die dreissig guldin, so bald dieselben zwen bogen gemacht und beschlossen worden sind on einred sonder geverde. Weitter hond sy sich gegen uns und unser nachkomen williglich begeben und verfangen, das sy, sobald die benempten pogen verfertigt und aufgericht werden, zway gewelb und fenster also so man anfacht zu gewelben an dem obgenannten ende der abseiten herab von sant Ulrichs kor an der canzel und dabey hernider an demselben ende ainen altar mit tafeln und anderer gotszier zu ainem altar gehörende alles uff ir aigen costung machen lassen und allwegen ir wappen darein, ob in gemaint ist, und was dieselben zway gewelb und fenster zuverglasen und zegewolben kosten werden, sollen sy uns ausrichten und bezalen alles getreulich on all arglist und geverde. Zu warem urkunde so geben wir den obgenannten Ulrichen Jörgen und Jacoben den Fuggern gebruedern disen briefe mit unsern obgenanten apt Heinrichs anhangenden secretinsigel besigelt, des wir uns obgenanten Thoman Öhem, Hans Lauginger, Hans Renhart, Hans Wassermüller und Ulrich Ehinger verpinden und mit bekennen steet zehalten alles obgeschriben; am montag nach unser lieben frauen tag assumptionis nach Christi unsers lieben herrn geburt 1478.

Or. F. A. 79, 1.

24. *1478. Sept. 4. Bulle des Papstes Sixtus IV*

an Johannes Jans de Tuschenbruck, Propst der alten Kapelle in Regensburg, päpstlichen Familiar. Diese Propstei, die ehemals Markus Fucher (!) inne hatte, hat der Papst am gleichen Tage am 20. Mai 1478 dem Adressaten und auch dem Johann Pavonis, Kleriker der Diözese Cambray, seinem Familiar und Parafrenar verliehen. Letzterer hat aber sofort darauf verzichtet und der Papst den Verzicht angenommen. Da aber Adressat fürchtet, man könnte ihn belästigen, so wird ihm diese Pfründe, die 10 Mark Silber trägt, bestätigt.

Datum Brachiani Sutrin. dioces. prid. non. sept. anno pont. VIII.

25. *1478. Sept. 19. Bulle des Papstes Sixtus IV*

an Johannes Langer, Propst bei St. Peter und Michael in Straßburg, und an die Offiziale von Eichstädt und Augsburg. Johann Puechler, Augsburger Kleriker, erhält das Kanonikat in Herrieden, das durch die freie Resignation des Jakob Fugger erledigt wurde. Die Einkünfte betragen nicht mehr als 4 Mark Silber.

Datum Romae apud s. Petrum XIII kal. oct. anno pontif. VIII.

Beide Regesten bei Jos. Schlecht, Päpstliche Urkunden für die Diözese Augsburg von 1471—1488 in Ztschr. des Hist. Vereins für Schwaben und Neuburg XXIV (1897) 64 Nr. 55, 56. S. auch Nr. 19a.

26. *1480. Sept. 9.*

Leistung des Ulrich Fugger und seiner Brüder für das Kirchengestühl in St. Ulrich.

Zewissen das uff heut dato diser zettel ain abredung zwischen der erwirdigen gaistlichen ersamen und weysen herrn Hainrichen abbte des gotshaus sant Ulrichs und sant Affren zu Augspurg Ludwigen Hosers zunftmaisters Hannsen Leupolts allten zunftmaisters Hainrichen Lehenherren und Thoman Hungertaler als paumaister der pfarrkirchen sant Ulrichs daselbs ains und Hector Mülich und Ulrichen Fuggers anstatt sein und seiner bruder anders tails uff nachfollgend maynung abgeredt und beschlossen worden ist dermassen, das die benannten herrn und paumaister dem gemelten Fugger und seinen bruedern die zway gwelblin ob den zwayen capellen zwischen sant Ulrichskor und sant Simprechts capell derselben abseytten anainander gelegen, so erst ungevarlich gesein mag, gwelben und darein derselben Fugger wappen ob sie wollen machen lassen sollen alles auf der benanten paumaister cost und schaden. Darumb und fur dieselben zway gweblin der benant Ulrich Fugger den obgenanten paumeistern zu gwelben und zemachen yetzo uff heut dato also par geben und betzalt hat dreyssig guldin rh. Solch summ die paumaister zu entrichtung und bezalung der bestymbten zwayer gwelblin empfangen haben. Der benant Fugger hat sich selbs verwilligt und begeben das gestul in denselben zwayen capellen uff sein selbs kost zemachen, in der ersten sein wappen darein und in der andern ain frey gestuel on wappen, unverhyndert der verschreibung den gemelten Fuggern gegeben; und an den zwayen pogen, so die paumaister in nach laut derselben verschreibung zemachen verschriben, hat der benant Fugger yetzo dreyssig guldin gegeben, damit dieselben zwen pogen auch gantz betzalt sind alles getreulich und ungefarlich. Zu merrer gedächtnuss diser sache sind zwen gleichlautend zettell gemacht ausainander geschnytten und yedem tail ainer gegeben. Am sambstag nach unserliben frauen tag irer gepurt anno LXXX.

Original F. A. 79, 1.

27. *1483.*

Lucas Fugker und Konrad Schneider sind mitsamt Dr. Bartholome Medlinger Pfleger Michels, Hansen und Sabinen, weiland Hansen Schmids genannt Landspergers Kinder. 1484 ist Konrad Schneider (mit Tod?) abgegangen; an seine Stelle tritt Jeronymus Ridler.

Augsburg, Stadtarchiv: Pflegschaftsbuch anno 1483 fol. 547.

28. 1483. Aufzeichnung des Jeronymus Müller.

Item ich han kauft 1 scheiben wachs vón dem Lucas Fugker, und die hat gewogen lautter 1225 lb. und den centner umb 13 ½ fl., zallen auf ostern Sunt 165 fl. 7 ½ sh. in golt.

Augsburg, Stadtarchiv unter Schätze 192: Rechenbuch des Jeronymus Müller fol. 48.

29. *1484. Nov. 10. Venedig.*

Zuweisung einer Kammer im Fondaco dei Tedeschi zu Venedig an Heinrich (Ulrich) Fugger.

Infrascripti domini consiliarii deliberarunt et terminarunt, quod camera comunitatis Judínburgensis, que est in fonticu Theutonicorum, in quam jam aliquibus annis nemo societatis illius venit ad hanc urbem habitatum, detur Henrico Focher et fratribus, qui habet aliam cameram in fonticu, cum condicione, quod casu quo aliquis principalis societatis Judinburgensis veniret ad hanc urbem, teneatur idem Henricus acceptare in ipsam cameram; sed si veniret aliquis alius famulus, non acceptetur in camera ipsa, sed ipsis famulis detur camera, quam habet ad presens prefatus Henricus, quoadusque steterint in hac urbe.

Consiliarii: Ser Joannes Cornario, ser Johannes Contarenus, Augustinus Barbadico, ser Leonardus Lauredano.

H. Simonsfeld, der Fondaco dei Tedeschi in Venedig und die Deutsch-Venetianischen Handelsbeziehungen I (Stuttg. 1887) 309 Nr. 568.

30. *1485. Juli 7.*

Ulrich Fugger bestellt eine Altartafel für St. Ulrich.

Ze wissen, das der ersam und weise Ulrich Fugker burger zu Augspurg an den erbern maister Michel Erhart bildhauer von Ulm ain roche geschnittne taffel von holtzwerk zemachen gedingt nach inhalt ainer visierung ime darumb geantwurt uff sant Dionisius altar in sant Ulrich zu Augspurg ze machen und her in die statt onn des benanten Fugkers cost und schaden ze antwurten uff ostern nechstkunftig nach gebung diser geschrift, und so ers also geantwurt hatt, solle dann Hector Müllich und Jörg Söld goldschmid burger zu Augspurg gewalt haben zwischen viertzigk und sechtzigk guldin rh. zesprechen, das dem genanten maister Michel für sollich taffel werden sölle, darin in dhain tail ganz nichts reden soll. Darauf und vorein er also zehen guldin von dem vorgenannten Fugker eingenommen und empfangen hat. Des zu ainer gedächtnuss so sind diser sachen zwen gleich lauttend zedtel ainer als der annder gemacht geschriben us ainander geschnitten, yedweder tail ain genommen. Geben uff donrstag nach sant Ulrich des hailigen bischofs tage von der gepurt Christi 1485.

Or. F. A. 79, 1 (zweimal).

31. *1486. Dez. 27.*

Der Rat der Stadt Augsburg an Paul Koler, Pfarrer zu Egg, Lizenziaten.

Lieber herre. Wir seyen guter hoffnung, euch sullen ettlich unser brief kurz nacheinander ussgangen nun wol zukomen sein, daran ir abnemen muget, das wir uff euer schreiben uns auch unserm stattschreiber maister Valentin in dreyen euern briefen uns und im auch kurtz nachainander zukomen bestellet haben, von der herschaft zu Venedig auch bey den aydgenossen furdrung zu erfolgen der zuversicht, dieselben furdrung von der herrschaft zu Venedig euch bisher zukomen seye, auch dabey commiss in den banck von Ulrich Fugker ussgangen etc. und das euch furdrung von den aydgenossen kurtz zukomen werde, in dem allen wir nit zweyfeln, ir allen vermuglichen fleiss uns ze gut ankeren und dorin kainer mue verdriess haben werdet. Furo, lieber herr, setzen wir nit zweyfels, es sei bisher an euch gelangt, das her Gaudencz von Röchberg kuster des thumstifts mit tod vergangen ist und das her Veit vom Niederthor die Custrey mit ainer kayserlichen nominacion angefallen auch den hof und behausung eingenommen hatt. *Vielleicht erstehen im Domkapitel Widersacher. Koler möge des Ritters Sache stützen.* Datum an sant Johannistag in den Weyhenachten anno 1486.

Augsburg, Stadtarchiv: Missivbücher VIIIb f. 1 Nr. 1.

32. *1486. März 25.*

Der Rat der Stadt Augsburg an Johann Markgrafen von Brandenburg für Lukas Fugger.

Hochgeborner furst, gnädiger herre. Unser ratzfrund Lucas Fugker hett uns zu erkennen geben, wie Ew. fürstl. Gnaden burger zu Franckfurt an der Oder Matheis und Peter die Weinmanne gebrueder seinem bruder und mithanndler Hannsen Fugker zu Nuremberg und unsern burger Marcus Stamler schuldig worden seyen und in darumb mit ainem hauss daselbst zu Franckfurt verpfändt. Sollicher schuldhalben sy disen gegenwurtigen iren diener Stephan Krumbayn die gutlich einzebringen oder obermeltt furpfand darumb zu rechtfertigen, *beauftragen. Bitte, den Diener zu unterstützen.* Datum an dem hailigen Osteraubent anno 1486.

Augsburg, Stadtarchiv: Missivbücher VIIIb Nr. 39[1].

33. *1488. Okt. 2. Nürnberg.*

Georg Fugger schreibt bezüglich Ablafsgeldes an Dekan und Kapitel der Breslauer Kirche.

Venerabilibus et spectabilibus ac egregiis viris et dominis ... decano et capitulo ecclesie Wratislaviensis, dominis et majoribus plurimum venerandis.

Post mei ipsius commendacionem [per] me ad quevis semper mandata vestra paratum, venerabiles et spectabiles ac egregii viri et domini, scribit in presenciarum sanctissimus dominus noster ad reverendissimum dominum episcopum, dominaciones vestras et civitatem Wratislaviensem occassione certarum pecuniarum ex indulgenciis collectarum apud me deponendarum et per me rursus ad cameram apostolicam trasmittendarum. Ut autem eisdem scriptis ex omni parte satisfiat, commissi Kiliano Auer consocio meo ac familiaribus meis Johanni Metzler et Ottoni Rüserwurm, ut easdem pecunias ipsis vel eorum alteri presentandas meo nomine recipiant. Quare de his dominaciones vestras avisare volui, ut, si eedem pecunie vel per reverendum dominum episcopum, per dominaciones vestras vel consulatum Wratislaviensem presentande fuerint, uni ex prenominatis meis assignentur. Quas assignatas rursus juxta commissionem sibi traditam ad cameram apostolicam mitti ordinabo. In quibus dominaciones vestre faciant, ut sedes apostolica dominaciones vestras et me paratos et obsequiosos reperiat.

Ex Nurmberga secunda octobris anno (14)88.

dominacionum vestrarum
semper paratus
Georius Fucker de Augusta
mercator in Nurmberga.

Aus Mitteilungen des Vereins für die Geschichte der Stadt Nürnberg VIII, 238.

34. *1488. Leonhard Rehlingen, Balthassar Wolf und Leonhard Lang als Pfleger der Kinder des Bernhard Rehlinger Bürgers zu Augsburg haben 1488 viele Pfleggüter übernommen, darunter:*

---

[1] Krumbein erzielte ein günstiges Urteil des Markgrafen. Berlin, Geh. Staatsarchiv Cop. 10 A. N. 19 fol. 67, 68.

Item 4607 guld. rein. ist schuldig Ulrich Fugger und sein bruder fur 3400 ducaten in diser Frankfurter herbstmess zu bezalen.

Item 2705 guldin rein. sind schuldig Lucas Fugker und Gastel Haug für 2000 duc. jetzo in diser herbstmess zu bezalen.

Augsburg, Stadtarchiv: Pflegschaftsbuch fol. 586. 87.

35. *1489. Nov. 30.*

Heinrich (Ulrich) Fugger und seinen Brüdern wird die Kammer im Fondaco zu Venedig dauernd verbürgt.

Possident impresentiarum possederuntque iam diu prudentes mercatores Henricus Focher et fratres in fontico Theotonicorum unam cameram, pro cuius conservatione atque ornatu ingentem pecuniarum quantitatem expenderunt humiliterque propterea uppli°averunt illustrissimo dominio, ne ullo unquam tempore possint amoveri a predicta camera presentaveruntque in hoc negotio apostolicum breve commendaticium nec non literas serenissimi domini regis Romanorum et illustrissimi domini ducis Austrie. Cupiens igitur illustrissimum dominium predictum intuitu suprascriptorum serenissimi pontificis, serenissimi regis et illustrissimi ducis ac attentis optimis condicionibis prefatorum mercatorum eisdem satisfacere: infrascripti domini consiliarii consulente ac deliberante universo collegio decreverunt et terminaverunt decernuntque et terminant, quod camera predicta libere ac firmiter prefatis mercatoribus Focher remaneat absque omni omnino contradictione nec inde possint aliquo tempore expelli vel amoveri.

Consiliarii: Ser Fransciscus Marcello, ser Dominicus Marino, ser Franciscus Fuscareno, ser Nicolaus Trivisano.

H. Simonsfeld, der Fondaco dei Tedeschi I 315 Nr. 582,

36. *1490 (!) Febr. 20.*

Beraubung der Waren des Lucas Fugger im Valsugana.

Tempore proxime exacti belli Theotonicorum prudentes mercatores Gerardus et Henricus Iustus de Colonia, Herricus et Baldassar Bulf de Auspurch, Lucas Focher et socii de Auspurch et Henricus Stameler et fratres de Auspurch sub fide salviconductus alias concessi per dominium nostrum literis ducalibus plumbeis conducebant ad hanc urbem nostram quasdam mercantias pro satis bona pecuniarum quantitate; et dum appulissent super territorium et ditionem nostram, per stratiotas et alios exercitus nostri, qui tunc temporis ad partes vallis Sugane reperiebatur, fuerunt aggressi et depredati. Qui quidem mercatores sepenumero supplicaverunt dominio nostro, quod cum passi fuerint huiusmodi damna sub fide publica sibi concessa, velimus eorum satisfactioni aliqualiter providere. Et tandem multis hincinde dictis contentaverunt cum collegio nostro redigere predictam summam pecuniarum ad ducatos quadringentos in totum. Cum igitur ex honore et dignitate status nostri predicte satisfactioni fiende expediat providere: vadit pars, quod auctoritate huius consilii omnes predicti mercatores fieri debeant creditores predictorum ducatorum quadringentorum in totum, possendo illos excomputare in eorum datiis que solituri erunt ad rationem ducatorum viginti quinque in mense pro rata inter omnes eos, quousque integre soluti et satisfacti fuerint de predicta summa ducatorum quadringentorum in totum; de quibus quidem pecuniis fiant debitores stratiote et reliqui stipendiarii nostri, qui commiserunt errorem, retinendis super eorum bulletis de tempore in tempus.

H. Simonsfeld, Der Fondaco I 315 Nr. 583.

37. *1490. Aug. 24.*

Ulrich Fugger bestellt bei bei Gumpold Gültlinger ein Bild für St. Ulrich.

Zewissen, das der ersam Ulrich Fugker burger zu Augspurg mitsampt seinen geprudern ain taffel die da statt uff sant Dyonisiusaltar zu Sant Ulrich hie zu Augspurg angedingt habe zemalen dem erbern Gumpold Gültlinger maller burger zu Augspurg dermassen, was inerhalb des sarchs und corbis ist mitsampt den fliglen mit praunierten feingold vassen und mallen wercklichen nach dem besten und ausserhalb des corbis und dem auszug mit mattfein gold, was sich von claidung aischet, zu vergülden und was sich von farben am besten darzu fügt des geleichen auch die pild im usszug. Der genant Gumpold Gültlinger sol das treulich und ungevarlich ussberaiten und machen nach dem besten inerhalb anderthalb jarn den nächsten ungevärde. Darumbe so gend im die genanten Fugker zu rechtem angedingtem lone anderthalb hundert guldin guter reinischer, und so wan solich obbestimpt tafel ganz gerecht und ussberait ist, vermaint dann der obgenannt Gumpold, er möge sollich obbestimpten lons nit zukomen, so sol yedweder tail zwen piderman dartzu geben, die dan sollich arbait erkennen. Was dan die vier von anderthalb bis in zwayhundert guldin reinisch sprechen und machen, das solen die egenanten Fugker dem egenanten Gumpold raichen und antwurten onn einträg, und was also der vilgenant Gumpold Gültlinger an sollicher obberurter arbait ainnympt, das sol uf die gegenwirtigen kerbzedel geschriben werden onn vertziehen alles getreulich und ungeverlich. By sollichem obgemelten geding sind gewesen die ersamen erbern und weysen Lucas Rem, Jacob Ambais maister, maister Burchkart, maister Adolf Tauher und Jörg Söld alle burgere zu Augspurg[1]. Und des zu ainer gedächtnuss so sind diser sachen zwen geleich luttend zedtel von wordt zu wordten gemacht geschriben usainander geschnitten, yedweder tail ain genomen; geben an sant Bartholomes des hailigen zwelfpoten tage nach Cristi geburt in dem 1490 jare.

* *
*

Rückseite: am donrstag nach st. Bartholomes tag im 90 jar gab ich im 20 gld. rh.

Am 27 tag september hatt im geben Wilhelm Rem 5 guld. in 90 jar, an st. Gallen abent mezodi 15 octobris gab ich im pro 25 gld.

Item adi 14 Juni 1491 gab ich im pro 25 gld.

Item adi 27 marzo gab ich Wilhelm Rem dem Gumbolt 25 gld. rh.

Am samstag nach st. Martinstag gab ich im pro im 91 jar 20 gld rh.

Adi 21 novembris in 92 jar gab ich im pro 20 guld.

Or. F. A. 79, 1.

38. *1490. Sept. 25.*

Geleit im Mailänder Gebiet für Heinrich (Ulrich) Fugger von Augsburg.

Salvocondotti per un anno a favori di Gio. Felini e soci di Memina, Enrico Volff e Enrico Fochar di Ausporgho e di tutti i mercanti delle terre libere di Germania di poter venire qui insieme o separatamente-

Al. Schulte, Geschichte des mittelalt. Handels II 56 Nr. 74.

39. *1491. August 19.*

König Maximilian an Hans von Stetten über die Forderungen der Fugger.

Uns haben unser vier geordent rete, so unser obrist ambt zu Insprugg verwesen, bericht, wie wir den Fuggern nit mer dan

[1] Wahrscheinlich waren die letzten vier Sachverständigen noch als die Gutachter über den Preis gedacht, wie in der Darstellung S. 67 angenommen worden ist.

5600 guld. rh. schuldig seyn. Demnach haben wir auf dein anzeigen mit unserm getreuen lieben Florian Waldauf von Waldenstein unserm protonotarien geschaffen, dir von wegen der Herwarten 7000 fl. rh. auszurichten und zu überantwurten. Und wann aber dieselben unser vier geordenten rete deiner schuld nit aigentlich bericht sein, emphelen wir dir, das du inen die anzaigest und sy den schuldbrief sehen lassest.

Wien, Haus-, Hof- und Staatsarchiv: Maximiliana.

40. *1491. October 10. Innsbruck.*

Kaiser Maximilian läfst durch die Fugger eine Zahlung dem Adressaten, Daniell Bromm in Frankfurt, leisten.

Lieber getreuer. Wir haben bey Ulrichen Fugker burger in Augspurg verfuegt dich der sechzig zenntner saliter, so uns unser getreuer Hans von Stetten unser diener bey dir bestelt hat, auf die nechst Frankforter mess an unser statt zu vergnügen oder zu bezaln, als du ab seinem schreiben, so er dir deshalben tun sol, vernemen wirdest, und schreiben hiemit burgermeister und rate der statt Frankfort dir sollichs zu verkunden und weiter mit dir zu handeln, als du von inen bericht wirdest. Demnach begeren wir an dich mit vleiss, du wollest dich darin gutwillig erzeigen und solichen saliter verrer nit verkaufen, daran tust du uns gut gevallen mit gnaden widerumb zu erkennen. Geben zu Innsbruck am montag nach sanct Dionysien tag anno domini 1491.

ad mandatum domini regis proprium.

Frankfurt a. M., Stadtarchiv: Kaiserschreiben VII, 70.

41. (1494.) Abrechnung über das, was Markgraf Sigmund vom Kaiser bekommen und noch zu fordern hat [1].

1000 guldin hat Jorg Remlinger vonn Fuggern zu Augspurg empfangen meinem gnedigen herrn seligen zu rüstigung und nit an bezalung des solds. Actum sambstag nach Quasimodogeniti anno 1494. (April 12.)

Marburg, Staatsarchiv: Allg. S. 380.

---

[1] Die Abrechnung fällt, da von Markgraf Sigmund von Brandenburg-Bayreuth als seligem die Rede ist, jedenfalls erst nach 1495.

42. *1494. Juni 2. Venedig.*

Bankerott des Lukas Fugger in Venedig.

Declarari fecerunt creditoribus suis Lucas Focher et socii mercatores Theotonici, qui hisce diebus exactis sese absentaverunt ab hac urbe nostra cum ingenti facultate nobilium et civium nostrorum nec non aliorum velle omnino satisfacere dictis creditoribus, dummodo sibi concedatur salvus conductus, ut per menses tres venire huc possint ad practicandum et concludendum dictum concordium. Ex creditoribus autem suis, qui possunt esse triginta, vigintiquinque contenti sunt et sese subscripsere dicto salvoconductui. Restat nunc, ut interponatur auctoritas dominii nostri. Et propterea attento, quod est forensis et subiacet legibus supraconsulum: vadit pars, quod auctoritate huius consilii fiat salvusconductus predictis Luce Focher et sotiis, ut non obstantibus quibuscunque debitis predictis libere et absque ulla molestia vel impedimento ad omne eius arbitrium venire stare et recedere possint ex hac urbe nostra, prout sibi placuerit. Qui quidem salvus conductus intelligatur válere per menses tres proxime futuros.

H. Simonsfeld, Fondaco I 323 Nr. 594.

43. *1497. Juni 17. Venedig.*

Bankerott des Lukas Fugger in Venedig.

Desiderant creditores Luce Focher et sociorum mercatorum Theutonicorum fieri salvum conductum Marco filio dicti Luce qui, ab hac civitate se absentavit, ut ipso mediante componi possint res sue cum suis creditoribus, ut est honestum: ideo vadit pars, quod auctoritate huius consilii concedatur salvus conductus dictis Marco Luce et sotiis libere huc se transferendi tam pro se quam pro facultatibus suis et standi per menses tres, ut hoc temporis spatio cum creditoribus suis se concordare possint, sicuti cupere ostendunt.

Et similis salvus conductus fiat Silvestro de Franciscis sansario, qui una cum dictis aufugit, quia erat plegius eorum pro ducatis quadringentis.

H. Simonsfeld, Fondaco I 328 Nr. 603; wiederholt et similiter egregio Luce Focher mercatori Theutonico fiat salvus conductuo 18. Aug. 1497. l. c. Nr. 604. 1499 Februar 5. wird amtlich ein Ausgleich zwischen den Gläubigern und Lukas bestätigt. l. c. 329 Nr. 306.

44. 1498. Juni 16.

Uff Sampstag nach Viti haben Andreas Lanng und Jörig Muelich an statt irer Schwager Lucasen Fugger drey wochen ain zug geben, also kom Jacob Fugger sein bruder in der zeit, das sy dann bayd in anstatt irer schwager zu irer clag antwort geben, kaim er aber in der zeit nit, das dann Lucas Fugger inen für sich selbs antwort gebe an all verhinderung.

Augsburg Stadtarchiv: Ratsprotokoll XI f. 48.

45. *1499. Juni 28.*

Urteil des Reichskammergerichts in Sachen Lucas Fugger wider die Stadt Löwen.

Zwischen Christoff Müllern, Lucas Fuckern seiner gesellschaft und mitverwanten an einem und burgemeistern rate burgern und inwonern der Stadt Loven anderteyls. Nachdem die genanten Müller, Fucker sein gesellschaft und mitverwanten die itzgemelten von Loven umb volnstreckung ettlicher behabter und erlangter urteyl und rechten mit kuniglicher ladung furgenomen, doruff gerichtlich handlung geubt, executorial und gebotsbrieve by funffzig margk lotigs golts, dorein sye iren ungehorsam halber gefallen zusein mit urteyl erklert, und nachmals by pene der acht und aberacht behabt und ussbracht, solch ladung mandat und execution inen durch des koniclichen camergerichts geswornen mit den execucionen und verkundungen derselben in gericht furbracht beweyst und angezeigt auch in gericht glaubwirdigen scheyn und urkhundt ehegemelter erlangter urteyl und nachvolgender handlung begerter execution zurecht inbracht, der gemelten von Loven aussenbleyben mermals angeclagt und doruff inhalt vorberurtter ausgangner und urkhundter koniclicher mandat rechtlich erclerungen zuthun begert und angeruffen haben. Und aber dieselben von Loven zu allen gerichtstagen in der sachen gehalten weder durch sich selbs noch ymants anders von iren wegen, der do wider ichts geredt oder gehandelt hett mit volkumenem gwalt, zu recht nit erscheinen noch gegenwertig gewesen, inen auch nach gerichts ordnung offentlich geruffen, so ist nach aller ergangner handlung zu recht erkant, das die genanten burgermeister rathe burger und inwoner der stadt Loven manspersonen, so uber XIIII jar alt sin, irer ehegemelten frevelichen ungehorsamen und verachtung halber in der koniglichen majestat und des heiligen reichs acht und aberacht erkent und gesprochen werden sollen, die wir auch mit dieser urteyl erkennen und sprechen dorinnen gefallen sin; und sollen doruff den gnanten Müllern, Fucker seiner geselschaft und mitverwanten notdurfftig process und gbotsbrief geben werden.

Landshut, Kreisarchiv: Reichskammergericht Rep. III Fasz. 192, Nr. 426/2152.

46. 1502. October 5. Augsburg.

Anno (15) II auf donerstag nach Francisci ist der jung Hund vor rat erschinen und hat ainen rat zu erkennen geben, dweil er sich erpoten hab den Fugger tzu quittiern, das ain rat des ingedenck sein solt; auf das ain rat ym zu antwurt geben, wie ain rat ir burger zu recht machtig sey, so ferr er sy spruch und vorderung nit erlasse, so woll ain rat den Fugger oder Sultzwin zu recht ain statgericht stellen und verschaffen, damit ym gegen ynen fürderlich recht wie recht ist gedeyhe, das er auch ingedenck sin soll. doruff er geantwürt, er sey jetzo nit bedacht, sonder wolle solchs an sein bruder langen lassen, und ainem rat umb gehabt bemüung fleissigen danck gesagen mit bet, yn und sein bruder in fruntlichen bevelh zu haben.

Augsburg, Stadtarchiv: Ratsprotocoll XII S. 29.

47. 1511. August 4.

(Afftermontag nach vincula Petri.)

Uff disen tag haben Hanns Bernhart und Cristoff die Röhlinger gebrüder, Jorig und Hans die Wielannd und Hanns Wägelin an ain erbern Rat begert, das gelt, so ausser Lucas Fugkerin Hauhsrat gelost worden sey, inen als globigern verfolgen ze lassen, das inen ain Rat also verwilligt hat. Doch haben se dagegen vertröst und zugesagt, ob ain rat hinfuro dehshalben von yemands wer der wär mit oder on recht angelangt bekombert oder umbgetriben wurd, das dann sie oder ir erben ain erbern und gemaine darumb gegen allermenigclich verwetten und schadlos halten sollen und wollen.

Augsburg, Stadtarchiv: Ratsprotokoll XII S. 118.

48. Kirchenstühle der Fugger in Augsburg.

1. Ich Anna Bergerin klosterfrau von sant Margareten han der erbern frauen Jacob Fuggerin mein stat zu sant Morizen an der Eisselerin zu köfen han (!) geben um 1 guldin zu der fasten, da man zalt L XXVIIII jar.

(Siegel) Or. F. A. 79, 1.

2. Ich Hanns Öpfenhauser burger zu Augspurg beken .... das ich mein stüll, zwen stand zu sant Moritz stossent hinter an des Haug stüll vornen auf mein stiell, ... gib .... den erben weisen Ulrich Foger borger zu Augspurg und allen sein erben .... Datum nach Christi gepurt 1485 jar.

besiegeltes Or. F. A. 79, 1.

3. Ich Frantz Nytting burger zu Augspurg beken offentlich mytt dissem bryff für mich und all mein erben, das ich meinen stull zu santt Moritzen, der an santt Nyklas alltar statt, den ich lange in nutz und gewar gehallt hab, denselben meinen stull hab ich myt guttem willen auff und über geben Ulrich Fuger und allen seinen erben fur gantz frey aigen füre mich und meniklich von meinen wegen ungeyrt und ungeengt; zu urkund gyeb ich im mein eygen handgeschrifft und darzu mein aygen insyegell bey ende der geschryfft, der geben ist auff samstag an unser lieben frauen tag lychtmess nach crysty unsers lieben herren geburtt 1493 jar. (Febr. 2.)

besiegeltes Or. F. A. 79, 1.

Ein im Hiersemannschen (Leipzig 1906) Katalog 330 von Manuskripten S. 4 angezeigtes „Fuggers Gebetbuch“ aus dem 15. Jahrhundert wurde mir trotz meiner Bemühung von Seiten des Käufers nicht zugänglich gemacht.

Namen-, Sachregister und Glossar.

C. K.

D.

E.

F.

G.

H.

P. siehe B.

Q.

R.

S.

Zeitfracht Medien GmbH
Ferdinand-Jühlke-Straße 7
99095 Erfurt, Deutschland
produktsicherheit@kolibri360.de